本书受华东师范大学教育发展基金会
"紫江公益慈善人才培养专项基金"资助

高等院校公共管理系列教材

慈善文化与伦理

周俊　王法硕　编著

北京大学出版社

图书在版编目(CIP)数据

慈善文化与伦理/周俊,王法硕编著. —北京:北京大学出版社,2021.11
高等院校公共管理系列教材
ISBN 978-7-301-32712-8

Ⅰ.①慈… Ⅱ.①周…②王… Ⅲ.①慈善事业—中国—高等学校—教材 Ⅳ.①C913.7

中国版本图书馆 CIP 数据核字(2021)第 226333 号

书　　名	慈善文化与伦理 CISHAN WENHUA YU LUNLI
著作责任者	周　俊　王法硕　编著
责任编辑	尹　璐
标准书号	ISBN 978-7-301-32712-8
出版发行	北京大学出版社
地　　址	北京市海淀区成府路 205 号　100871
网　　址	http://www.pup.cn　新浪微博:@北京大学出版社
电子邮箱	zpup@pup.cn
电　　话	邮购部 010-62752015　发行部 010-62750672　编辑部 021-62071998
印刷者	北京圣夫亚美印刷有限公司
经销者	新华书店
	787 毫米×1092 毫米　16 开本　13 印张　200 千字 2021 年 11 月第 1 版　2024 年 6 月第 2 次印刷
定　　价	48.00 元

未经许可,不得以任何方式复制或抄袭本书之部分或全部内容。
版权所有,侵权必究
举报电话:010-62752024　电子信箱:fd@pup.cn
图书如有印装质量问题,请与出版部联系,电话:010-62756370

序

　　以习近平同志为核心的党中央多次倡导通过传播慈善文化、发扬慈善精神，来宣扬中华传统美德，培育和践行社会主义核心价值观。早在2014年，习近平总书记在会见第五次全国自强模范暨助残先进集体和个人表彰大会受表彰代表时指出："助残先进以及他们所代表的关心和帮助残疾人的社会各界人士，也堪称楷模，引领社会风气。'赠人玫瑰，手留余香'。大爱无疆、仁者爱人。这种舍己为人、乐善好施的高尚品质，是社会主义核心价值观的具体体现，是中华民族传统美德的具体体现。"2017年，党的十九大报告指出要加强社会保障体系建设，完善慈善事业制度。2019年，党的十九届四中全会提出，"重视发挥第三次分配作用，发展慈善等社会公益事业"。国家"十四五"规划纲要提出"全体人民共同富裕取得更为明显的实质性进展"的远景目标，并指出要"发挥第三次分配作用，发展慈善事业，改善收入和财富分配格局"。2021年8月17日，习近平总书记主持召开中央财经委员会第十次会议，会议指出，要坚持以人民为中心的发展思想，在高质量发展中促进共同富裕，正确处理效率和公平的关系，构建初次分配、再分配、三次分配协调配套的基础性制度安排。党和国家对公益慈善事业的认识不断加深，逐渐将其作为调节收入分配、促进共同富裕的重要手段和国家治理现代化的重要内容。

　　我国有悠久的慈善文化传统。儒家主张"仁爱"，道家强调"善"观念，都是中华慈善思想的渊源。历史上存在的"义仓""义庄""善会""善堂"等，都是慈善文化的实践形式。改革开放以来，慈善事业随着经济发展和社会进步而逐渐恢复发展，近年来更是呈现出繁荣景象，具体体现为社会捐赠成倍增长、公益慈善组织的作用不断增强、志愿服务日渐普及、公益创新和研究空前活跃。当前，慈善已经广泛存在于人们的日常生活之中，成为公共服务的有益补充，在第三次分配中发挥重要作用，有效地激发了社会活力，有力地践行了社会主义核心价值观。在突发公共危机和大灾大难中，慈善往往更加凸显。2008年汶川地震后，社会各界积极参与救灾赈灾，全国慈善捐赠总额首次突破千亿元，这一年因而被誉为中国的"公益元年"，成为我国慈善史上的一个重要节点。

　　2020年年初暴发的新冠肺炎疫情再次见证了中华民族万众一心的伟大力量。其中，社会大众和各种类型的组织积极奉献爱心，以捐赠和提供志愿服务等形式参与疫情防控。据统计，截至2020年4月23日，全国各级慈善组织、红十字会接收社会各界的捐赠资金约419.94亿元，捐赠物资约10.94亿件，互联网捐赠超过4200万人次；全国各地开展疫情防控志愿服务项目超过29.8万个，参与疫情防控的注册志愿者达584万人，记录志愿服务时间达1.97亿小时。[①] 数额巨大的疫情捐赠来源于多种捐赠主体，既包括中国医药集团、阿里巴巴网络技术有限公司、蒙牛乳业（集团）股份有限公司等企业，也包括美团公益基金会、天津市融创公益基金会等社会组织，还包括广大公众。根据中国慈善联合会的数据，截至2020年2月3日0时，企业捐赠共计143.01亿元，社会组织捐赠共计16.39亿元，个人捐赠共计2.27亿元。此外，腾讯公益、公益宝、阿里巴巴/支付宝公益、水滴公益、联劝网、苏宁公益等平台共上线了超过200个募捐项目，共吸引超过2000万人次的社会公众捐赠，筹集资金逾11.20亿元。[②]

　　在捐赠快速增长的同时，全国人民还被那些不顾自身安危、主动为医护人员服务和参与疫情防控工作的志愿者们所温暖和感动。大量快递工作人员在这次疫情中贡献自己的力量，主动提供志愿服务，成为抗疫战中的一道独特风景线。武汉快递小哥汪勇在疫情暴发后牵头建起了医护服务群，从日常的出行、用餐，到修眼镜、买拖鞋，只要医护人员有需要，他们都会想方设法办到。90后广西小伙梁意锦自掏腰包，花费上万元购买500公斤大米、500公斤鸡蛋、食用油和蔬菜等，2021年正月十一大早，瞒着家人驾车前往

[①] 参见王学军：《全国接收疫情防控慈善捐赠资金约419.94亿元》，http://gongyi.people.com.cn/n1/2020/0429/c151132-31692810.html，2020年9月11日访问。

[②] 参见《抗击新冠肺炎疫情丨全国慈善捐赠情况简报（第三期）》，http://www.szscszh.com/nv.html?nid=073d3ed6-4852-482b-ab17-3ca4bf2c10e7，2020年9月11日访问。

武汉,捐一车物资后留下当志愿者。这些志愿者逆行而上,用实际行动发光发热,照亮了他人和社会。

回到常态时期,我们可以看到,大量爱心人士、志愿者、慈善机构活跃在慈善领域,他们或捐赠或开展慈善项目或提供志愿服务,是社会运转中不可缺少的一部分。从 2004 年起,中国扶贫基金会、中国青少年发展基金会等多家社会组织和地方慈善会系统共同编制中国慈善家排行榜、中国慈善企业捐赠排行榜和明星慈善榜,使大量慈善家走进大众视野。2019 年,慈善榜共入榜慈善家 274 位,他们共捐赠 95.3834 亿元,平均捐赠额为 3481 万元。[①] 近年来对慈善和志愿事业的研究也揭示了志愿者的力量。《中国慈善发展报告(2019)》的数据显示,2018 年,我国志愿者总数约为 1.98 亿人,占全国人口的 14%,比 2017 年增加 4003 万人,增长率为 25%;志愿者贡献价值 823.6 亿元,较 2017 年增长了超过 50%;志愿服务组织数量达到 143.3 万家,比 2017 年增长 9%。[②] 慈善机构在 2016 年《中华人民共和国慈善法》(以下简称《慈善法》)发布后也发展迅速,当前已经成为慈善事业的重要力量,其社会影响力也不断提高。上海市慈善基金会、中国妇女发展基金会、中国红十字基金会等在 2018 年慈善榜单上排名前十的公募基金会的媒体热度平均得分为 99.08 分,平均捐赠收入超过 5 亿元;腾讯公益慈善基金会、清华大学教育基金会、爱佑慈善基金会等名列非公募基金会榜单前十名,它们的媒体热度平均得分为 81.02 分,公益支出超过 5 亿元。[③]

无论是危机时期社会慈善热情的迸发,还是常态时期慈善事业的欣欣向荣,都表明慈善这个古老的概念已经再度成为社会生活的重要组成部分。众所周知,我国具有悠久的慈善传统,无数人投入其中,共同锻造了具有中国特色的传统慈善文化,至今仍在为慈善事业发展提供精神和价值支撑。鸦片战争以来,我国受西方文化影响至深,慈善事业发展中融入了许多西方要素,慈善的领域和方式都发生了显著变化,慈善事业的内涵也得以延展。中华人民共和国成立后,在社会主义事业建设中,在党和政府的大力支持

---

① 参见《第十六届(2019)中国慈善榜在京发布》,http://gongyi.china.com.cn/2019-04/29/content_40736312.htm,2020 年 9 月 11 日访问。
② 参见杨团主编:《中国慈善发展报告(2019)》,社会科学文献出版社 2019 年版,第 54—59 页。
③ 参见《第十五届(2018)中国慈善榜发布》,https://www.sohu.com/a/229529327_100076214,2020 年 9 月 11 日访问。

下,慈善事业以一种新的姿态登上历史舞台,获得了新的生命力。可以说,我们当前所亲历的慈善事业发展,正是一项古老事业在新时代的延续和独特呈现。

然而,虽然我国具有悠久的慈善传统,但慈善作为一种事业、一种行业,它的产生和形成却是改革开放以来的新现象。与英国、美国等慈善业较为发达的国家相比较,我国慈善业还处于初步发展阶段,无论是在慈善组织数量、社会捐赠总额上,还是在慈善业规范和治理上,都还面临较多问题。从慈善组织数量看,截至2019年年底,我国共有社会组织86.7万个,其中具有公益组织属性的民办非企业单位(社会服务机构)48.7万个,基金会7580个;全国登记注册的慈善组织共有7500多家。[①] 虽然慈善组织数量近年来有较快增长,但若从每万人拥有的组织数量看,还达不到国际平均水平。从社会捐赠总额看,我国近几年在社会捐赠快速增长的情况下,捐赠总额占GDP的比例约为0.2%,与美国2%的数量相距甚远。[②]

在慈善业的规范和治理上,我国同样面临较多问题。正如其他行业一样,慈善业在发展过程中应形成自身的标准和规范,其中又以基于特定慈善文化的慈善伦理和法律体系为主要构成内容。然而,由于慈善历史悠久,慈善文化多元,慈善观念复杂,我国至今还没有形成一套规范体系。这导致慈善领域中时常会出现一些令人费解的现象和受到广泛质疑甚至批评和指责的问题。

在新冠肺炎疫情中,民政部指定五家官办社会组织接受疫情捐赠物资,这一做法很快受到关注,其后,武汉市红十字会因为无法高效配置捐赠物资而受到公众批评。慈善界也因此再度展开了对官办慈善与民间慈善关系这一并不陌生的话题的讨论。北京韩红爱心慈善基金会因为能够及时公开捐赠信息受到社会赞誉,但也被举报曾经存在违规操作问题,随后基金会发文对有关问题进行回应,承认其在依法投资等事项公开的及时性方面存在需

---

① 参见《2019年民政事业发展统计公报》,http://images3.mca.gov.cn/www2017/file/202009/1599546296585.pdf,2020年9月11日访问。
② A. Bies, S. Kennedy, The State and the State of the Art on Philanthropy in China, *VOLUNTAS: International Journal of Voluntary and Nonprofit Organizations*, Vol. 30, No. 4, 2019, pp. 619-633.

进一步努力的地方。① 这使人们对部分享有较高社会声誉的慈善组织的规范管理问题也产生了一定的质疑。慈善组织在维系组织声誉方面面临显而易见的挑战,时常有组织被爆出丑闻,并因此波及整个行业,高调慈善、伪慈善等事件则已经是一种常态性存在。

当前,促进我国慈善业健康有序发展仍然任重道远,需要各方共同努力。其中,加强慈善文化与慈善伦理建设是不可或缺的工作。文化是个体动机与行为的联结点,能发挥引导和规范行为的作用;伦理则是个体社会行为的道德准则,是判断行为对错与否的依据。慈善文化与慈善伦理分别为慈善事业发展提供价值支撑与划定道德边界。从世界范围看,不同国家、民族甚至同一国家不同地区的慈善文化都存在较大差异,相应地,与慈善文化密切相关的慈善伦理也有所区别。我们惯常谈论的美国慈善文化、英国慈善文化深受基督教的影响,而我国慈善文化受儒家文化的影响深远,同时又与道家文化、佛教文化等密切相关。因此,慈善文化和慈善伦理建设必须基于特定的文化情境,体现"在地化"特征。然而,尽管慈善文化具有多样性、复杂性等特征,但世界主要慈善文化之间仍然存在许多共性内容,尤其是近代以来,受西方文化影响,许多国家的慈善业进入现代化进程,慈善理念与组织方式上的趋同更加明显。这意味着,在传承我国慈善文化传统的基础上,学习借鉴其他优秀慈善文化的经验,把握世界慈善文化发展与伦理建设的一般趋势,对建设中国特色慈善文化和伦理具有重要的意义。

改革开放以来,我国高度重视慈善法治和慈善组织建设,有效促进了慈善业的发展,但慈善文化与伦理建设则相对滞后。让人欣喜的是,近年来已经有一些组织在积极倡导和推动中华慈善文化研究和教育,比如上海紫江公益基金会、浙江敦和慈善基金会等以项目资助、课程建设等方式促进中华慈善文化研究和传播。与实践发展相契合,近年来学界对慈善文化和伦理的研究也取得了新进展,在中华慈善史、慈善伦理等方面陆续有著作出版,相关学术论文的数量也呈增长趋势;不仅如此,对中华文化与慈善业的关系、中国慈善伦理的理论建构等问题的学术关注也越来越广泛,不断有新生力量加入这一研究领域。

---

① 参见《北京韩红爱心慈善基金会就有关问题的回应》,https://china.huanqiu.com/article/9CaKrnKpvqs,2020 年 9 月 11 日访问。

正是在上述背景下,我们开设了"慈善文化与伦理"通识选修课程。该课程旨在面向对公益慈善感兴趣的学生讲授慈善业基于文化传统建立伦理标准的重要性、世界主要慈善文化的基本内容和主要实践、慈善伦理的主要构成、当代主要慈善伦理现象与问题等内容,以引导学生关注慈善文化与伦理理论和实践,加深学生对慈善现象的文化认识。在课程教学和研讨的基础上,我们编著了此书,希望有更多人能够参与对慈善文化与伦理的学习和研究,从而促进我国慈善业规范发展。由于慈善文化与伦理内容庞杂、博大精深,此书仅能对我们认为最为重要的议题展开较为简单的讨论,讨论中难免会存在不成熟甚至错误之处,还请各位方家批评指正。当然,作者对此书承担全部责任。

最后,要感谢本书的合作者王法硕副教授,他与我合作开设"慈善文化与伦理"课程,负责撰写本书第五至第十章。无论是在上课还是在写作中,他都认真负责、严谨细致,体现出高度的责任感和专业精神,是难得的合作者。我曾邀请东华大学的王银春副教授为"慈善文化与伦理"课程讲授部分章节,她对慈善伦理的深入研究和独到理解为我们撰写本书提供了许多有益的启示,在此向她表示感谢。上海紫江公益基金会是"慈善文化与伦理"课程和本书的资助方,基金会对慈善文化与伦理研究和实践的关注给予我们极大的精神鼓舞,也使我们对慈善研究界与实务界的合作发展充满信心。华东师范大学教育发展基金会为课程开设和本书写作提供了许多支持和帮助,在此一并表示感谢。

周　俊

2021 年 5 月 10 日

目 录
Contents

第一章　绪论 001
　第一节　什么是慈善 001
　第二节　什么是慈善文化 011
　第三节　什么是慈善伦理 015
　第四节　本书章节安排 020

第二章　中华慈善文化 023
　第一节　中华慈善传统及其文化源头 023
　第二节　儒家文化与慈善 026
　第三节　道家和道教文化与慈善 038
　第四节　红色文化与慈善 043

第三章　宗教慈善文化 048
　第一节　宗教与慈善 048
　第二节　基督教慈善 051
　第三节　伊斯兰教慈善 057
　第四节　佛教慈善 062

第四章　慈善文化现代化 073
　第一节　什么是慈善文化现代化 073
　第二节　慈善世俗化和政府职能化 076
　第三节　慈善法治化 081
　第四节　慈善大众化 087

　　　　第五节　慈善组织化　　　　　　　　　　　　　093

第五章　**慈善伦理的价值基础**　　　　　　　　　　102
　　　　第一节　以人为本　　　　　　　　　　　　　102
　　　　第二节　利他主义　　　　　　　　　　　　　107
　　　　第三节　分配正义　　　　　　　　　　　　　112

第六章　**慈善组织公信力**　　　　　　　　　　　　117
　　　　第一节　慈善组织公信力概述　　　　　　　　117
　　　　第二节　慈善组织公信力的功能与来源　　　　121
　　　　第三节　慈善组织公信力的影响因素与评估　　124
　　　　第四节　慈善组织公信力流失与修复　　　　　127

第七章　**慈善动机的伦理追问**　　　　　　　　　　134
　　　　第一节　个人慈善动机　　　　　　　　　　　134
　　　　第二节　企业和企业家慈善动机　　　　　　　141

第八章　**互联网慈善伦理**　　　　　　　　　　　　150
　　　　第一节　互联网慈善概述　　　　　　　　　　150
　　　　第二节　互联网慈善的价值与伦理失范　　　　154
　　　　第三节　互联网慈善伦理失范的原因与治理　　158

第九章　**西方国家慈善伦理**　　　　　　　　　　　163
　　　　第一节　西方国家慈善伦理的发展演变　　　　163
　　　　第二节　西方国家慈善伦理实践特征　　　　　165
　　　　第三节　西方国家慈善伦理的影响因素　　　　168

第十章　**当代中国慈善伦理规范体系的建构**　　　　177
　　　　第一节　当代中国慈善伦理基本原则　　　　　178
　　　　第二节　当代中国慈善伦理规范内容　　　　　180

参考文献　　　　　　　　　　　　　　　　　　　191

第一章 绪 论

自古以来,中华民族就视乐善好施、扶贫济弱、尊老爱幼为美德,在历史长河中发展出了孤独园、义庄、养济院、栖流所等多种类型的慈善组织。清末民初,受西方文化的冲击,我国传统慈善文化开始发生嬗变,民间慈善获得新发展,新型慈善机构出现,慈善法制初步形成。中华人民共和国成立后,我国慈善事业经历了短暂的停滞期,改革开放后恢复发展,在现代公益观念的影响下,出现了公益与慈善合流发展的现象。当前,我国正处于新旧、中西慈善文化融合发展的特殊时期,慈善伦理也正处于更新与重建阶段。在这一时期,研究慈善文化与伦理问题具有重要的现实与理论意义。本章的目的是为本书建立概念基础,提出基本研究问题和交代主要研究内容。下面先界定慈善概念,再讨论慈善文化、慈善伦理的内涵,最后介绍本书的章节安排。

第一节 什么是慈善

一、慈善

(一)慈善的词源

在中国的传统文化典籍中,"慈善"二字最开始是分开用的。"慈"是上对下的爱,是恻隐怜悯,一般是指父母对子女的爱、长辈对晚辈的爱以及对他人的怜悯、同情。如《左传·隐公·隐公三年》中提到"父慈,子孝",《新书·道术》中说"恻隐怜人,谓之慈"。"善"的本义是吉祥、美好,后被引申为友好、亲善、品行高尚,与"恶"相对。如《论语·子路》记载孔子的话说,"不如乡人之善者好之,其不善者恶之";《管子·心术下》中写道,"善气迎人、亲如兄弟;恶气迎人,害于戈兵"。

在不断演进中,"慈"和"善"两字的意义渐趋相近,皆有仁慈、善良、富有同情心之义。作为一个整体性概念,一种观点认为,"慈善"可能最早出自公元3世纪翻译的《大方便佛报恩经》。该佛经多次使用"慈善"一词,如卷五《慈品第七》中说:"复次如来方便慈善根力不可思议""如来以慈善要力化作其儿。"①但是,慈善思想的存在早于慈善概念。慈善思想可以追溯到先秦时期。先秦时期与"慈善"意义相当的词语还有"仁""义"等。"仁爱""布施""义行""行义"等是早于"慈善"一词出现且与"慈善"意义相近的合成词。②

另一种观点认为,"慈善"一词到南北朝时期才逐渐被使用。《北史·崔光传》中写道:"(崔)光宽和慈善,不忤于物。进退沉浮,自得而已",慈善意指仁慈、宽厚、良善。因此,"慈善"二字在中国传统文化典籍中的释义是"仁慈""善良",包含"恩被于物,慈爱于人""老其老,慈其幼,长其孤"等含义;慈善行为常被喻为"积善行德",是人类的一种道德情操。③

"慈善"在西方语言中有两个对应的词,一是"charity",二是"philanthropy"。"charity"来自拉丁文"caritas",在英文中的使用源自《圣经》,其含义包括给穷人提供的帮助、救济和施舍,用于帮助处于需要中的人的东西,为帮助处于需要中的人而建立的机构、组织或基金会等,由对上帝之爱转化为对邻里的爱、人与人之间的爱。"philanthropy"来自希腊语的"philein"(爱)和"anthropos"(人),其含义包括增加人类福祉的努力和倾向、对全人类的爱,以及为了提高人类福利的活动或机构。相比较而言,"charity"更强调对弱者的救济,"philanthropy"则更强调对公共福利的追求。因此,部分学者将"charity"理解为狭义的慈善,将"philanthropy"理解为公益或广义的慈善。④

---

① 参见《大方便佛报恩经全文第五卷》,https://m.lengyands.com/dafangbfbe/1576_1.html,2020年9月11日访问。
② 参见王文涛:《"慈善"语源考》,载《中国人民大学学报》2014年第1期,第28—33页。
③ "慈善"二字合用究竟起源于何时,学界还存在争议。有研究认为,《北史·崔光传》中涉及"慈善"的文段是抄自成书早于《北史》的《魏书·崔光传》,并据其考究,"慈善"一词曾出现在《大方便佛报恩经》中,该佛经在约3世纪时被翻译,这可能是"慈善"二字合并使用的最早载录。还有部分学者认为"慈善"作为具有近现代含义的概念和术语最早是从日本转译而来的,而在中国古代,人们通常用"义""善"字眼来表达行善之意。参见陈梦苗:《"公益"与"慈善"辨析:一个文献评述》,载《中国非营利评论》2020年第1期,第315—330页。
④ 参见资中筠:《财富的归宿:美国现代公益基金会评述》,上海人民出版社2006年版,第10页。

由此可见,从词源上看,中文与英文的"慈善"都包含同情、帮助他人之意,并不强调慈善的主体属性,但两者在内涵上却存在一定的差异,中文的慈善主要是指人的品性,是一种处理特定人际关系的行为准则;而英文中的慈善是指"用道德愿景来理解需要帮助的人,并希望通过某些方式让世界变得更好"[①]。

(二)《慈善法》中的界定

《慈善法》于2016年9月1日正式施行,该法第3条规定,慈善活动是指自然人、法人和其他组织以捐赠财产或者提供服务等方式,自愿开展的公益活动,并且明确慈善活动包括:① 扶贫、济困;② 扶老、救孤、恤病、助残、优抚;③ 救助自然灾害、事故灾难和公共卫生事件等突发事件造成的损害;④ 促进教育、科学、文化、卫生、体育等事业的发展;⑤ 防治污染和其他公害,保护和改善生态环境;⑥ 符合本法规定的其他公益活动。

《慈善法》对慈善内涵和外延的规定引起了广泛讨论。讨论的焦点在于"促进教育、科学、文化、卫生、体育等事业的发展"和"防治污染和其他公害,保护和改善生态环境"是否属于慈善的范围。质疑者认为,这两方面内容属于公益而非慈善,因为它们是服务于全社会的公共事业;赞同者认为,在当今时代,慈善的范围已经日益扩大,广义的慈善与现代公益有许多交叉重叠之处,大慈善概念中可以包含公益概念。然而,如果持赞同者观点的话,政府实施的公益事业也属于慈善事业,那么,政府也是慈善主体,即政府可以办慈善,这与惯常理解的慈善是民间事务的观点又是相冲突的。《慈善法》第8条规定,慈善组织是指"依法成立、符合本法规定,以面向社会开展慈善活动为宗旨的非营利性组织",并且"慈善组织可以采取基金会、社会团体、社会服务机构等组织形式"。依据这一规定,政府显然不能成为慈善组织,因而《慈善法》所规定的慈善活动的实施主体是慈善组织,这实际上是扩大了慈善组织所从事的慈善活动的范围,形成了大慈善概念,并不关乎政府的公益功能问题。

因此,《慈善法》出台后,"慈善"这一概念获得了两重解释,即小慈善和

---

① 参见〔美〕罗伯特·L.佩顿、迈克尔·P.穆迪:《慈善的意义与使命》,郭烁译,中国劳动社会保障出版社2013年版,第84页。

大慈善,或狭义慈善和广义慈善。狭义慈善与公众的一般认知比较一致,指的是扶贫济弱、修桥造路、赈灾等无私的利他行为;广义慈善与《慈善法》中的规定相一致,指的是狭义慈善与以促进社会福利为目的的公益事业的总和。

综上所述,理解"慈善"的概念需要将它置入特定情境中,在不同文化环境中慈善概念的内涵存在差异,社会、学界和法律等不同领域对慈善的理解也不完全一致。总结各种"慈善"概念,本书认为,尽管许多人否认政府可以成为慈善主体,但不可否认的是,政府在灾难救助、扶贫济弱等方面一直发挥着重要作用,这种作用与民间慈善的作用在本质上是相同的,既有研究中也有将政府社会救济功能纳入慈善发展史进行讨论的。[①] 因此,本书从广义、中观、狭义三个不同的角度界定"慈善":广义的慈善指所有促进社会福利、救助他人、改善自然环境的活动,既包括社会慈善,也包括官方慈善,即政府举办的公益事业和对困难群体的救助、灾害时期的救济等行为;中观慈善与《慈善法》的界定一致,指社会开展的慈善活动和举办的慈善事业,中观慈善的主体不包括政府,因此也称社会慈善或民间慈善;狭义慈善仅指社会对弱势群体的救助,不包括社会力量所开展的教育、生态环境保护等公益性事业。

案例1-1　世界自然基金会

世界自然基金会(World Wide Fund for Nature,WWF)是在全球享有盛誉的、最大的独立性非政府环境保护机构之一,于1961年成立于瑞士。当前,WWF在全世界超过100个国家有办公室,拥有5000名全职员工,并有超过500万名志愿者。WWF的使命是保护世界生物多样性,确保可再生自然资源的可持续利用,推动降低污染和减少浪费性消费的行动。该组织的标志为大熊猫。从成立以来,WWF共在超过150个国家投资超过13000个项目,投入资金将近100亿美元。这些项目大多数针对的是当地问题,项目范围非常广泛,覆盖从赞比亚学校里的花园到印刷在您当地超市物品包装上的倡议,从猩猩栖息地的修复到大熊猫保护地的建立等内容。WWF在

[①] 参见吕洪业:《中国古代慈善简史》,中国社会出版社2014年版,第19—22、32—33页。

中国的工作始于1980年的大熊猫及其栖息地的保护，WWF是第一个受中国政府邀请来华开展动物保护工作的国际非政府组织。1996年，WWF正式成立北京办事处，此后陆续在中国8个城市建立了办公室。至今，WWF在中国共资助开展了100多个重大项目，主要包括大熊猫保护、物种保护、淡水和海洋生态系统保护与可持续利用、森林保护与可持续经营、可持续发展教育、气候变化与能源等。

资料来源：http://www.wwfchina.org/aboutus.php，2020年9月11日访问。

二、慈善与公益

"慈善"与"公益"这两个概念高度相关，它们常常被并列在一起使用，是为"公益慈善"。但是，这两个概念并不能等同，它们既有密切关联，又存在较大区别。

从词源上看，一种观点认为，公益概念是清末民初的西方舶来品。多数学者认同中文中的"公益"概念来自20世纪初日本学者留冈幸助对"public welfare"一词的翻译。在"舶来品"说法的基础上，有学者认为"公益"概念虽然来自西方，但受传统中国社会结构"差序格局"的影响，中国的公益具有区别于西方公益的独特蕴意[1]，沿袭了中国自古以来就有的"公共"和"利益"的意思[2]。另一种观点认为，在舶来之前，"公益"概念已经存在于中文之中。武洹宇提出，道光十一年（1831年）的一份禀帖中曾提及一间以"公益"冠名的茶行；维新思潮盛行时，作为"国家利益"的日式"公益"回流中国并与中国"公益"概念发生相互作用，这一时期新生的"公益"被赋予了支持政体转型的群学理论与变革实践，且承载了转型过程中国家与地方之间动态的张力。[3]

尽管公益可能存在本土话语资源，但公众对这一概念显然是非常陌生的。即使在今天，公益概念也主要是官方和学界在使用，公众的使用情况较

---

[1] 参见曾桂林：《从"慈善"到"公益"：近代中国公益观念的变迁》，载《文化纵横》2018年第1期，第44—49页。
[2] 参见吴来安：《"公益"源起考》，载《文艺研究》2018年第10期，第58—64页。
[3] 参见武洹宇：《中国近代"公益"的观念生成：概念谱系与结构过程》，载《社会》2018年第6期，第180—215页。

为少见,这表明,这一概念主要还是来自西方话语,至少它的内涵主要是西方式的。另一个问题是,在英文中,"public welfare""public good""public interest""common weal""philanthropy"都可以翻译为"公益",汉语中的"公益"究竟对应哪个词汇?较多研究者认为,"公益"译自"public welfare",但在很多时候"public welfare"又被译作"公共福利"。"公共福利"在社会学中也有广义与狭义之分,广义的公共福利是指国家和社会为满足全体社会成员的基本需求而采取的一切措施,包括教育福利、住房福利等;狭义的公共福利仅指针对困难群体提供的福利性支持。可见,广义的"public welfare"与汉语中的"公益"概念大体相同。

透过争论可以看到,公益的内涵与其字面意义高度一致,公益即"公共的利益",指的是为不特定的多数人谋取利益的过程或相关事业,其受益对象具有广泛性和公共性。在这种意义上,公益与《慈善法》中所界定的"慈善"概念具有相似性,除小慈善的内容外,它还包括"促进教育、科学、文化、卫生、体育等事业的发展"和"防治污染和其他公害,保护和改善生态环境"等内容。

1999年颁布的《中华人民共和国公益事业捐赠法》(以下简称《公益事业捐赠法》)第3条规定,公益事业是非营利性事业,并且将公益事业列举为:① 救助灾害、救济贫困、扶助残疾人等困难的社会群体和个人的活动;② 教育、科学、文化、卫生、体育事业;③ 环境保护、社会公共设施建设;④ 促进社会发展和进步的其他社会公共和福利事业。这一规定与《慈善法》对公益范围的规定基本一致。《公益事业捐赠法》中所规定的可以接受公益捐赠的主体主要是公益性社会团体和公益性非营利的事业单位,在发生自然灾害时或者境外捐赠人要求时,县级以上人民政府及其部门也可以作为受赠人。这表明,政府、事业单位和公益性社会组织都是公益事业的主体。

综上可以认为,公益是不特定多数人的利益,以及为实现不特定多数人利益而开展的活动或从事的事业。广义的公益指政府和社会所开展的公益事业的总和;狭义的公益仅指社会力量开展的公益事业。由此可见,公益与慈善具有极强的关联性,但又存在明显差异,需要在特定情境中对两者进行理解和区分。从两个概念的起源看,公益强调某一主体对其他主体带来好处,而慈善强调主体内心所具有的同情心、善良以及基于此的施舍、救助行为;公益主要凸显外在性,慈善主要凸显内在性。从两个概念的外延看,广义公益与广义慈善相等同;狭义公益与中观慈善相等同;狭义公益的外延大于狭义慈善。

三、慈善家、慈善组织、慈善活动

慈善有一些次级概念,主要包括慈善家、慈善组织(机构)、慈善活动、慈善募捐、慈善捐赠、慈善信托、慈善服务、慈善动机、慈善文化、慈善伦理等。这里简要介绍慈善家、慈善组织和慈善活动这三个同慈善文化与伦理高度相关的概念,也是日常中最常被使用的概念。

(一)慈善家

慈善家(philanthropist)是指热心于慈善事业并有突出贡献的人。他们愿意利用个人资源和整合社会资源去帮助有需要的人、去改善社会福利和创造更美好的社会,并为此不懈努力,产生了广泛的社会影响。慈善家的个人资源不仅包括金钱和财物,还包括时间、知识、技术、人脉等有形和无形资源。

我国历史上有众多著名慈善家,其中既有官吏、富商,也有游侠、平民,《左传》《史记》等对此多有记载。比如,范蠡是春秋时期的大慈善家,他在帮助越王勾践复国雪耻后,乘扁舟游荡江湖经商,几次将经营所得的巨额钱财接济穷人。《史记》称他"十九年之中三致千金,再分散与贫交疏昆弟",即十九年间三次获得千金之富,但三次把这些钱财接济他周围的穷朋友与困难兄弟。又如,西汉宣帝时的黄霸在任扬州刺史时,鼓励乡亭小吏畜养鸡猪,施舍给那些鳏寡贫困户。他任泉州太守时,也不时"养视鳏寡,赡助贫穷",大行慈善。[①]

近现代慈善家同样不胜枚举,比如在上海成立"办赈公所"、开办女学堂的经元善(1840—1903),举办义庄、社仓、养老院、盲哑学校、贫民工场、济良所等近代慈善机构的著名实业家张謇(1853—1926),中国红十字会的缔造者、中国红十字会时疫医院和红十字会总医院及医学堂等的创办者、著名社会活动家和慈善家沈敦和(1866—1920),创办"集美学校"和厦门大学、被毛泽东誉为"华侨领袖,民族光辉"的陈嘉庚(1874—1961),等等。

---

① 参见吕洪业:《中国古代慈善简史》,中国社会出版社2014年版,第24、35页。

案例 1-2　张謇创办南通盲哑学校和盲哑师范传习所

　　张謇于 1853 年 7 月生于江苏海门,是著名的实业家、教育家、政治家。他一生创办学校 370 多所,创办企业 20 余家。这样一位德高望重的历史名人,在中国特殊教育发展史上也是里程碑式的人物。晚清时期国内虽有盲聋哑学校近 10 所,但均由外国传教士创办。张謇决心改变这一局面。1903 年,他自费赴日本考察教育。1911 年,他专程前往烟台启喑学堂考察聋哑学校教学设施、办学师资。1912 年,他正式开始自我筹建盲哑学校之义举。1913 年,他在南通狼山观音岩下购地 6 亩,作为盲哑学校校址。1915 年,他借址南通博物苑创办盲哑师范传习所,聘请烟台聋校、北京盲校教师,培养师资。1916 年 11 月 25 日下午,我国教育史上第一所由中国人自行创办、自行教育、自行管理的盲哑合校——通州狼山私立盲哑学校正式开学,张謇任校长直至离世,累计 10 年。他曾说:"天之生人,与草木无异。若遗留一二有用事业,与草木同生,即不与草木同腐。"

　　资料来源:马建强:《张謇创办南通盲哑学校和盲哑师范传习所》,载《现代特殊教育》2020 年第 10 期,第 82 页。

　　当代慈善事业稳步发展,涌现了大量慈善家,其中极富影响力的慈善家有邵逸夫(1907—2014)、曹德旺、马云等。自 1985 年以来,邵逸夫通过邵逸夫基金与教育部合作,连年向内地捐赠巨款建设教育教学设施,截至 2012 年赠款金额近 47.5 亿港元,建设各类教育项目 6013 个。邵逸夫历年对内地捐助社会公益、慈善事务超过 100 亿港元。2002 年,他还创立有"东方诺贝尔"之称的邵逸夫奖,每年选出世界上在数学、生命科学与医学及天文学方面卓有成就的科学家进行奖励。[1] 2011 年 4 月,民营企业家、福建省工商联副主席曹德旺将持有的 3 亿股福耀玻璃股票捐赠给"河仁慈善基金会",以福耀玻璃 2010 年 4 月的收盘价计算,这笔捐赠市值达 35.5 亿元。2011 年前后曹德旺共捐赠 36.4 亿元,2012 年蝉联"最慷慨慈善家"。[2] 阿里巴巴

---

[1] 资料来源:https://baike.baidu.com/item/%E9%82%B5%E9%80%B8%E5%A4%AB/325353?fr=aladdin,2020 年 9 月 11 日访问。

[2] 资料来源:https://baike.baidu.com/item/%E6%9B%B9%E5%BE%B7%E6%97%BA,2020 年 9 月 11 日访问。

集团创始人马云 2014 年发起并捐赠成立马云公益基金会,2007 年成立脱贫基金会,2015 年向杭州师范大学捐款 1 亿元成立教育基金,2017 年捐赠 5.6 亿元建设医院。这些慈善家们以自己的实际行动回报国家和社会,引领慈善事业发展,值得颂扬和学习。①

（二）慈善组织

在一般意义上,所有以慈善活动为主要业务的组织都可以被称为慈善组织。从政府管理和法律角度看,只有取得了"慈善组织"身份的组织才是慈善组织。《慈善法》第 8 条规定:"本法所称慈善组织,是指依法成立、符合本法规定,以面向社会开展慈善活动为宗旨的非营利性组织。"第 9 条规定了慈善组织的资格条件,包括:以开展慈善活动为宗旨;不以营利为目的;有自己的名称和住所;有组织章程;有必要的财产;有符合条件的组织机构和负责人;以及法律、行政法规规定的其他条件。

依据《慈善法》的规定,设立慈善组织,应当向县级以上人民政府民政部门申请登记;已经成立的基金会、社会团体、社会服务机构等非营利性组织,可以向其登记的民政部门申请认定为慈善组织。慈善组织应当根据法律法规以及章程的规定,建立健全内部治理结构,明确决策、执行、监督等方面的职责权限,开展慈善活动。

根据 2016 年《社会团体登记管理条例》的规定,社会团体是指中国公民自愿组成,为实现会员共同意愿,按照其章程开展活动的非营利性社会组织。国家机关以外的组织可以作为单位会员加入社会团体。社会团体通常被分为公益性社会团体和互益性社会团体两大类型,其中公益性社会团体履行包括科教文卫体、社会救济、灾难求助等在内的公益职能,部分互益性社会团体也参与公益慈善事业,这些社会团体虽然名称上不是慈善组织,但实际上在发挥慈善组织的作用,也是广义慈善组织的组成部分。

社会服务机构是民办非企业单位的替代名称,始于《慈善法》。所谓民办非企业单位,依据 1998 年《民办非企业单位登记管理暂行条例》,是指企

---

① 资料来源:https://baike.baidu.com/item/%E9%A9%AC%E4%BA%91/6252,2020 年 9 月 11 日访问。

业事业单位、社会团体和其他社会力量以及公民个人利用非国有资产举办的,从事非营利性社会服务活动的社会组织。民办非企业单位都是公益组织,除教育、医疗卫生类组织这两类最主要的构成外,还包括救援性、家政性和社区服务性等各种类型的组织。民办非企业单位同样在公益慈善领域发挥着重要作用。

基金会是慈善组织的主要来源,当前登记注册的慈善组织中有一半以上是基金会。依据2004年《基金会管理条例》第2条的规定,基金会是指利用自然人、法人或者其他组织捐赠的财产,以从事公益事业为目的,按照本条例的规定成立的非营利性法人。基金会的主要功能是筹集善款、资助公益组织和公益项目。

(三)慈善活动

自然人、法人和其他组织基于慈善目的开展的活动称为慈善活动。《慈善法》规定的慈善活动包括慈善募捐、慈善捐赠、慈善信托。

慈善募捐,是指慈善组织基于慈善宗旨募集财产的活动,包括面向社会公众的公开募捐和面向特定对象的定向募捐。慈善组织开展公开募捐,应当取得公开募捐资格。慈善组织的募捐方式主要包括:在公共场所设置募捐箱;举办面向社会公众的义演、义赛、义卖、义展、义拍、慈善晚会等;通过广播、电视、报刊、互联网等媒体发布募捐信息;以及其他公开募捐方式。慈善组织通过互联网开展公开募捐的,应当在国务院民政部门统一或者指定的慈善信息平台发布募捐信息,并可以同时在其网站发布募捐信息。

慈善捐赠,是指自然人、法人和其他组织基于慈善目的,自愿、无偿赠与财产的活动。捐赠人可以通过慈善组织捐赠,也可以直接向受益人捐赠。捐赠人捐赠的财产应当是其有权处分的合法财产。捐赠财产包括货币、实物、房屋、有价证券、股权、知识产权等有形和无形财产。

慈善信托属于公益信托,是指委托人基于慈善目的,依法将其财产委托给受托人,由受托人按照委托人意愿以受托人名义进行管理和处分,开展慈善活动的行为。慈善信托的受托人,可以由委托人确定其信赖的慈善组织或者信托公司担任。自2016年9月1日《慈善法》实施以来,根据"慈善中国"(民政部慈善信息公开平台)披露的数据,从2019年9月1日到2020年8月31日,全国成功备案215单慈善信托,对应慈善信托规模到8.76亿元。

诞生四年来累计备案的慈善信托数量达到 446 单,财产规模达到 32.32 亿元。①

第二节 什么是慈善文化

一、文化

理解慈善文化需要从"文化"这一概念出发。文化现象纷繁复杂,至今学界也尚未在如何界定"文化"概念上达成共识。从词源上看,中文中的"文化"二字一开始是分开使用的。"文"字最早见于《周易》:"物相杂,故曰文。"《礼记·乐记》云:"五色成文而不乱。"《说文解字》对"文"的解释是"文,错画也,象交文"。由此可知,"文"是感觉、知觉和视觉的对象,既可以是图像,也可以是声音,还可以是其他可感知和触摸的事物;"文"是多种事物的交杂,但它们并非杂乱地在一起,而是形成一定的秩序。"化"字始于《周易》中的"万物化生"。《庄子·逍遥游》中提到"化而为鸟,其名为鹏"。《礼记·中庸》中讲"可以赞天地之化育"。可见,"化"指万物生长,指变化。

"文"和"化"在一起使用,最早也出现在《周易》中。《周易》贲卦的象辞上说:"刚柔交错,天文也。文明以止,人文也。观乎天文,以察时变。观乎人文,以化成天下。"意思是说,刚柔相济是自然的创造;文治教化而(让百姓明白)有所止(止乎礼),是人类社会的面貌。我们人类观察天文就能知道时令变化,观察人类社会的行为就能教化百姓,使人类社会发生变化。"人文化成"指通过人文教化使社会发生变化,后来被简称为"文化"。

在英文中,"文化"这一概念源自拉丁文"culturl",原意为对土地的耕耘和对植物的栽培,后来引申为对人的身体和精神两个方面的培养、栽培。从词源上看,"文化"在西方一开始就是与农业等物质性生产活动相关的,而在中国则一开始是与精神性的内容相关的,两者存在明显区别。

梁漱溟在《中国文化要义》一书中写道:"文化,就是吾人生活所依靠之一切。""所有产生此治安此条理秩序,且维持它的,如国家政治,法律制度,

---

① 参见《慈善依托诞生四周年:最新一年备案数量创新高至 215 单 接近前三年度总和》,https://baijiahao.baidu.com/s?id=1676631282819785188&wfr=spider&for=pc,2020 年 9 月 11 日访问。

宗教信仰,道德习惯,法庭警察军队等,亦莫不为文化重要部分。""俗常以文字、文学、思想、学术、教育、出版等为文化,乃是狭义的。"① 当今对文化的界定与梁漱溟的理解基本一致。文化通常被划分为广义文化和狭义文化。广义文化是指人类所创造的所有活动和结果,包括精神文化、制度文化、行为文化和物质文化;狭义文化仅指精神文化和制度文化。精神文化是文化的核心,是社会成员共同认同的价值理念、道德观念、哲学精神等主观层面的内容。制度文化是人类为了自身生存和社会发展的需要而主动创制出来的有组织的规范体系,主要包括法律制度和民间的礼仪俗规等内容。行为文化是指人们在日常生产生活中表现出来的特定行为方式和行为结果。物质文化是人类发明创造的技术和物质产品的显示性存在和组合,是可触知的、具有物质实体的文化事物。

文化具有表层和深层之分。从表层看,文化表现为艺术、文学、风俗等形式;从深层看,文化是一种主观精神,是由价值观和理想信念所构成的人生观与世界观,包括一系列行为方式、信仰形式、价值标准和社会伦理规范等。

文化具有突出的差异性和共同性。从差异性看,文化差异来自各国、各地的实践差异,有多方面表现,比如区域文化差异、国别文化差异、宗教文化差异、种族文化差异、地方文化差异等。文化是联结行为与意义的规则,在不同的文化背景下,人的相同行为可能代表不同的意义,因此,要了解人的行为和动机,必须先解读文化密码。从共同性看,所有的文化都起源于实践。尽管文化差异性无处不在,但许多人类基本的情绪表达甚至有少量语言的意义都是一致的,对真善美的判断标准也几乎相同。无论处于何种地域、信仰什么宗教、经济处于何种发展水平,世界各国都有悠久的慈善传统,也是文化共同性的一个重要体现。

二、慈善文化

与文化概念相对应,慈善文化也有广义和狭义之分。广义慈善文化,是指人类在长期实践中形成的慈善价值观和意识、慈善制度、慈善行为和慈善

---

① 梁漱溟:《中国文化要义》,上海人民出版社2018年版,第9—11页。

物质的总和,包括四个层面的内容:

(1) 精神层面。精神层面的慈善文化是人类在社会生产和生活中形成的对自身所取得财富的态度,对他人、弱势群体和社会的关心程度,以及对慈善行为的价值评价和社会认可水平,主要包括人的爱心、责任感及乐善好施、扶贫济困、扶老助幼等风俗传统、信念和信仰,以及与之相应的道德观念和价值体系。

(2) 制度层面。制度层面的慈善文化,是指人类在慈善实践中构建的调整人与人之间关系的正式和非正式规则,主要包括慈善管理体制、慈善组织结构、慈善法律法规和规章制度、慈善伦理准则等。

(3) 行为层面。行为层面的慈善文化,是指社会成员在慈善捐赠、救助等方面体现出来的行为文化,主要包括个体和组织在慈善行为动机、慈善捐赠、慈善募捐等方面的行为表现及其特征。

(4) 物质层面。物质层面的慈善文化,是指慈善事业发展所需的物质性基础设施和体现慈善事业发展的其他物质性存在,主要包括慈善艺术品、慈善建筑等。例如,宋代兴起的义庄在我国慈善史上占有重要地位,北宋范仲淹在苏州所建的范氏义庄是我国第一家义庄,为纪念和弘扬义庄文化,苏州建立了义庄博物馆。

案例 1-3　苏州义庄

苏州是义庄的策源地,最早有记载的义庄是北宋范仲淹在苏州设立的范氏义庄。清道光二十一年(1841年)《济阳丁氏义庄碑记》载:"苏郡自宋范文正公建立义庄,六七百年,世家巨室踵其法而行者指不胜屈。"据民国《吴县志》记载,清末苏州府所属吴县、长洲、元和三县共有义庄62家,义田7万多亩,直到1949年,苏州还有义庄23家。

义庄的设立,对于任何一个家族来说,都不是一件容易的事情,即便是累世官宦之家,义庄的设立也要积数代之功。《吴县志》所载各义庄大多是遵父之命、继祖之志创建,通过方志和族谱确实也可以看到创建义庄的艰辛。义庄建筑,是同姓宗族共置的公产房屋,作为本族议事、举行活动、办理日常事务的办事场所。近年来,随着城市建设的发展,这些义庄古宅正在慢慢消逝,豪门大宅,庭院深深,逐渐离我们远去。对于一座城市来说,传统建筑及其生态环境就是其历史文化的载体,留下的是这座城市一代代人生活的印记,理应代代传承。

资料来源:费愉庆:《寻访苏州义庄遗址》,载《寻根》2016年第2期,第114—120页。

在学术研究中还存在一种较常用的慈善文化划分方法,即从不同主体的角度,将慈善文化分为捐助者的捐赠文化、募捐者的募捐文化、受助者的受助文化、慈善组织文化。捐赠文化主要包括捐助者的心理动机、行为倾向、行动特征等内容。募捐文化主要包括募捐过程中应遵守的价值理念、伦理准则等。受助文化主要包括受助者的心理特征、处理与捐助者关系的行为准则等。慈善组织文化主要包括慈善组织在组织内部开展的文化建设及其对外呈现的组织形象。这种从主体角度进行的分类对于从不同视角理解慈善文化、细化慈善文化研究具有重要意义。

慈善文化具有多方面特征,主要包括实践性、地域性、民族性、时代性和传承性。

(1) 实践性。慈善文化是文化的一种具体类型,文化是人类社会实践的产物,慈善文化是人类慈善实践的产物。慈善文化的实践性既体现为它来源于实践、基于实践,也体现为它由于实践的多样性而呈现出的差异性。

(2) 地域性。不同地域具有不同的文化形态,包括不同的宗教信仰、民间习俗等,慈善文化作为文化的一部分,也具有鲜明的地域性。例如,欧美的慈善文化深受基督教影响,是一种宗教慈善文化;东亚的慈善文化受儒家传统影响甚深,与欧美慈善文化存在明显区分。

(3) 民族性。不同民族的文化传统、民族信仰各不相同,在民族实践基础上形成和发展的慈善文化因而也不尽相同。在我国,汉族与其他少数民族的慈善文化不完全相同。汉族的慈善观念主要来源于儒家文化、佛教和道教传统,而少数民族的慈善观念主要来源于本民族的文化传统和宗教信仰,比如维吾尔族主要信仰伊斯兰教,其慈善文化与伊斯兰教教义密切相关。

(4) 时代性。慈善文化随时代发展而不断发展,具有突出的时代性特征。慈善文化的时代性主要体现为慈善观念、慈善方式、慈善管理体制等方面的变化和发展。在我国,慈善文化通常被划分为传统慈善文化、近代慈善文化和当代慈善文化三种形态。传统慈善文化指在几千年封建文化传统中形成的慈善文化；近代慈善文化指从鸦片战争到中华人民共和国成立之前这段时期内受西方慈善文化影响的转型中的传统慈善文化；当代慈善文化指中华人民共和国成立至今在社会主义价值观引导下的新慈善文化。近代慈善文化与当代慈善文化也常合称为近现代慈善文化。

（5）传承性。文化既体现为一种外在的社会规范，也体现为一种内在的精神信仰、价值观念和行为习惯，每个国家或民族都在自己传统文化的指引下开展各种实践活动，传承文化的外在和内在要素。传承慈善文化体现为宣扬传统慈善文化中的精华，既包括将部分先进做法引用为新时期的行为规则，又包括传播传统慈善理念、鼓励基于传统文化的慈善行为和慈善组织发展等内容。

第三节　什么是慈善伦理

一、伦理

"伦理"一词最早见于《礼记·乐记》："乐者，通伦理者也。"《说文解字》中写道："伦，从人，辈也，明道也；理，从玉，治玉也"，即伦是从人字部，表示辈分；理是从玉字部，表示雕琢玉器。伦理，即调整人伦关系的条理、道理、原则。我们的祖先早在殷周时就对道德现象进行理论思索，公元前5世纪至公元前2世纪，已经有了"人伦""道德"等概念和"伦类以为理"的说法，出现了具有丰富伦理思想的《论语》《墨子》《孟子》《荀子》等著作。秦汉时期形成了"伦理"这一概念，产生了包括系统道德理论、行为规范和教育方法的《礼记》和《孝经》等著作。新儒家成中英将伦理界定为"行为于外在的人的关系定位，表现为人际与人己之间的交往，尤其涉及社会五伦的关系行为及其延伸"[①]。

在西方，亚里士多德最早谈论人的道德品性问题，并称其为"伦理学"（Ethics）。他在雅典学园期间对这门学问的讲述被记录成书，形成《尼各马

---

① 成中英：《文化·伦理与管理》，东方出版社2011年版，第5页。

可伦理学》。"Ethics"在西方话语中有两层含义：第一层含义是指人生学，主要探讨什么是人生目标、人生意义和美好生活，《尼各马可伦理学》即为人生学；第二层含义是指人际关系学，主要探讨人与人相处应遵循的基本原则，如西季威克的《伦理学方法》。在第二层含义上，西方的伦理与中文语境的伦理意义相通，本书在这一层含义上讨论慈善伦理问题。

"道德"与"伦理"紧密联系，但又存在一定区别。道德是指调节人与人、人与自然之间关系的行为规范的总和。伦理是关于人性、人伦关系等问题的基本原则，伦理不仅包括道德，还包括权利，而权利是道德的基础。道德范畴侧重于反映道德活动和道德活动主体自身行为的正当性，伦理范畴侧重于反映人伦关系以及维持人伦关系所必须遵循的道德规范和行为规则。简言之，道德讲善恶，是主观的、自律性的；伦理讲对错，是客观的、他律性的。鉴于"道德"和"伦理"高度关联，本书不特别对两者进行区分，在等同的意义上使用这两个概念。

我国传统社会的基本伦理体系是"三纲五常"（三纲：君为臣纲、父为子纲、夫为妻纲；五常：仁、义、礼、智、信）；道德体系的出发点是"克己复礼""修身齐家治国平天下"，社会关系是从"己"往外推及，最重要的是家庭关系，与其相匹配的道德要求是孝悌。由于这一特征，我国传统社会被认为是一个以家为本位的伦理社会，与欧美等以个人为本位的宗教社会迥然相异。这决定了我国的慈善文化和伦理存在大量不同于西方社会的独特内容。

二、慈善伦理

（一）慈善伦理的内涵与层次

慈善作为人类特有的一种社会现象与社会活动，必然有一定的道德源泉和道德动力推动它的形成与发展；作为一种慈善主体与慈善客体共同参与的互动活动，也必然会像其他人类社会活动一样体现出应有的道德意蕴与道德规律，同时也应有一定的伦理道德规则对其加以规范。我们认为，慈善伦理是探讨慈善活动的道德价值生成、选择和评价慈善活动的道德价值标准，阐发合乎当代社会发展客观需要的关于慈善事业的特殊道德规范的理论体系。它是分析和揭示如何促进慈善主体行善的道德自觉性，以及在对弱势群体实施人道救助的慈善活动过程中，调节慈善主体和慈善客体各方面关系的道德原则和规范的总和,也是慈善主体和客体的各种道德意识、道德意志、道德选择、道德行为的综合体现。从概念上可以看出,慈善伦理与慈善文化高度相关,因为慈善文化决定人对道德规范的认知与认同,慈善伦理可以说是慈善文化的一种外在表现形式。

与慈善伦理相关的一个重要概念是"财富伦理",准确把握慈善伦理的内涵要将慈善伦理与财富伦理相区别。财富伦理,是指人们创造、占有和使用财富的方式,以及与此相关的在生产、分配、交换和消费过程中蕴含的伦理内涵和道德意蕴。财富伦理要求人们从人的主体性出发,通过创造财富来发展自身的个性与潜能,通过合理运用财富来获得生存的意义,以实现自身的价值。财富伦理要追求的是财富与人、财富与自然、财富与社会的和谐共生,促进社会的进步和人的自由全面发展。由此可见,财富伦理是关于财富的创造、获取与使用的善与恶的道德认知与道德判断。慈善伦理与财富伦理都涉及如何处理财富的道德观念。财富伦理是慈善伦理的基础和前提,财富伦理调整的是人与物之间的道德关系,慈善伦理调整的是人与人之间的道德关系。①

我们可以从行为、制度和观念三个层次理解慈善伦理,这三个层次具有从里到外的渐进关系。②

(1) 行为层面是慈善伦理表层,包含两方面内容:一是慈善主体的行为,即施助方在慈善施助活动中的行为要符合慈善伦理本质要求和相应的行为规范;二是慈善客体行为,即受助方在接受慈善救助与援助时的行为要符合慈善伦理本质要求和相应的行为规范。

(2) 制度层面是慈善伦理的中间层,是指在慈善伦理建设过程中,用于激励、调整与规范慈善活动主体与客体慈善行为的政策依据、法律法规、成文规定等。制度层面的慈善伦理分为三种类型:第一类是指导慈善事业发展的政策法规;第二类是规范慈善机构内部管理的规章制度;第三类是社会上关于慈善的约定俗成的成文或不成文规定。

(3) 观念层面是慈善伦理的深层,主要是指慈善活动的道德促进因素以及在慈善活动中逐渐形成的应共同遵循的慈善意识、慈善理念、慈善目

---

① 参见王银春:《慈善伦理引论》,上海交通大学出版社2015年版,第49—50页。
② 参见郭祖炎:《中国慈善伦理研究》,湖南师范大学2013年博士学位论文,第36—37页。

标等。

(二) 慈善伦理的特征

慈善伦理作为贯穿慈善活动全程并且支持慈善行为的所有伦理道德的总和,包含诸多道德层面的价值目标,这些构成了慈善伦理的特征,具体来说共包括五个方面的内容:

(1) 利他性。慈善伦理最基本的价值内核在于利他主义的价值观。作为慈善伦理首要的价值核心,利他主义的价值观十分强调人们的道德自觉和道德认识。它要求人们必须自觉地认识到利他性,要求人们在从事慈善活动过程中首先要自觉地认识到自身对于他人和社会的责任与义务,明白要在积极的利他精神的指引下,实现对于他人和社会的责任和义务,充分认识博爱、仁义、济世、给予的价值和意义。

(2) 无偿性。无偿性旨在说明慈善伦理包含着无偿奉献且不求回报的伦理要求。就道德实质而言,慈善实际上是无私的不求索取的奉献,是一种义务,也是一种责任。慈善伦理的无偿性一方面要求慈善活动中的捐助者要摒弃自利动机,通过无私奉献和给予去帮助受助者克服困难,走上正常的生活道路;另一方面要求捐助者要平等对待受助者,任何捐助不应以受助者的回报和感恩作为条件。

(3) 人道性。人道主义原则是一种绝对命令,它强调任何个人、任何群体都不能因贵贱、种族、性别、肤色的差异来区分,人们均应当享有做人的基本道德权利,享受基本的生存权、发展权以及其他一系列的权利。人道性的要求就在于使得慈善主体能够明了社会弱者同样享有与强者一样的人身存在和发展的基本权利,对社会弱者的尊重与理解生成了慈善伦理的人道主义基本原则。

(4) 自律性。马克思曾经提出:"道德的基础是人类精神的自律"[①]。自律是人类社会伦理道德的一般特点,同时也是慈善伦理的内在特征。慈善伦理的自律性指的是,人们在决定从事慈善活动时以道德的自觉为原动力,人们从事慈善活动不仅要遵守外在的制度规范,更要恪守内心的道德准则,用自我立法来约束和规范自身的慈善行为。慈善的自律性要求慈善主体的

---

① 《马克思恩格斯全集》第1卷,人民出版社1995年版,第119页。

自觉、自律贯穿于慈善活动的整个过程。

（5）自愿性。慈善的自愿性表现在慈善主体的自愿性与慈善客体的自愿性两个方面。对慈善主体来说，慈善应是慈善主体出于慈爱之心、友善之情而自愿自发的一种救助与援助行为。慈善捐助行为体现了慈善主体的独立意志，慈善主体的慈善行为不应受到外部力量的影响甚至强制。对于慈善客体来说，自愿性指的是慈善受助方接受救助与援助也应该是自愿的意志和行为体现，而并非遭到强迫或被引诱。在慈善活动中，自愿性保证了慈善客体既有接受救助与援助的道德权利，也有不接受救助与援助的道德自由。

（三）慈善伦理的研究与发展

西方学者对慈善伦理的研究起步较早，围绕慈善的正当性、财务与慈善的关系、慈善与宗教的关系、慈善与幸福的关系、慈善动机等主题进行了较多探讨，为慈善伦理实践发展提供了良好基础，其中，慈善筹款伦理的发展尤其引人注目。筹款伦理发展的推动主体是以美国筹款人协会（Association of Fundraising Professionals，AFP）与英国筹款人协会（Institute of Fundraising，IoF）为代表的筹款行业组织。2006年10月，历经3年的讨论，在第四届国际筹款峰会（International Fundraising Summit）上，参会的24个国家的筹款行业协会代表全票通过了第一部《国际筹款伦理守则》（International Statement of Ethical Principles in Fundraising）。该守则由超过30个来自世界各地的筹款方协会一同编纂，关注全球筹款人应共同遵守的基本守则和价值观，它主张不同地区的筹款人应继续遵守当地关于筹款伦理的要求。该守则的核心内容是强调筹款领域的五大基本原则：诚实、尊重、正直、同情和透明度。

我国对慈善伦理的研究和实践都起步较晚，目前都还处于探索时期。近几年，部分基金会、研究机构等合作推进慈善伦理建设，取得了一定成效。2018年，在南都公益基金会与浙江敦和慈善基金会的资助下，方德瑞信联合北京七悦社会公益服务中心在2006年与2018年两个版本《国际筹款伦理守则》的基础上，形成了中国本土版的《中国公益慈善筹款伦理行为准则（征求意见稿）》。经过一年的试点，《中国公益慈善筹款伦理行为准则》（2019年修订版）和《中国公益慈善筹款伦理行为实操指引手册》（2019年修订版）形成,并在2019年12月6日方德瑞信举办的第五届公益筹款人大会上正式发布。2019年的《中国公益慈善筹款伦理行为准则》从合规、诚实、尊重、正直、透明和负责等六大价值观出发,为筹款者提供了一个需要共同遵守的工作行为准则框架,包括遵守法律法规的责任,捐赠方、受益方、行业、组织内部以及合作伙伴的责任。

第四节 本书章节安排

本书旨在讨论慈善文化和慈善伦理这两个密切相关的主题,故而除引言、绪论外,全书分为慈善文化和慈善伦理两大部分。慈善文化部分共包括三章内容,分别为第二章"中华慈善文化"、第三章"宗教慈善文化"和第四章"慈善文化现代化";慈善伦理部分共包括六章内容,分别为第五章"慈善伦理的价值基础"、第六章"慈善组织公信力"、第七章"慈善动机的伦理追问"、第八章"互联网慈善伦理"、第九章"西方国家慈善伦理"、第十章"当代中国慈善伦理规范体系的建构"。各章内容简介如下:

第一章"绪论"。主要介绍慈善、慈善文化和慈善伦理这三个基本概念。在"慈善"概念中,除了从不同角度阐释慈善的内涵和外延以外,还重点比较了"慈善"与"公益"概念的异同,并对慈善家、慈善组织和慈善活动进行了界定。

第二章"中华慈善文化"。主要介绍中华慈善传统及其文化源头,以及重点讨论儒家文化与慈善、道家和道教文化与慈善、红色文化与慈善等内容。在中华慈善文化的源头部分,依据共识性的观点,将儒家文化、道家和道教文化、红色文化(中国特色社会主义文化)作为当前中华慈善文化的主要来源。在对三种文化与慈善关系的讨论中,在简要介绍不同文化要旨的基础上,着重分析了它们的慈善观念和慈善活动形式。

第三章"宗教文化与慈善"。分析了宗教与慈善的关系,指出了宗教对世界慈善事业发展的深远影响;在介绍世界三大宗教——基督教、伊斯兰教和佛教基本教义的基础上,讨论了三大宗教的慈善观念和它们开展慈善活动的常见形式,指出虽然三大宗教的慈善目的各不相同、慈善形式有所差异,但它们都具有超越性、跨区域性和组织性等特征,都将慈善作为凝聚人心、宣扬教义的重要手段,对安定人心和促进社会发展具有重要意义。

第四章"慈善文化现代化"。讨论和界定了慈善文化现代化的内涵和主要构成,从慈善世俗化和政府职能化、慈善法治化、慈善大众化和慈善组织化等四个方面,以英国、美国和中国为代表,分析了慈善现代化在各个维度的基本演进和具体呈现,勾勒了慈善文化进入近代以来发生的整体性变化和当前慈善文化发展的主要趋势。

第五章"慈善伦理的价值基础"。蕴含在慈善伦理背后的价值基础和思想渊源体现在以人为本、利他主义与分配正义三个方面。在以人为本部分,对西方以人为本思想、中国古代以人为本思想和中国共产党以人为本思想进行了重点阐述。在利他主义部分,介绍了利他主义的内涵与特征,从不同理论视角对人性利他进行解释,分析了利他主义的类型。在分配正义部分,阐述了亚里士多德、康德与罗尔斯的分配正义观点。

第六章"慈善组织公信力"。界定了慈善组织公信力的内涵,分析了慈善组织公信力的内在结构与外在表征,论述了慈善组织公信力的功能与来源,考察了慈善组织公信力的影响因素和评估维度,探究了慈善组织公信力流失的原因和过程,讨论了慈善组织公信力修复的策略。

第七章"慈善动机的伦理追问"。慈善动机包括个人、企业和企业家的慈善动机。在个人慈善动机部分,从不同学科视角对个人慈善动机进行解释,提出个人慈善动机的认知原则。在企业和企业家慈善动机部分,论述了战略视角慈善观和制度视角慈善观,介绍了企业从事慈善活动的工具性、战略性与政治性三种慈善动机,讨论了我国不同类型企业家的慈善动机。

第八章"互联网慈善伦理"。介绍了我国互联网慈善兴起的背景与动因,对互联网慈善的内涵与特点进行界定,论述了互联网慈善的积极价值,分析了当前我国互联网慈善伦理失范的表现,探究了互联网慈善伦理失范的原因,从五个方面提出互联网慈善伦理失范的治理对策。

第九章"西方国家慈善伦理"。梳理了西方国家慈善伦理的发展演变,从个人、慈善机构与国家三个维度分析了西方国家慈善伦理实践特征,从政治因素、制度因素、经济因素、宗教因素、教育因素与舆论因素等六个层面考察了西方国家慈善伦理的影响因素。

第十章"当代中国慈善伦理规范体系的建构"。当代中国慈善伦理规范体系包括慈善伦理基本原则和慈善伦理规范内容两大层面。自愿、诚信、平等、尊重是慈善伦理的四大基本原则。慈善伦理规范内容主要包括树立以公共责任为核心的现代慈善理念、着力重塑我国慈善组织公信力、正确认识与对待多元慈善伦理动机、加强青少年慈善伦理教育、借助"微公益"营造大众慈善社会风尚等方面。

第二章 中华慈善文化

中华文化源远流长、博大精深、光辉灿烂,浸润其中的慈善文化同样历史悠久、纷繁复杂。理解中华慈善文化,既需要挖掘传统文化的慈善基因,又要关注不同文化下的慈善实践,将主客观要素相结合。本章认为中华慈善文化主要由儒家文化、道家和道教文化、佛教文化和中国特色社会主义文化中的慈善价值观、慈善道德规范、慈善行为准则等构成,同时包括其他各种形态的文化所包含的慈善价值观念和实践活动。多元文化来源是中华慈善文化的重要特征,也决定了中华慈善文化的动态发展性和复杂性。本章分四小节分别介绍和讨论中华慈善传统及其文化源头、儒家文化与慈善、道家和道教文化与慈善、红色文化与慈善,希望借此勾勒中华慈善文化的基本图景。需要指出的是,佛教文化是中华慈善文化的重要来源,但因佛教是外来宗教,且属于世界三大宗教之一,对包括中国在内的多个国家皆有深刻影响,因而本书将其放在第二章"宗教文化与慈善"中进行专门讨论。

第一节 中华慈善传统及其文化源头

一、中华慈善传统

我国慈善有两千多年的历史。早在夏代以前的传说时代,就已经出现养老制度。西周时的司徒(相当于现在的民政部门)专门负责救济救灾等慈善公益事业。当时的"养疾"体系用以预防、消除国民的灾难和疾病。春秋战国时期就有了最早的官办赈灾制度。魏晋南北朝时期,官办"六疾馆""独孤园"等开始成建制地出现,佛教界建立的"悲田养病坊"也开始普及,民间慈善在这一时期异常活跃,相继出现"义渡""义井""义浆"等慈善机构。隋唐时期,国力强盛,慈善事业进一步发展,政府开创了义仓制度。宋明时期,慈善的制度化水平提高,义庄、义学非常普遍。明朝时期全国各地建有养济院(养老院),官方还在全国建立惠民药局、漏泽园等慈善机构。

清朝政权稳固之后,政府开始鼓励民间设立慈善组织,慈善事业得到快速发展。清朝官方设立或支持设立了大量育婴堂、保婴会、恤孤局、养济院、普济堂、栖流所等慈善机构,慈善事业非常繁荣。鸦片战争以后,西学东渐,部分官员和研究者开始介绍西方慈善,并主张向西方国家学习,中国慈善事业开始向近代转型:"教养兼施"的救助理念被引入,洗心局、迁善所、工艺局、教养局等相继出现;同时,受美国教会影响,救助妓女的济良所也产生了较大社会影响;在1876—1880年华北地区的灾荒中,具有近代色彩的、由民间自行组织的"民捐民办"的慈善救助活动——义赈开始登上历史舞台;对近现代慈善事业产生重要影响的中国红十字会于1904年成立。

民国时期慈善事业持续发展,并且出现新的时代特征,主要体现为国民政府通过慈善立法监管慈善团体,为慈善团体提供税收优惠和奖励捐赠;将贫困救助等纳入社会保障体系;慈善组织种类持续增多,不仅有传统的慈善机构,还有具有近代色彩的为大众服务的公益性机构,比如慈善医疗机构、教育机构和向贫民发放免息贷款的贷款所;以中国红十字会为代表的慈善组织在这一时期还开始了国际化交往,如参加国际性会议和提供对外援助等。

中华人民共和国成立后,慈善事业经历整顿、改造与停滞之后,于改革开放后开始复苏和发展。20世纪80年代,在政府的推动下,全国各地开始恢复和新建敬老院、孤儿院、儿童村等社会福利机构。1981年,中国儿童少年基金会成立;1984年,中国残疾人福利基金会成立;1989年,中国扶贫基金会成立;1994年,中国红十字基金会成立;1994年,中华慈善总会成立。80年代至今,我国共成立7000多家公益基金会,此外还成立了80多万家社会团体和民办非企业单位,它们在慈善事业中发挥了重要作用。改革开放后,我国慈善法制也不断发展。20世纪90年代末到21世纪初,我国先后出台"三大条例"(《社会组织登记管理条例》《民办非企业单位登记管理暂行条例》和《基金会管理条例》)和《公益事业捐赠法》,2016年出台《慈善法》,与法律法规相配套,相关部门还出台了多项规章制度和管理办法。

在两千多年的发展中,我国历来提倡对社会富有担当,公众乐善好施。从官方层面看,历朝历代都积极举办慈善事业,并且通过多种形式与民间慈善机构合作、共同促进社会福祉。新中国成立后,政府不仅高度重视慈善机构建设和发展,而且不断加强和优化对慈善事业的规范管理,慈善法制日益完善。从社会方面看,社会公众尤其是精英人士积极投身慈善事业、创新慈善组织方式,在社会救济、灾难救济、邻里共济等各领域发挥作用,在"第三次分配"中扮演关键角色。从整体上看,我国慈善具有两方面突出特点:一方面,政府积极履行社会管理职能,在社会救济、灾害救助等方面发挥主导性作用,且重视与民间慈善机构的合作和对民间慈善机构的制度性吸纳,民间慈善主要发挥补充政府不足的功能;另一方面,民间慈善主要体现为精英人士创办慈善机构和帮扶亲族邻里,社会性捐赠总量相对较小。从近年来的数据看,在英国慈善救助基金会每年发布的全球慷慨指数中,2015年我国位于世界146个国家中的倒数第2名,而且连续几年都在倒数前10名中。[①] 2018年我国捐赠总额占GDP的比重为0.16%,美国的这一比重约为2%(其中宗教之外的捐赠比重约为1%)。从捐赠来源看,我国个人捐赠的比例不到30%,而美国约占80%。这表明,虽然我国慈善历史悠长,但慈善捐赠还没有像美国那样成为社会大众的一种"生活方式",这与我国的慈善文化不无关系。

二、中华慈善文化源头

慈善文化是与慈善相关的各种观念、制度、行为和物质的总和,具有高度复杂性。我国悠长的历史中,存在多种文化传统,不少文化传统自成体系,部分还存在竞争性;在不同历史时期,占主导地位的文化传统也不完全相同,社会的价值导向和生产生活实践也存在差异。因此,很难对中华慈善文化究竟是什么给出一个准确的回答。更为适宜的做法可能是,分析最为重要的文化形态中所蕴含的慈善思想,剖析它们对慈善事业发展的影响,在此基础上大体勾勒慈善文化的轮廓,并据此对过去和当前人们的慈善活动作出适当解释。

---

① 参见《刘佑平、陈越光做客新华访谈:我国慈善文化远落后于慈善组织发展》,http://www.charityalliance.org.cn/zhulin06/10187.jhtml,2020年9月11日访问。

中华文化绵延五千多年,构成极其复杂,其中公认的对中国人影响最大的文化包括儒家文化、道家和道教文化、佛教文化,以及近代以来由西方传入的社会主义文化、中华人民共和国成立以后逐渐形成的中国特色社会主义文化,其中社会主义文化及其中国化可以被称作"红色文化"。除此之外,我国有较大数量的人口信仰基督教、伊斯兰教,还存在多种民间信仰,这些也是我国文化的重要组成部分。在多种文化中,对慈善文化产生深远影响的主要是儒家文化、道家和道教文化、佛教文化和红色文化,本书将这四种文化视作我国慈善文化的源头,下文分别讨论儒家文化与慈善、道家和道教文化与慈善、红色文化与慈善。

第二节　儒家文化与慈善

一、儒家文化要义

孔子(约公元前551年—约公元前479年)于春秋战国时期创立儒家学派(儒学)。儒学在当时就产生了广泛影响,孔子在世时就被称为"圣人"。在孔子之后,儒学不断丰富和发展,到汉武帝时期,成为朝廷所推崇的正统思想,其后为历代君王尊崇,是中华文化最重要的组成部分。儒家文化不仅对我国的国家和民族发展产生了深远影响,而且极大地影响到周边国家。在相当长的时间内,孔子被尊奉为"至圣先师",但是在20世纪初期的新文化运动中,儒家文化受到西方文化的巨大冲击,"打倒孔家店"成为五四运动的口号。中华人民共和国成立后,受"文革"期间"批林批孔"运动影响,儒家文化进一步遭到破坏。但是,经过两千多年的发展,儒家文化在社会中已经根深蒂固,其影响仍然在相当广泛的范围内存在,部分学者为延续儒家文化,使之与时代发展相结合,多次提出建立"新儒学"的主张。2004年,孔子的故乡山东省曲阜市恢复"祭孔大典",并将其由家祭改为政府公祭。在政府推动和民间倡导的共同作用下,孔学和儒家文化在当代有所复兴。

儒家文化以儒学为基础,儒学的发展可以划分为三个时期:第一个时期是从先秦儒学开始到东汉末年,以孔子、孟子、荀子和董仲舒为代表;第二个时期是宋明时期,以"二程"(程颢和程颐)、张载、周敦颐、朱熹、王阳明等为代表；第三个时期是宋明之后，以邓牧、黄宗羲、顾炎武、王夫之等为代表。新文化运动以来，一批学者在全盘西化的思潮中坚持中国传统文化的价值，试图将中西哲学相结合，将传统文化与时代发展相结合，出现了当代新儒学，以熊十力、梁漱溟、成中英等海内外学者为代表。虽然历经发展，儒学的主要观点还是源自先秦，以孔孟思想为主体。

孔子创立儒学，他的弟子将他的语录编纂成《论语》，是为儒学经典。孔子建构了完整的"德道"思想体系：在个体层面主张"仁""礼"和中庸之道；在国家层面，主张"为政以德"，即以道德和礼教来治理国家。孔子的最高政治理想是建立"天下为公"的大同社会，大同社会的景象被描述为："选贤与能，讲信修睦"；"人不独亲其亲，不独子其子，使老有所终，壮有所用，幼有所长，矜寡孤独废疾者皆有所养"。

孔子去世后，儒学分成八家，其中最有影响力的是孟子和荀子的学说。孟子（约公元前372年—公元前289年）主张善、仁、义。孟子是人性善的主张者，认为人天生具有仁、义、礼、智的品德，《孟子·公孙丑上》曰："人皆有不忍人之心"，即每个人天生都具有"恻隐之心""羞恶之心""辞让之心""是非之心"，是为"四端"。性善论在后世逐渐成为儒家思想的主流，并成为儒家仁人志士实施道德教化和王道政治的人性论基础。[①] 孟子将孔子"仁"的思想发展为"仁政"，最早提出"民贵君轻"的思想，《孟子·尽心下》中写道："民为贵，社稷次之，君为轻"，强调发展农业、关注民生。在价值观方面，孟子主张"舍生取义"，"生，亦我所欲也；义，亦我所欲也。二者不可得兼，舍生而取义者也"。

荀子（约公元前313年—约公元前238年）对各家都有所批评，唯独推崇孔子的思想，认为"仁"是最好的治国理念。他又从知识论的立场上批判性地总结和吸收了诸子百家的理论主张，形成了富有特色的"明于天人之分"的自然观、"化性起伪"的道德观、"礼仪之治"的社会历史观。"明于天人之分"是指天道自然、天行有常、天人相分、制天命而用之。荀子主张"性恶论"，认为人天生"饥而欲饱，寒而欲暖，劳而欲休"，这与道德礼仪规范是相冲突的，因而应"化性起伪"，即通过人的主观努力转恶为善，"起礼义，制法

---

① 参见张文利：《孔孟与宋代理学家人格理想之比较》，载《文史哲》2003年第2期，第38—41页。

度"。

西汉前期,以黄老之学为尊,直至汉武帝罢黜百家,独尊儒术。西汉大儒董仲舒在先秦儒学的基础上,采诸子之长,主张"天人感应""君权神授"和"三纲五常",建立了一个以君权为纲的等级体系,"天子受命于天,诸侯受命于天子,子受命于父,臣妾受命于君,妻受命于夫",辅之以仁、义、礼、智、信的"五常",将封建常伦关系禁锢下来。董仲舒的贡献在于他把战国以来各家学说以及儒家各派在孔子名义下、在《春秋公羊》学名义下统一起来,形成了儒家思想体系。其后,在东汉马融以及班氏兄弟等人的努力下,儒学教义逐渐法典化。

自董仲舒建立儒学思想体系之后,经过长期发展,儒学在道德规范、政治思想、哲学体系等方面都有长足进步,出现了群家"一儒各表"的现象,但整体上他们都形合于古儒人伦道德规范之见,儒学和儒家思想历经岁月千秋,其基本的"德性"精神、道德规范等向来不曾尚动,万变而不离源宗,这也体现了儒家文化的旺盛生命力。下面对儒家文化的基本要义——仁义、礼乐、内圣外王进行简要介绍:

仁义。仁是指人际关系,即两个及两个以上人之间的关系。义为宜,指合理。孔子将"仁"提升为儒家伦理道德的最高准则,主张由己及人,构建大同社会。在《论语》所记孔子的思想中,"仁"与"义"是分说的,而在孟子的思想中,始有"仁义礼智"四德的排列,在四德中"仁义"居于统率地位,孟子说:"仁,人心也;义,人路也。"(《孟子·告子上》)

"忠"和"恕"是仁义的两个标准。"忠"是从积极的层面来讲,所谓"己欲立而立人,己欲达而达人"(《论语·雍也》)。"恕"是从消极的层面来说,所谓"己所不欲,勿施于人"(《论语·颜渊》)。仁义的本质含义是指在处理社会关系时,应该秉持同情与公正之心。

礼乐。礼乐是指中国传统社会的典章制度、良风美俗和道德规范。"礼"是对祭祀活动的记叙,"乐"是指向神或祖先奉献尊贵的礼品和高雅的音乐。礼乐与专制等级相关,是一种秩序。孔子对礼乐的贡献是将人引入礼乐。子曰:"人而不仁,如礼何?人而不仁,如乐何?"(《论语·八佾》)即人如果不仁,与他讲礼、乐都没有意义。先有仁义,后有礼乐。孟子认为礼乐好不好要看它能不能解决民生问题,强调"与民同乐"。荀子认为"乐合同"

"礼别异",即乐是整合不同阶层的相同之处,礼是区别不同阶层的制度。

内圣外王。儒家追求内圣外王。"内圣"是指对主体心性修养方面的要求,"外王"是对个体的外在要求,主要体现为立德、立功、立言。《礼记·大学》中写道:"古之欲明明德于天下者,先治其国;欲治其国者,先齐其家;欲齐其家者,先修其身;欲修其身者,先正其心;欲正其心者,先诚其意;欲诚其意者,先致其知,致知在格物。物格而后知至,知至而后意诚,意诚而后心正,心正而后身修,身修而后家齐,家齐而后国治,国治而后天下平。"《左传·襄公二十四年》曰:"太上有立德,其次有立功,其次有立言,虽久不废。"唐人孔颖达在《春秋左传正义》中对德、功、言三者分别作了界定:"立德,谓创制垂法,博施济众";"立功,谓拯厄除难,功济于时";"立言,谓言得其要,理足可传"。

二、儒家文化中的慈善思想

以现代视角研究儒家文化对慈善事业的影响或儒家慈善文化是近二十年的事情。研究分两种倾向,一种认为儒家文化与慈善高度相通,儒家文化为慈善事业发展提供了持久的精神支撑,也为现代慈善提供了价值源泉;另一种观点则认为儒家文化与现代慈善不相融。

持前一种观点的学者如周中之指出,儒家思想从慈善伦理主体的内部解释了慈善伦理的人性论根源,回答了慈善伦理何以可能的重大问题。人拥有"四端之心",有可能成为"善人",而人要成为"善人",需要以道德实践为依托。慈善是人的同情心发动,又是人的道德实践活动。[①] 周秋光和曾桂林指出,儒家以"仁爱"为中心,构筑起包括民本思想、大同思想、义利观在内的慈善思想体系。[②] 陈继红和辛晓红指出,儒家的"亲亲"思想中蕴含着两条自然逻辑进路:其一,从"亲亲"到路人,是"爱"之情感生发的逻辑进路;其二,"家庭—宗族—天下",是共同体意识生发的逻辑进路,他们认为儒家"亲亲"思想与现代慈善伦理具有通约性。[③] 康晓光认为,儒学精髓是天人合一

[①] 参见周中之:《慈善伦理的文化血脉及其变革》,载《东南大学学报(哲学社会科学版)》2015年第6期,第19—28、146页。

[②] 参见周秋光、曾桂林:《儒家文化中的慈善思想》,载《道德与文明》2005年第1期,第31—34页。

[③] 参见陈继红、辛晓红:《从"亲亲"之爱到路人之爱——儒家"亲亲"思想与现代慈善伦理通约的可能性进路》,载《江海学刊》2013年第3期,第208—213、239页。

的宇宙论、以仁为本的人性论、成贤成圣的人生理想、追求和谐的社会理想、以忠恕之道为核心的行仁之方、以"八条目"("格物""致知""诚意""正心""修身""齐家""治国""平天下")为阶梯的成己之道、以追求不朽和天人合一为归宿的超越精神,这一切都要求一个人,更确切地说是一个立志成为君子的人,以造福他人、造福社会、造福天下为己任。如果说"慈善"的内核是"利他",而"利他"之"他"涵盖个体、群体、全人类乃至整个宇宙,那么,上述慈善文化足以支撑人类历史上最高尚、最纯粹、最完美的利他行为。①

持后一种观点的学者如费孝通认为,中国传统文化属于"自我主义,一切价值是以'己'作为中心的主义",而且"自我主义并不限于拔一毛利天下而不为的杨朱,连儒家都该包括在内"。② 杨胜良指出,儒家慈善伦理以家族宗法关系为基础,以"亲亲"为核心,特别是"爱有等差"和"亲疏有别"思想,不符合现代慈善精神。③

竞争性观点的存在表明了儒家文化与现代慈善关系的复杂性,同时也肯认了受儒家文化影响的慈善实践所具有的独特性。下面对儒家文化中的慈善思想进行梳理,以为理解儒家慈善及其与现代慈善的关系提供一定的基础。

性善论。基于儒家性善论的观点,慈善之所以能够成为一种实践活动,主要在于人人都有"恻隐之心",即对他人的同情之心。儒家的性善论揭示了慈善活动的人性根源,指出了慈善行为是发自人的本能,是一种共情行为。

仁爱。"仁"是孔子的人格理想,为儒家所推崇。"仁"即是爱,仁爱是《论语》的核心思想。仁爱意为宽仁慈爱,是一种发自内心的以家庭为主但又超越家庭,延及社会、国家乃至整个人类、自然和天下的普遍之爱,它包括三个层次,首先是家庭体系中的爱,其中最为重要的是孝道,而后为兄爱弟敬之爱;其次是社会体系中的爱,具体表现为对他人的"信"和对国家的"忠";最后是对宇宙体系的爱,是处理人与物之间关系的准则。儒家的仁爱观确立了一种基本的道德规范,要求人们在处理与外部关系时秉持仁爱之

---

① 参见康晓光:《古典儒家慈善文化体系概说》,载《社会保障评论》2018年第4期,第99—110页。
② 参见费孝通:《乡土中国》,上海人民出版社2007年版,第27—28页。
③ 参见杨胜良:《试论儒家慈善伦理的现代转化》,载《道德与文明》2010年第1期,第69—71页。

心,并推己及人,这实际上也是一种慈善道德规范,它规定了帮助他人的必要性以及提供帮助时的优先次序。

义利观。孔子最早对义利关系进行讨论。《论语·里仁》中提出"君子喻于义,小人喻于利"。所谓义,是指道德标准;所谓利,是指物质利益。"君子"原指"劳心者","小人"原指"劳力者"。这句话的原意是统治者应加强自身道德修养,应将利益赐予劳动者,使劳动者富足。后来,君子被用于指称道德高尚,以义为重的人,而小人则指以利为重,重利轻义的人。儒家的义利观体现了重要的慈善思想,为古代商人和现代企业家从事慈善行为、服务社会提供了价值导向。

内圣外王。儒家思想既强调个人的内在修养,即"内圣",也强调个人对社会的贡献,即"外王"。在个人修养方面,主张格物致知、正心诚意;在社会贡献方面,主张齐家治国平天下、立德立功立言。儒家倡导积极入世观,认为人的一生应该在不断努力中度过,要不断加强自身修养,追求建功立业,为身后留下名誉。内圣外王的思想在产生时主要是针对统治者而言,后来逐渐发展成为儒士们的自我追求,对整个中华文化产生深远影响,也是慈善事业发展的重要价值支撑,它促使大量士绅在追求个人事业的同时,能够胸怀天下、匡世济民,积极投身社会公益和慈善事业。

大同社会。大同社会既是孔子的理想社会,也是中华民族几千年的社会追求。在大同社会中,天下为公、人得其所,也就是说人人能够在他合适的位子上享受他应得的,老人受到尊敬、孩童受到爱护,男女安居乐业,弱势群体受到关爱。大同社会为每个人提供基本的社会保障,每个人将他人看作与自己一样,这种社会理想的实现是政府和社会共同的责任。儒家的大同社会理想可以说是慈善事业的终极目标,无论是政府开办的慈善事业,还是民间慈善,它们的共同目标都是帮助需要帮助的人,使百姓安乐、社会和谐。

三、儒家慈善形式

从儒家文化蕴含的慈善思想中可以看到,儒家主张政府对天下苍生的责任和个体对家庭、社会、天下的责任,而我国在相当长的时期内尊奉儒家思想为正统思想,根据儒家思想治理天下,因而可以将儒家慈善划分为官方慈善和民间慈善两大体系。所谓儒家官方慈善，是指政府依据儒家思想而实施的荒政、社会救济等制度；所谓儒家民间慈善，是指民间社会中奉行儒家思想的人所举办的慈善事业和开展的慈善活动。

（一）儒家官方慈善

历代王朝为巩固政权、保障社会安定、发展经济，都会开展灾害救济、养老恤幼、扶贫济困等工作。自西汉儒家思想成为官方正统思想之后，在仁政、家天下、大同社会等思想的支撑下，政府更加重视官民关系和民风建设，在社会管理与发展等方面采取了许多具体举措，其基本做法可以概括为三个方面：

（1）灾害预防与救助。我国地域辽阔、地理复杂、灾害频繁。早在西周时期，朝廷就建立了荒政制度。秦汉以后各王朝在救灾过程中，使荒政不断走向程序化和规范化。荒政的主要内容为灾害前建立预备措施，灾害发生后进行临灾救助和善后，具体措施为建设仓储储备粮食，灾年免除民众钱粮赋税、发放赈济物资、临时收容抚恤灾民、设立厂所收养饥民，政府出资为饥民赎子等。

（2）尊老养老。我国历史上一向尊老养老，周代就已经对养老作出规定，儒家孝文化形成后，政府更是将尊老养老视作头等重要的事。从汉代开始，历代王朝都曾以国家名义制定或颁布过养老礼仪和法令，并不断发展演变，形成了我国特有的养老制度。从汉代开始，养老方面的主要制度和措施包括：向老人赠送物资和进行问候、赋予税役方面的特权、在刑法方面享有优遇、举行乡饮酒礼提高老年人地位等。

（3）弱势群体救济。在对孤、贫、残等社会弱势群体的救济中，历代王朝采取的主要措施有：向鳏寡孤独者发放救济物资、分配田地、提供税役优惠；设立专门的收养救助机构，如始创于南齐的"六疾馆"，出现于南朝梁武年间的"孤独园"，宋朝的福田院、居养院、安济坊等，以及向不住院接受救济的孤贫者发放钱粮等。

（二）儒家民间慈善

儒家倡导"仁者爱人""天下为公"，为民间慈善提供了精神指引。民间慈善的主要形式包括宗族慈善、个体慈善和组织性慈善。需要指出的是，这三种慈善并不是并列关系,之所以如此划分,主要是因为它们在我国传统慈善中分别占据重要地位,其影响一直延续到当代。

(1) 宗族慈善。宗族是"由父系血缘关系的各个家庭,在祖先崇拜及宗法观念的规范下组成的社会群体"①。宗法是指调整家族关系的制度,以血缘关系为基础,以嫡长子继承制为核心内容。自周代以来,宗族制度对中国社会产生了广泛而深远的影响;自汉唐以来,宗族慈善产生和发展,构成了中国古代慈善事业的主要内容之一。两汉时期,由于没有族产,宗族慈善是临时的、救急的。宋代范仲淹创办范氏义庄,制定族内救济办法,开创了制度化宗族慈善的先河。明清时期,政府允许民间追祭五祖,宗族组织普遍出现,其功能除筹建祠堂、取宗收族、制定宗规族约等之外,还包括设立义庄、义田、义塾等,以救济族人。近现代以来,宗族观念因受西方思想的影响而发生变化,宗族的宗法规范消失,但出现了宗亲会等新式宗族组织,除延续宗族传统的祭祀、修谱等功能外,同样开展族内救助活动。

从范氏义庄的发展来看,宗族慈善既可以提供普遍福利,也可以提供特殊救助。范氏义庄在成立初期,由于族人规模不大,可以向所有族人提供租米,随着人口的增多,救济对象逐渐转向以贫困族人为主。包括范氏义庄在内的众多义庄制定了义庄管理规则,对义庄管理人职责、资助内容和标准、受助人资格等进行规定,并进行监督管理。比如,义庄的主要资助和救济内容包括口粮、衣料、婚姻费、丧葬费、科举费、借住义庄房屋和借贷,这在全国各地基本一致。又如,在受助人方面,各义庄都注重对其进行道德考察,违反族规家法者,视其情节轻重予以惩罚,取消或暂停受助资格。义庄的规范管理对建构慈善规范、促进慈善事业制度化发展起到了极其重要的作用。

案例 2-1　从宗族、姻亲到乡邻

义庄救助范围一般囿于宗族之内,或以五服为断,或以始迁祖以下子姓为度。不过,实力雄厚的义庄也有赡恤姻亲的规定。在苏州范氏义庄的初定规矩中,就有向族外姻亲推广救济的条款:"乡里外姻亲戚,如贫窭中非次急难,或遇年饥不能度日,诸房同共相度诣实,即于义田米内量行济助。"后

---

① 冯尔康等:《中国宗族史》,上海人民出版社2009年版,第17页。

世义庄此类赡助更为常见。不过义庄给予协济的姻亲，一般限制在与建庄者有服的内外姻亲范围。

到了近代，不少义庄的救助范围从宗族、姻亲逐步扩展到乡邻。上虞上湖头是连氏聚居地，赵姓、张姓、李姓等姓氏也杂居其间。赵姓由沥海迁居上湖头已历五世，其先人与连氏祖宗有"契义"，连氏"不忍异视"，其贫苦之家除壮丁外，连氏义庄每年予以资助。张、李两姓向住上湖头，义属老邻；张、李两姓外，尚有别姓迁居上湖头，虽非旧邻，然比屋而居，守望相助，亦有周济之义，其贫苦之家除壮丁外，连氏义庄每年亦予以资助。

资料来源：李学如：《从宗族到乡邻：清末江南义庄救助事业的社会化》，载《廊坊师范学院学报（社会科学版）》2019年第3期，第72—78页。

宗族慈善是中国古代社会慈善的重要组成部分，对维护当时的基层社会稳定起到了很大作用，宗族慈善的思想基础主要是基本贯穿中国传统社会的儒家思想。[①] 维系宗族的文化因素是以孝睦为核心的儒家道德规范，这在宗族慈善中体现为以血缘亲疏关系为基础的差异性救济，以及宗族慈善仅面向本宗族的封闭性。但是，宗族慈善也在一定程度上体现出开放性和社会性。许多宗族也对非宗族成员的姻亲、乡邻等实施救济，尤其是在灾害时期，这体现了儒家思想中"由己及人"的"仁爱"观。此外，主持宗族事务的皆为信奉儒学的地方士绅，他们对宗法思想的长久宣扬使敬宗收族、孝悌雍睦等伦理观念深入人心，同居共财、同族协济渐成风气[②]，从而使宗族慈善成为儒家慈善、中华慈善的重要组成部分。

（2）个体慈善。儒家思想为个体慈善提供了重要的价值支撑。中国人的慈善动机多来自对族人和乡党邻里的道德责任，这种现象不仅仅存在于封建时代，近现代以来也不例外。个体慈善的主体可以是任何社会大众，乡绅由于其独特的社会地位和资源，他们在传统中国社会中一直是个体慈善的最重要主体。

---

① 参见许秀文、高雅楠：《儒家思想影响下的宗族慈善及现代思考》，载《石家庄学院学报》2018年第2期，第16—20页。
② 参见朱健刚、武洹宇：《华人慈善：历史与文化》，中国社会科学文献出版社2020年版，第35—36页。

乡绅是传统中国深受儒家文化熏陶而活跃于乡村民间的特殊阶层,主要由退居的官员、拥有科举功名者和有威望的商贾所构成,他们的身份地位不直接关联土地财富,而是享有一定特权的地方文化传统和精神价值的代表。① 在传统中国,基层社会的治理模式是皇权不下乡、绅权不离乡,基层社会的慈善主要是由乡绅带头兴起并组织实施的。乡绅慈善有多种表现形式,除上述举办义庄、义学等机构外,还包括维护地方平安,修桥铺路,兴修水利工程,调解邻里纠纷,弘扬道德风范,组织和动员赈灾等。比如,清朝光绪初年,华北地区发生"丁戊奇荒",以金镛、谢家福、严作霖、经元善等人为首的江南乡绅,发动了民捐民办、义赈华北的民间慈善活动。②

纵观历史,每个时代的儒家乡绅都有赈灾救济、帮扶邻里的慈善行为,他们在缓解社会矛盾、保障民生、维护基层政府与伦理秩序等方面发挥了突出作用,生动地展现了儒家文化中"穷则独善其身,达则兼善天下"(《孟子·尽心上》)的博爱济世情怀,而乡绅在慈善活动中也确立起了自身威望,并凭借其自觉的责任担当与文化意识,最终获得了官方与民间的双重认同,成为对人道主义传统的最好传承者。

在乡绅中有一个非常值得关注的群体——儒商③。儒商虽然身为商贾,然而"有大志,不局局锥利间,治贾不暇给,而恂恂如儒生"④。儒商受"亲亲仁民爱物""内圣外王"等传统儒家伦理文化的影响,其价值取向是一种建立在商业价值基础上的以家族价值为核心、以社会价值为理想的价值理念系统。对于儒商而言,经商是一种基于功利又超越功利的谋利活动,既不脱离创家立业的现实性,又具有济世利民的超越性。⑤ 儒商克己敬业、创新进取,热心宗族、乡里、社会和国家各个层面的慈善活动,凭借经济实力,在钱财施舍、施粥平粜、修桥铺路、以工代赈、建立救济机构等多个慈善领域做出贡

---

① 参见贺更粹:《论儒式乡绅在传统慈善中的地位及功能》,载《西北师大学报(社会科学版)》2019年第6期,第99—105页。
② 参见朱浒:《地方系谱向国家场域的蔓延:1900—1901年的陕西旱灾与义赈》,载《清史研究》2006年第2期,第27—38页。
③ 儒商又称"绅商",有研究认为自古就有儒商,但这一概念的形成是在明代中晚期。参见徐国利:《中国古代儒商发展历程和传统儒商文化新探》,载《齐鲁学刊》2020年第2期,第5—13页。
④ 张海鹏、王廷元主编:《明清徽商资料选编》,黄山书社1985年版,第453页。
⑤ 参见郑卫荣:《近代南浔绅商的伦理精神及其时代价值》,载《宁波大学学报(人文科学版)》2020年第2期,第108—116页。

献。古代儒商代表有子贡、范蠡、白圭等,他们被后世奉为商业鼻祖。宋代时期,儒家文化地位稳固,加上政府鼓励经商,儒商文化得以复兴;明清时期,经济发达,经商事贾者中有许多是儒士和儒生,儒商文化尤为发达。清末民初也涌现了大量儒商,他们投身实业救国、捐助民主革命,成为民族主义战争中一股不可忽视的力量。绅商积极参与慈善事业,一方面体现了儒家价值理念驱动下的仁道、义利相结合和博爱精神;另一方面也体现了儒商们通过善举义行获得官方承认,使官方为其行为赋予正统性,从而获得行商"护身符"。

案例 2-2　南浔绅商陈煦元

浙江南浔商人陈煦元在清咸丰十年(1860年)至光绪四年(1878年)间担任上海丝业会馆董事。陈氏性好施与而俭于自奉,陈氏的施济救贫有三个特点:一是善于通过组织化运作的方式来提高施济效率。例如,在光绪"丁戊奇荒"(1877—1878)时,陈煦元与李朝觐、经元善等人创设"义赈公所",以制度化和组织化的方式"设法劝捐,查户散放,源源接济"。二是赈灾兼顾治标、治本之计。光绪初年苏属川沙厅水涝频仍,陈氏募集经费三万二千余缗,"建设水洞桥梁、出入码头,以挽狂澜而资捍卫,保护民田至五万余亩之广"。三是济民注重受助者自立、自助能力之建设。诸如捐建栖流公所,研得化解烟毒之秘法,以工代赈等。

资料来源:郑卫荣:《近代南浔绅商的伦理精神及其时代价值》,载《宁波大学学报(人文科学版)》2020年第2期,第108—116页。

(3) 组织性慈善。组织性慈善是指有组织地、以机构形式开展的慈善活动。官方慈善是一种组织性慈善行为,宗族慈善通常通过义庄这种组织化的形式进行,个体也可以通过建立组织的方式开展慈善活动,因而组织性慈善的主体是多元的。纵观历史,与儒家文化相关的慈善组织有多种类型,如安济院、慈幼局、慈幼庄、婴儿局、同善会、广仁会、同仁会、同仁堂、义庄、义学等。绅商领导下的会馆、公所、行会、商会等,不仅发挥同乡联谊、行业自治的功能,也广泛介入城市公共治理,包括组织市政建设、与地方官府协商税额、训练消防队、管理福利机构、筹集救济金等,也是重要的慈善组织形式。下面以会馆和公所为例简要说明组织性慈善的具体存在形态：

① 会馆是由流寓客地的同乡人所建立的专供同乡人集会、寄寓的场所，主要由商人建立，也有官僚与商人共建或官僚独立建立的。中国第一家会馆为北京芜湖会馆，建于明永乐年间。到了明万历年间，在北京出现了"其乡各有会馆"的情况。清代在天津成立的山西会馆，是地方上有名的大会馆之一。这个会馆是由山西的"十三帮四十八家"巨商组建。[①] 会馆的主要功能：一是促进乡谊，通常每年会组织同乡聚会，共同祭祀神祇、联络乡情；二是举办慈善事业，向贫病交迫的同乡提供钱财和药物救济，为老死异域、无力归葬故土的同乡提供义园、义地。有些会馆还设义塾以教育同乡的后代。会馆构成了中国传统慈善事业的重要组成部分，并且部分做法一直延续到现在。

② 公所大约出现在清朝中期，以两种组织为基础：一是会馆，清朝乾隆年间后期，大批的会馆转化为公所。二是唐宋时期产生、发展起来的"行"，到明清时期仍然存在。行是一种由官方对工商业者实行有效管理的组织形式。到了清朝，公所大量出现，一些行也纷纷组建自己的公所。行本身就是以行业为特征组成的，因此与同业组织的公所有相通之处，行业组织公所是很自然的事情。由于公所是以行业为基础组建的，行业划分一般很细，所以公所也以具体的行业专业为主而建立，比如绸业、锦缎业、湖绉业、织绒业等各类公所。公所的慈善活动主要面向行业会员，为有需要的会员提供帮助和救济，当发生灾害时，它们也积极组织赈灾，有时还向地方政府捐赠，帮助政府完善公共设施。

案例 2-3　屯溪公济局

以"贾而好儒"闻名于世的徽商，在"贾为厚利、儒为名高"的同时，大都有捐建祠宇、书院、施赈、施棺、修桥、铺路等地方善举，故每每被地方志纳入"义行传"，以儒学正统化的措辞加以表彰。屯溪公济局是茶商于光绪十五年（1889 年）发起成立的善举机构，由屯溪茶业公所的十四位绅商发起。公

[①] 十三帮包括盐、布、票、铁、锑、锡、茶、皮货、帐、颜料、当行、银号、杂货。

济局成立后,公所在公济局办公。公济局既履行公所职能,也发挥慈善功能。公济局慈善资金来源于茶商捐资,慈善活动主要包括施药、施棺、育婴、义赈等。公济局负责人洪廷俊在清末新政的背景下,还在物产会的举办、新式学堂的建设中起到关键作用,甚至府衙大门谯楼修葺,亦需要由洪廷俊出面募集捐款。

资料来源:张佩国:《徽州茶商与地方善举——清末民初屯溪公济局个案研究》,载《学术界》2019年第8期,第156—162页。

第三节 道家和道教文化与慈善

一、道家和道教文化简介

(一) 道家学派

老子(约公元前571年—约公元前471)创立了道家学派。道家经典《道德经》中蕴含丰富的哲学思想,因此道家也被称为"道家哲学"或"老庄哲学"。道家没有明确的历史分期,但有几个发展高峰期:一是先秦老庄道家;二是秦汉黄老道家;三是魏晋玄学道家。在魏晋以后,道家被改造成为道教,道教在隋唐时期因受统治者的尊崇而达到顶峰,道家文化仍然持续发展并且对社会产生重要影响。

(1) 先秦老庄道家。从词根上看,当作为名词时,"道"指道路;当作为动词时,"道"指言说。老子在《道德经》第二十五章中谈论了他对道的理解:"有物混成,先天地生,寂兮寥兮,独立而不改,周行而不殆,可以为天地母。吾不知其名,字之曰道,强为之名曰大。大曰逝,逝曰远。远曰反。故道大,天大,地大,王亦大。域中有四大,而王居其一焉。人法地,地法天,天法道,道法自然。""道"先于天地、独立于天地、永恒不变,但要对其下一个准确的定义却不容易,正所谓"道可道,非常道,名可名,非常名"(《道德经》第一章)。老子思想的核心可以概括为"道法自然"和"无为而治"。所谓道法自然,是指道的特征是自然,以自然为法则,具体包括两层含义:一是无为;二是虚静。无为指要尊重自然规律,不能人为破坏;虚静也是一种自然的状态,指注意力高度集中,达到空灵的境界。

庄子(约公元前369年—约公元前286年)是道家学派的重要代表人物,庄子既承袭又发展了老子思想,建立了庄子学派,与老子并称"老庄"。庄子最早提出的"内圣外王"思想对儒家影响深远。庄子信奉"道法自然",认为道是客观存在的,是万物的本源,他反对人为,认为"故绝圣弃知,大盗乃止"(《庄子·胠箧》)。庄子主张"法天贵真"和"心斋、坐忘"。法天贵真是指遵循自然规律,不为人为创造的东西所拘束,《庄子·渔父》中写道:"真者,所以受于天也,自然不可易也。故圣人法天贵真,不拘于俗。"心斋、坐忘是指人应修炼内在、去除杂念,达到与道相融合的虚空境界。

(2)秦汉黄老道家。老庄哲学的思想传人中有一派继承了经世致用的理念,形成了黄老道家。黄老道家契合了治国安邦的时代潮流,受到了诸侯们的青睐,逐渐成为当时道家思想的主流。黄老道家遵从黄帝和老子,信奉"道",提出"元气"和"精气"的概念,并顺应当时竞争性的局势,提出"道生法"的观点,不但解决了法律本身合法性的问题,还为道家治世开辟了道路。黄老道家提出了"法""术""势""利""力"等概念,使先秦学术摆脱了理想主义的窠臼,开始走上了现实主义道路。在此基础上,黄老道家又提出因天循道、守雌用雄、君逸臣劳、清静无为、因俗简礼、休养生息、依法治国、宽刑简政、刑德并用等一系列政治主张,集中体现了中国古代社会政治学的精华。

(3)魏晋玄学道家。"玄"出自《老子》的"玄之又玄,众妙之门"。西汉时期,儒学逐渐衰落,庄子受人关注,当时许多人在一起就读《庄子》,赞成的是正方,反对的是反方,两方辩论,形成所谓的"清谈",到魏晋时期,发展为玄学,将《老子》《庄子》和《周易》称为"三玄",而《老子》《庄子》则被视为"玄宗"。玄学以儒家的伦理道德教化百姓,同时信奉道家,道法自然,具有很强的思辨性。

(二)道教文化

西汉前期的统治者推崇无为而治的黄老之学,汉武帝尊儒之后,黄老学说走向民间,与方仙道合流成黄老道,吸收儒家、佛教、墨家等多方观点,转变为宗教学说。东汉末年出现大量道教组织,著名的有太平道、五斗米道。道教为多神崇拜,尊奉的神仙是将道教对"道"的信仰进行人格化。魏晋时期,茅山道人葛洪将道教神仙方术和儒家纲常名教相结合,构建了一套长生成仙体系，为道教奠定了理论基础。这一时期老庄玄学盛行，促进了道教理论的发展。隋朝实行佛道并重政策，隋文帝使用道教名词"开皇"作为开国年号，十分重视道教发展。唐朝尊老子为祖先，奉道教为国教，将道排在儒和佛之前，采取措施大力推崇道教，提高道士地位，道教发展进入鼎盛时期。明朝道教进一步世俗化和民间化，社会影响日盛。清朝推崇佛教，对道教采取严格的防范和抑制的政策。

道教将《道德经》作为圣典，封老子为太上老君，以追求长生不老为目标，建立了非常复杂的神仙谱系，将历史上的各类名人纳入其中。道教的修炼要旨是清静无为、修心炼性、养气炼丹，以含耻忍辱为内修真功，以传道济世度人为外修真行，注重功行两全。道教与道家有很大区别，可以说道家哲学也包括道教哲学，但道教不是道家。

二、道家和道教文化中的慈善思想

中国唯一的本土宗教道教自诞生之日起，就与公益慈善事业结下了不解之缘。老子多次提出"善"的主张。比如，"善者吾善之，不善者吾亦善之，德善"（《道德经》第四十九章），即以善意对待善良的人，也以善意对待不善良的人，社会将走向至善；又如，"天道无亲，常与善人"（《道德经》第七十九章）、"天之道，损有余而补不足"（《道德经》第七十七章），即天道是不偏不倚的，但它常照顾顺应天道的人，以自己的能力（有余）帮助别人（不足），正是对天道的效法。庄子也主张济贫利人，他提出"富而使人分之"，要求富裕的人拿出自己的部分财产来接济穷人。①

道教经典、东汉时期的《太平经》主张"乐以养人""周穷救急"的慈善思想。东晋时期的道教先师葛洪在《抱朴子内篇》一书中写道："欲求长生者，必欲积善立功，慈心于物，恕己及人，仁逮昆虫，乐人之吉，愍人之苦，赈人之急，救人之穷"，认为唯有行善才能获得长生。大约东晋问世的《灵宝无量度人上品妙经》（以下简称《度人经》）提出"仙道贵生，无量度人"的宗旨，明确将得道成仙的最高追求与"度人"的职责联系在一起，构筑了一个以高尚纯洁的道德为基础的太平景象："不杀不害，不嫉不妒，不淫不盗，不贪不欲，不

---

① 参见李玉用：《论道教参与公益慈善事业的历史传统与现代实践——以江苏茅山道院参与公益慈善事业为中心》，载《中国道教》2012年第5期，第37—40页。

憎不忌,言无华绮,口无恶声。齐同慈爱,异骨成亲。国安民丰,欣乐太平。"

从总体上看,道家和道教的慈善思想有许多相通之处,但作为一种宗教,道教对慈善又有自身独特的理解。概而言之,道家和道教的慈善思想可以总结为贵生思想、平等的财富观和功德修道观。

(1) 贵生思想。贵生思想,简言之,就是指现世生活是美好的,一切生命都是珍贵的,应该尊重生命、保护生命。道教承袭了道家的"摄生""贵生""自爱"和"长生久视"等思想。道家认为人的生命来源于自然,与自然构成一个整体,同时认为世界中充满风险,生命时刻受到威胁,应防患于未然,以求"深根固柢,长生久视之道"。重人贵生后成为道教最重要的思想观念,在被道教奉为万法之宗、群经之首的《度人经》中,开卷即宣扬"仙道贵生,无量度人"之旨。《三天内解经》中说:"真道好生而恶杀。长生者,道也。死坏者,非道也。死王乃不如生鼠。故圣人教化,使民慈心于众生,生可贵也。"作为贵生的宗教,道教将"贵生"观念推广到一切生物,承认宇宙间的一切生命都有其价值,都应该得到重视和保护,强调无辜杀生是一种会带来恶果的罪行。

(2) 平等的财富观。道家认为天道是无偏私的,如果财物有富足,那么应该帮助他人。道家不反对累积财物,但认为应以正当的手段获取财富,正所谓"君子爱财,取之有道"。此外,道家反对过分追逐外在之物,认为过分的欲念会使人迷失本性,《道德经》中讲要"见素抱朴,少私寡欲"。道教的财富观与道家相似。《太平经》中写道:"财物乃天地中和所有,以共养人也,此家但遇得其聚处,本非独给一人,其有不足者,悉当从其取也。"这就是说财物本是天地之物,不能为一人独占,应施舍给穷困之人。《太平经》对拥有财富而不救济他人的人予以强烈批评,并针对汉朝末年贫富分化严重的情况提出应财富公有。在财富平等观的基础上,道家和道教都主张"齐同慈爱",即对一切都慈爱,这与儒家遵循"亲亲"原则的"仁爱"大不相同。

(3) 功德修道观。老子认为应以善意对待所有人,庄子提出"无为而尊者,天道也"(《庄子·在宥》),认为得道之法即是做善事。只要做善事顺应自然,就"可以保身,可以全生,可以养亲,可以尽年"(《庄子·养生主》)。善恶报应是庄子与老子共同的主张。[①] 道教把行善与修道成仙明确地联系在

---

① 参见周秋光、徐美辉:《道家、佛家文化中的慈善思想》,载《道德与文明》2006年第2期,第4—8页。

一起,进一步为慈善行为提供了伦理动力。天师道要典《想尔注》中说:"百行当修,万善当著";《抱朴子内篇》中说:"人欲地仙,当立三百善;欲天仙,当立千二百善";《感应篇图说》中说:"慈者,万善之根本"。历来得道之人都有恻隐慈善之心。唐代高道、名医孙思邈强调:"凡太医治病,必当安神定志,无欲无求,先发大慈恻隐之心,誓愿普救含灵之苦。"清初的王常月认为欲修仙道,必先修人道,人道的主要内容就是实践道德义务,增进个人的道德完满。① 道教还主张"承负观",认为任何人的善恶行为不仅会形成自身报应,而且会影响子孙后代,承负前五代,流及后五代。

三、道家和道教的慈善形式

道家和道教中的慈善思想为慈善活动提供了伦理动力,对中华慈善事业的发展产生了深远影响。从形式上看,道家和道教通常也开展济贫扶弱、治病救人、赈灾救灾等慈善活动,比如葬骸骨、放奴婢、收容难民等,这与其他文化中的慈善没有多大区分。但作为一种宗教,道教还弘道劝业、慰藉心灵,并且通过道场法事厚人伦、敦风俗。除此之外,道教还形成了独特的劝善方式——劝善书。

劝善书、道教科仪和神仙故事、水陆画、诗词散文等民间文学艺术,是道教进行慈善伦理教化的传播形式。道教编写了大量劝善书,对于社会公序良俗的维护和慈善事业的开展,发挥过极其重要的作用。《太上感应篇》《文昌帝君阴骘文》《太微仙君功过格》是道教的三大劝善书,影响广泛。其中,《太微仙君功过格》是道家修行人考查自身功过的标准,详细罗列了日常行事时与德行关系,用来考核修正自己德行积累的程度。劝善书吸收了大量的伦理规范,包容了儒家和佛教的一些伦理主张,凡是能解决当时民众生活苦难的,都被认为是善事;反之,困扰民众、漠视生命的,都看作恶行,这种善念对整个中国伦理思想产生了极大影响。

案例 2-4　　劝善书之《太上感应篇》

《太上感应篇》是依道教经籍辑录的一部著名的劝善书,大致编纂于北

---

① 参见刘仲宇:《道教慈善事业的义理基础》,载《中国宗教》2016年第5期,第38—41页。

宋末年,至南宋初年已广泛流传于社会。它以道司命神"太上君"规诫的方式,宣扬善恶报应,并列出了种种善举恶行作为人们趋善避恶的标准。善举主要是指符合人伦的行为,诸如:"不履邪经,不欺暗室,积德累功,慈心于物,忠孝友悌,正己化人,矜孤恤寡,敬老怀幼",等等。善恶之报,如影随形。如果人们笃行善事,那就"人皆敬之,天道佑之,福禄随之,众邪远之,神灵卫之,所作必成,神仙可冀"。反之,若犯有恶行,司命神定将"依人所犯轻重以夺人算,算减则贫耗,多逢忧患,人皆恶之,刑祸随之,吉庆避之,恶星灾之,算尽则死"。《太上感应篇》通篇千余字,全都借助神道说教来扬善止恶,这种以行恶遭祸、减算、损害现实利益的劝诫,对注重现世利益、希求福寿的中国人来说,具有很大的吸引力。两宋时期慈善活动的普及、发达,与《太上感应篇》等道教早期劝善书有割不断的思想联系,及至明清诸种劝善书的风靡,其源亦应溯于此,可见其影响之长久。

资料来源:周秋光、徐美辉:《道家、佛家文化中的慈善思想》,载《道德与文明》2006 年第 2 期,第 4—8 页。

第四节　红色文化与慈善

党的十九大报告指出:"中国特色社会主义文化,源自于中华民族五千多年文明历史所孕育的中华优秀传统文化,熔铸于党领导人民在革命、建设、改革中创造的革命文化和社会主义先进文化,植根于中国特色社会主义伟大实践。"[1]中国特色社会主义文化是一种具有多种来源的复合型文化,除中华传统文化这一基因外,还深受马克思主义影响。党领导人民创造的革命文化和社会主义先进文化都是以马克思主义为基本理论前提的,是马克思主义中国化的产物。马克思主义与红色有深厚的渊源。1864 年成立的第一国际的标志的颜色是红色。我国人民对红色也情有独钟,红色代表权威和勇气,是喜庆和吉祥的象征。中国共产党组建的第一支军队命名为"红

---

[1] 习近平:《决胜全面建成小康社会夺取新时代中国特色社会主义伟大胜利——在中国共产党第十九次全国代表大会上的报告》,人民出版社 2017 年版,第 41 页。

军",开辟的第一个革命根据地瑞金称为"红都";中华人民共和国成立后,国旗称为"五星红旗",革命歌曲称为"红歌"。因此,中国特色社会主义文化常被称作"红色文化",而"红色文化"又特指马克思主义传统和对这一传统的创造性发展,指中国共产党在领导中国人民实现民族解放与自由,以及在建设社会主义的历史实践中凝结而成的观念意识。红色文化在近一个世纪的时间中深刻影响了我国的建设与发展,是国家的主导性文化。习近平总书记在多个场合指出红色文化的价值意蕴,强调要发扬红色传统,传承红色基因。红色文化在各项事业上都烙上了印迹,慈善事业也不例外。

马克思主义是红色文化的源头。马克思主义不仅有体系化的政治经济、革命和社会建设思想,而且有丰富的慈善思想。9世纪前后,康德、黑格尔、鲍威尔和费尔巴哈等思想家以人为出发点,对基督教进行批判,试图使宗教世俗化,将人从宗教中解放出来。受此影响,马克思、恩格斯走出有神论的主宰,加入宗教批判行列,认为神不过是人的本质的异化,最终确立了人是人的最高本质的观点。马克思还在《资本论》中论述了慈善事业存在和发展的可能性与现实性,认为资本家开展慈善活动的目的是实现资本再积累。慈善是基于社会道德的再分配行为,是阶级对抗社会的平衡器,具有缓和社会矛盾、促进社会稳定的作用。因此,只有从物质生产和再生产,以及建立在这个基础之上的社会结构出发,才能揭示慈善的本质。[①] 马克思和恩格斯给出的超越资本主义慈善的方式是通过改变社会结构、建立无产阶级政权来消灭贫困和社会矛盾,创造一个平等的富足的不需要慈善的社会。马克思和恩格斯立足"现实的人",以实现无产阶级和全人类的解放为宗旨,否定资产阶级虚伪慈善的行径,批判地革新传统慈善观,最终形成了科学慈善观。

红色文化虽然源自马克思主义,但更是中国社会实践的产物,是马克思主义中国化的成就。在革命战争时期,中国共产党领导的革命文化是新民主主义文化,其中马克思主义和新民主主义起决定性作用。中华人民共和国成立后,根据主要矛盾和文化主题的改变,新民主主义文化转变为社会主义文化。改革开放以来,中国共产党从"两个文明"的高度加强社会主义精

---

① 参见胡帆、胡晓梅:《论马克思恩格斯慈善观形成的历史逻辑》,载《洛阳理工学院学报(社会科学版)》2018年第1期,第65—69页。

神文明建设。党的十五大阐释了中国特色社会主义文化的内涵,强调中国特色社会主义文化同改革开放以来倡导的社会主义精神是一致的。党的十六届六中全会提出"建设社会主义核心价值体系"的重大命题和战略任务,明确提出了社会主义核心价值体系的内容,并指出社会主义核心价值观是社会主义核心价值体系的内核。党的十八大报告明确提出"三个倡导",即"倡导富强、民主、文明、和谐,倡导自由、平等、公正、法治,倡导爱国、敬业、诚信、友善,积极培育和践行社会主义核心价值观",对社会主义核心价值观进行了概括。党的十九大报告指出:"发展中国特色社会主义文化,就是以马克思主义为指导,坚守中华文化立场,立足当代中国现实,结合当今时代条件,发展面向现代化、面向世界、面向未来的,民族的科学的大众的社会主义文化,推动社会主义精神文明和物质文明协调发展。"①基于红色文化的形成和发展路径,可以将红色文化概括为革命文化、社会主义先进文化、社会主义核心价值观。

(1) 革命文化。革命文化是指在新民主主义革命时期,在中国共产党的领导下,由革命前辈、早期知识分子和人民群众共同创造的以马克思主义为指导的文化,是物质文化和精神财富的总和,包括革命思想、革命理论、革命精神和革命文物等内容。② 革命文化中蕴涵着丰富的慈善思想,比如在人物精神方面,白求恩精神和张思德精神引领了一代又一代人的成长,"毫不利己专门利人""全心全意为人民服务"成为一个时代的价值标签。又如,革命老区沂蒙在抗日战争和解放战争中形成了沂蒙精神,群众坚持"最后一粒米做军粮,最后一块布做军装,最后一个儿子送战场",党政军群水乳交融、生死与共,用鲜血和生命谱写了"爱党爱军、无私奉献"的光辉篇章。③

(2) 社会主义先进文化。中华人民共和国成立后,全国人民加入建设社会主义的伟大事业,涌现了大量恪尽职守、无私奉献的人物。其中,雷锋同志用他年轻的生命谱写了壮丽的篇章,产生了时代性影响。1963年,毛泽东提出"向雷锋同志学习",雷锋精神走进千家万户。雷锋精神包含丰富内涵,

---

① 《十九大以来重要文献选编(上)》,中央文献出版社2019年版,第29页。
② 李东朗:《革命文化是党和人民宝贵的精神财富》,载《人民论坛》2017年第17期,第30—31页。
③ 参见杨俊英:《沂蒙精神的历史文化渊源》,载《山东省社会主义学院学报》2020年第1期,第73—79页。

其首要之义是为人民服务的奉献精神。雷锋的一生是无私奉献的一生,他以"燃烧自己、照亮他人"的实际行动,深刻地诠释了如何实现人生价值的重要命题。

雷锋精神为志愿精神在中国的传播打下了坚实的基础,并积累了丰厚的道德资源。改革开放和社会主义市场经济为雷锋精神与志愿精神的融合发展创造了条件,提供了发展契机。雷锋精神与志愿精神在我国交互发展经历了从接纳到融合的过程。1994 年,中国青年志愿者协会成立,将中国青年志愿者日定于 3 月 5 日,此举就是为了继承和发扬雷锋精神。2008 年的汶川地震和奥运会的举办,成为雷锋精神与志愿精神融合的重要里程碑。在抗震救灾中、在奥运服务中,广大志愿者所展现出的团结、拼搏、关爱、奉献精神,不断丰富着雷锋精神,并形成了中国特色的志愿服务活动——学雷锋志愿服务。可以说,志愿者精神就是具有时代意义的雷锋精神。[1] 当前,雷锋精神仍然散发着与时俱进的时代光芒,它虽与社会主义核心价值体系产生于不同的时代,但在人类社会共同追求真善美的价值理念上,实现了跨越时空的精神对接。[2]

(3) 社会主义核心价值观。党的十八大报告中明确提出社会主义核心价值观,其基本理念和具体内容为"三个倡导"。社会主义核心价值观从国家、社会和个人三个不同层面提出了价值目标。这三个层面的价值目标都与慈善文化存在契合之处,特别是在个人层面,诚信、友善与慈善文化的利他主义价值观产生共鸣。[3]

中国特色社会主义文化是我国当代慈善文化的重要来源和实践内容。在中国特色社会主义文化的浸染下,各界人士踊跃参与慈善事业。比如,在历次抗震救灾中,爱心人士、企业等积极捐赠,大量志愿者奔赴现场,甚至不惜牺牲生命,这都是社会主义核心价值体系的时代彰显。

综上,红色文化与慈善文化有许多共通共融之处。红色文化的每一种

---

[1] 参见孙昌增:《雷锋精神:新时代中国特色志愿精神的价值核心》,载《青少年学刊》2018 年第 5 期,第 57—59 页。
[2] 参见康凤云、张溁麟:《论雷锋精神与社会主义核心价值体系建设》,载《社会主义研究》2012 年第 4 期,第 31—35 页。
[3] 参见杨璐:《论慈善文化与社会主义核心价值观的联系》,载《法制与社会》2017 年第 7 期,第 15—16 页。

存在形式都强调人的社会性,强调友爱,强调服务和奉献,红色文化发展的每一个阶段都充盈着慈善实践,红色文化已经潜移默化地影响着人们的慈善观念和行为。正如有研究所揭示的,相比非革命老区民营企业,革命老区企业因受红色文化的熏陶更热衷于慈善捐赠。[①] 当前,应该大力弘扬红色文化,进一步发挥红色文化抑制人的自利动机、推动慈善事业发展的积极作用,同时要加强对红色文化慈善功能的研究,进一步明确红色文化在慈善事业发展中的地位和作用。

---

① 参见余威、翁若宇、陈秋平:《民营企业慈善行为中的红色文化因素研究》,载《南方经济》2020年第4期,第100—114页。

第三章 宗教慈善文化

宗教是一种独特的人类文化现象,许多人类文明的瑰宝都是通过宗教典籍、教会和寺庙等精神的、物质的遗存方式而保护和流传的,宗教对人类社会发展和人类文化传承做出了重大贡献。宗教对慈善有着独特的理解,不同宗教都将施善当作达致传教布道之目标的途径,但是不同宗教有其独特的慈善观和慈善实践方式,并且对其所在国家和民族的慈善事业发展产生深远影响,形成有显著差异的宗教慈善文化。世界上存在过众多宗教,经过历史选择延续到当代的宗教也不计其数,其中,基督教、伊斯兰教和佛教的影响最为广泛,被称为"世界三大宗教"。本章在简要介绍世界三大宗教基本教义的基础上讨论它们的慈善思想和主要慈善实践,以期提供对三大宗教慈善文化较全面的理解。

第一节 宗教与慈善

一、宗教

"宗教"(religion)是一个来自西方的概念,它的词源是拉丁语"*religio*",是指对超自然事物的畏惧。在汉语中,"宗"和"教"是两个词,"宗"的本义是祭祀祖先的场所,即宗庙,又指神庙,后引申为宗族的、宗派的、首要的;"教"指教育、引导、教化。因此,汉语中的宗教指教育、教化方式,与西方的宗教概念有一定的共同性,但不完全同义。

那么,什么是西方意义的宗教?对此,学界也没有完全达成共识,一般将宗教解释为联结人与超自然神明的文化体系,包括价值观念、道德规范、个人行为、传统仪式、经典作品等形式。在与一般理解相似的意义上,涂尔干曾将宗教界定为"是一种与既与众不同又不可冒犯的神圣事物有关的信仰和仪轨所组成的统一体系,这些信仰与仪轨将所有信奉它们的人结合在一个被称为'教会'的道德共同体之内"①。因此,我们可以从"神圣事物""信仰""仪轨""道德共同体"等方面把握宗教概念。

宗教是人类精神生活的特殊体现,它关注如何在今生找到灵魂归属,如何到达彼岸世界,是一门关于出世的学问,"宗教者,出世之谓也"②。宗教以为人类提供情感安慰为主要任务,试图借助外力实现对人的凝聚与规训之目标。宗教具有无比积极的促进社会安定团结、安抚心灵、匡正伦理道德等作用,但是也有突出的消极意义。马克思在《黑格尔法哲学批判》中指出:"宗教是被压迫生灵的叹息,是无情世界的情感……宗教是人民的鸦片。"③宗教可以为处于痛苦和无奈、无助境遇的人们提供来自神灵的安慰,但是不能真正解除人世间的苦痛。

尽管宗教都以超人间力量说话,但它建立在实践的基础上,因此仍然具有历史性特征。纵观古今中外,宗教都是因应社会实践而不断演化发展的,它产生于社会、服务于社会,同一宗教在不同历史时期会存在教义、活动等方面的差异。历史中出现过众多宗教,经过历史选择,一直发挥重要而广泛影响的世界性宗教有基督教、伊斯兰教和佛教,地方性宗教有印度教、道教、犹太教等。2012年皮尤研究中心的一份调查显示,基督徒人数最多,约23亿人,占全球总人口的32%;穆斯林次之,约18亿人,占全球总人口的24%;印度教徒第三,约10亿人,占全球总人口的15%;佛教徒第四,约5亿人,占全球总人口的7%。④

中国人普遍不信教,但多种宗教信仰存在于中国。根据国务院新闻办公室2018年4月3日发表的《中国保障宗教信仰自由的政策和实践》白皮书,中国主要有佛教、道教、伊斯兰教、天主教和基督教等宗教,信教公民近2亿人,宗教教职人员38万余人。佛教和道教信徒众多,但普通信徒没有严格的入教程序,人数难以精确统计。佛教教职人员约22.2万人,道教教职

---

① 〔法〕爱弥尔·涂尔干:《宗教生活的基本形式》,上海人民出版社1999年版,第29页。
② 梁漱溟:《中国文化之要义》,上海人民出版社2018年版,第94页。
③ 《马克思恩格斯选集》第1卷,人民出版社2012年版,第2页。
④ 参见《皮尤调查:世界人口32%是基督徒 约1/3称无信仰》,https://chinese.christianpost.com/news/皮尤调查-世界人口32-是基督徒-约1-3称无信仰.html,2021年3月10日访问。

人员4万余人。10个多数人信仰伊斯兰教的少数民族总人口2000多万人，伊斯兰教教职人员5.7万余人。天主教信徒约600万人，宗教教职人员约0.8万人。基督教信徒3800多万人，宗教教职人员约5.7万人。中国还存在多种与当地传统文化和风俗习惯结合在一起的民间信仰，参与民间信仰活动的群众较多。中国的宗教团体约5500个，其中全国性宗教团体7个，分别为中国佛教协会、中国道教协会、中国伊斯兰教协会、中国天主教爱国会、中国天主教主教团、中国基督教三自爱国运动委员会、中国基督教协会。①

二、宗教慈善及其特征

美国宗教史学家安德斯曾说"宗教是慈善之母"。西方的慈善概念"charity"最早来源于基督教，汉语中的"慈善"概念可能最早来源于佛教。事实上，宗教起源于人们对现实生活中不确定性的畏惧和摆脱现实苦难的追求，是通过对神灵的依附或对来世的向往来实现对现世的救赎，可以说所有的宗教都有抚慰灵魂的功用。如果说慈善既包括提供物质上的帮助，也包括提供心灵上的安抚，那么，宗教帮助世人寻找心灵寄托，获得内在的安稳和满足，可以说是一种独特的慈善形式。此外，宗教几乎都宣扬"爱"，如基督教宣扬"上帝之爱"，伊斯兰教宣扬"真主之爱"，佛教宣扬"慈悲之爱"。在世俗生活中，不同内涵的爱最终都转化为对世人的同情与帮助。许多宗教在长远的发展历史中形成了丰富的慈善实践和制度化的慈善行为，比如基督教曾建立了大量收容所、避难所，在贫困救济上发挥了重要作用；基督教建立的教会学校、教会医院推进了近现代公益事业的发展。在一定意义上可以认为，宗教与慈善密不可分，宗教为凝聚信众必然实施慈善，而慈善又以宗教为重要载体。

宗教慈善是宗教所具有的慈善思想及其所开展的慈善活动的总和。从总体上看，宗教慈善体现出一些显著的共性特征，主要包括：第一，宗教慈善具有超越性特征。宗教慈善的终极目的是实现信仰的要求，慈善服务于信仰。比如，在基督教中，慈善是对上帝行为的仿效，是要像上帝一样爱世人，

---

① 资料来源：http://www.scio.gov.cn/zfbps/32832/Document/1626514/1626514.htm，2021年3月10日访问。

并因此获得上帝的爱和承认;伊斯兰教的慈善动机也来自安拉的教诲,做好事皆因应取悦安拉。第二,宗教慈善具有跨区域性特征。宗教慈善的首要服务对象是其信众,部分宗教具有普世情怀,关切所有世人,有的宗教非常重视对潜在信众的帮助,因此,可以看到许多宗教不分地域、国别地开展慈善活动,其中最为突出的是三大世界性宗教。第三,宗教慈善具有组织性特征。宗教通常依靠教会组织开展慈善活动,教会对信众进行动员,组织信众捐赠和开展慈善活动。宗教慈善的组织性使其能够节省交易成本、开展制度化管理和产生更大的社会影响力。

虽然宗教慈善具有多方面的共性,但由于各宗教教义和理论体系不同,宗教慈善也存在鲜明的个性特征。宗教慈善的差异主要体现为不同宗教对慈善的意义和作用的理解不同,与此相关联,不同宗教的慈善实践形式也存在一定的区分,而这构成了宗教慈善的多元性、丰富性与复杂性。

第二节 基督教慈善

一、基督教简介

基督教是世界第一大宗教,全球注册的基督教信徒数量占人口总数近1/3,主要发达国家,除了日本以外,都以基督教文化为主导。基督教于公元1世纪发源于巴勒斯坦的犹太部落的犹太教,在长期发展过程中分化出天主教、新教、东正教三大教派和其他一些较小教派。在中国,因为历史翻译的原因,通常将新教称为"基督教"。无论哪种教派,基督教都以耶稣基督为中心,以《圣经》为蓝本,核心思想是耶稣基督的救恩。基督教对人类文明尤其是欧洲和美洲文明产生了重要影响,基督教信仰和精神也深刻地融入政治、经济、文化和艺术等各个领域。

基督教发展一般被划分为早期教会、中世纪教会、宗教改革和现代基督教等四个时期。早期教会时期主要是使徒以耶路撒冷为中心开始传教,建立初期基督教教会的时期。基督徒曾受到罗马帝国的 10 次大迫害,后因教会影响不断扩大,罗马执政当局取消反教政策并于 392 年将基督教确立为国教。395 年,罗马帝国分裂为东西两部,西派教会以罗马为中心形成天主教传统，东派教会以君士坦丁堡为中心形成正教传统。1054年东西两派教会正式分裂，东派自称"正教"（即东正教），西派自称"公教"（即天主教）。中世纪教会时期，东正教分裂成若干教派。在与王权的争夺中，天主教在13世纪达到顶峰，形成以罗马为中心、跨越国界的西欧天主教世界。随着14世纪后兴起的欧洲文艺复兴运动，以及16世纪教会内部爆发的宗教改革运动，天主教又一分为二，形成旧教、新教的对立。1517年，神学家马丁·路德在维滕贝格教堂门上贴出《九十五条论纲》，反对销售教廷赎罪券等做法，揭开了宗教改革的序幕。19世纪后期，教皇国大部分领土被并入意大利。1929年《拉特兰条约》签订后，教皇国改称"梵蒂冈"。位于梵蒂冈的罗马教廷迄今仍为世界天主教会的中心和最高权力机构。

基督教信奉"三位一体"的上帝，认为宇宙万物的创造者和主宰是上帝，上帝只有一个本体，但具有三个位格，即圣父、圣子、圣灵。圣父具有至高无上的地位；圣子具备神、人二性，经历人生、受死、复活、升天，必将再降临和施行最后审判，从而在造物主和受造物之间起到中介作用；圣灵从圣父流出或从圣父和圣子流出，无处不在，并可进入和充满信仰者，从而突破造物主和受造物之间的个体的隔膜，使荣耀和永恒得以共享。

基督教信奉"原罪"。原罪概念最早由古罗马天主教思想家奥古斯丁提出，他认为上帝及上帝的创造是全然美善的，恶的产生是因为人滥用了上帝赐予人的自由意志。自从人类的始祖亚当和夏娃在伊甸园中第一次滥用了自由意志，犯了"原罪"之后，恶就进入世界，所有的人都"继承"了始祖亚当和夏娃的罪，也就是说，人人生来都是罪人。[①] 从原罪出发，基督教认为，人要积极行善为自己赎罪，以减轻自己的罪过，在灵魂上净化自己，这样才配得上做上帝的子民，死后才可以上天堂。

基督教教义中存在大量伦理禁忌，其中的道德律经久不变，"摩西十诫"（上帝与埃及第一个民族英雄摩西签订的契约）是《圣经》中的基本行为准则，也是道德律中的重要内容。"摩西十诫"的内容主要包括奉上帝为唯一的神、守诫命可获得上帝的慈爱、孝敬父母、不可杀人、不可奸淫、不可偷盗等。在新约中，耶稣亲自将其总结归纳为"要尽心、尽性、尽意，爱主你的神，

---

① 参见林季杉：《论基督教"原罪"说的圣经起源与现代意义》，载《武汉大学学报（人文科学版）》2015年第3期，第38—43页。

其次也相仿,就是要爱人如己"。因此,基督教的基本伦理可归纳为"爱神与爱人"。

二、基督教慈善思想

基督教产生于犹太民族的复国运动,在暴力复国难以奏效的情况下,在犹太人中传布一种预言,即犹太人中将要出英雄的救世主,实现"上帝的国",压迫以色列人的都要被毁灭,世界各处都会有蜜、奶、酒像水一样流淌的丰饶境况。基督教早期通过宣扬爱、上帝爱一切人、一切信仰者皆平等来团结人们、支持复国运动。在《圣经》中,耶稣大部分时间是与穷人、病人和受鄙视之人一同度过的。当祭司或利未人都不愿意停下来照顾陌生人时,耶稣却这么做了(《路加福音》第 10 章第 25—37 节)。"日落的时代,凡有病人的,无论害什么病,都带到耶稣那里去。耶稣按手在他们各人身上,医好他们。"(《路加福音》第 4 章第 40 节)耶稣鼓励人们要对穷人慷慨,甚至邀请一些人用尽他们的所有赒济穷人。概而言之,基督教的慈善思想主要体现在以下方面:

(1)博爱精神。基督教主张爱上帝和爱人如己。《马太福音》中说:"要爱主你的神……其次也相仿,就是要爱人如己。这两条诫命,是律法和先知一切道理的总纲。"(《马太福音》第 22 章第 37—40 节)《哥林多前书》中写道:"爱是恒久忍耐,又有恩慈;爱是不嫉妒,爱是不自夸,不张狂,不作害羞的事,不求自己的益处,不轻易发怒,不计算人的恶,不喜欢不义,只喜欢真理;凡事包容,凡事相信,凡事盼望,凡事忍耐;爱是永不止息。"(《哥林多前书》第 13 章第 4—7 节)基督教认为,上帝赋予人们"爱",人们理应回报"爱",上帝爱他的子民,人们理应互爱。所有人都是上帝的子民,每一个基督徒都应不分亲疏、不分等级差别地爱众人,视所有人为兄弟姐妹。使徒保罗在《使徒行传》中说:"我凡事给你们作榜样,叫你们知道应当这样劳苦,扶助软弱的人,又当记住主耶稣的话,说'施比受更为有福'。"(《使徒行传》第 20 章第 35 节)基督教的博爱精神超越了人的所有差异和界限,具有浓厚的普世主义色彩。基督教的这种博爱精神使它自产生开始就在慈善事业上发挥重大作用。基督徒关心和帮助穷苦者、疾病者和社会底层人们、弱势群体,他们不仅捐助、帮扶,还号召社会伸出援手,他们的博爱和奉献精神推动着西方慈善事业的发展。

（2）救赎思想。基督教中的原罪思想使基督徒深信只有获得上帝的原谅，才能够得到灵魂上的救赎。在基督徒看来，耶稣曾用自己的鲜血与生命替人们赎罪，所以每一个基督徒都有义务传递福音、洁净自己，替自己和世人赎罪，这样，在死后灵魂才能升入天堂。慈善是赎罪的途径，基督教以博爱为名，以赎罪为义，以慈善为本，在上帝的指引下为人处世、帮助他人、改变世界。

（3）柔和与谦卑。《马太福音》中记载："我（耶稣）心里柔和谦卑，你们当负我的轭，学我的样式，这样，你们心里就必得享安息。"（《马太福音》第11章第29节）耶稣的心是柔和谦卑的，基督徒们也应柔和谦卑，以获得内心安息。柔和谦卑就是容忍、宽恕、以德报怨。基督教从事慈善活动，追求的是荣耀上帝，不求回报。在《马太福音》第6章第1—4节中，耶稣劝勉门徒说："你们要小心，不可将善事行在人的面前，不可叫他们看见；若是这样，就不能得你们天父的赏赐了……要叫你施舍的事行在暗中，你父在暗中察看，必然报答你。"善不分大小，不论是教皇还是普通教徒，都怀着柔和谦卑之心做善事，这种慈善更加弥久和长存。[1]

三、基督教慈善实践

慈善是基督徒生活中不可或缺的内容，基督教会在慈善事业发展中发挥了重要作用。基督教形成初期，信徒们每日与穷人分享饮食，照顾病患和弱者，为逝者举行葬礼和掩埋尸体。他们自愿地建立一个共同的"基金会"，在每月固定的日子或随时往里捐钱，用来帮助寡妇、身体残疾者、贫困孤儿、病人、为基督教信仰身陷牢狱者等。早期教会的救助对象主要包括经常性的与教会相关联的施赠人、教师与事奉人员、寡妇和孤儿、病患和体弱者、被囚者和矿上的受苦者、需要被埋葬的穷人和普通的逝者、奴隶、灾难遭难者、旅途中的基督徒和在贫穷或困境中的教会等。[2]

---

[1] 参见张时骏：《西方慈善文化的主要渊源》，载《赤峰学院学报（汉文哲学社会科学版）》2016年第3期，第168—171页。

[2] See Adolf Harnack, *The Mission and Expansion of Christianity in the First Three Centuries*, Glouceste: Peter Smith, 1972, p.153.

早期基督教建立医院,对当时和后世产生了深远影响。古希腊罗马时期,医院只是为士兵和角斗士而设立,普通公民没有医疗机会,因此,在条件允许的情况下,基督教会开始建立医院。313年基督教合法化后,尼西亚会议要求各地主教建立医疗设施,设立济困收容所,为穷人和朝圣者提供医疗和住处。369年,历史上第一座医院在卡帕多西亚的凯撒利亚(今土耳其境内)主教管辖的大修道区中建立,此后君士坦丁堡、罗马、北非地区主教纷纷效法。这些机构后来被称为"世界上的首批自发慈善机构"[①]。这些最早的医院被称为"救济院",它不但看护、治疗病人,而且也为穷人遮风避雨,为外乡人提供住宿,甚至在病人恢复期间帮助他们学习一门无须特别技能的手艺。教会建立医院的传统一直延续到近现代,扩展到世界各地,是全球医疗事业的重要组成部分。比如,基督教会曾在中国建立多家医院,如武汉协和医院和上海仁济医院。

案例3-1　"四大天团"之北京协和医院

"南湘雅,北协和,东齐鲁,西华西"如雷贯耳,新华社有篇报道把它们称为中国医学教育四家"百年老店"、闻名中华的医学教育四大品牌,认为它们从历史到今天,不断刷新中国医学教育的高度。然而,很少有人知道,这四家中国最顶尖医院、中国医疗界的王牌,最初均为教会宣教士所建立。

北京协和医院的前身是协和医学堂,是1906年英国伦敦基督教传道会与英美其他五家教会合作开办。1915年,洛克菲勒基金会收购协和医学堂,随后,投入大量资金进行建设。据统计,至1956年,洛克菲勒基金会为打造"北京协和医学院及协和医院"总计投入超过4800万美元,是洛克菲勒基金会在海外单项拨款数目最大、时间延续最长的慈善援助项目。

资料来源:《中国医疗界四大天团居然同根同源……》,https://www.bilibili.com/read/cv4656367,2020年9月14日访问。

在西欧中世纪历史上,以天主教会为主导的济贫活动盛极一时,教会布施粥饭和面包、接待无家可归者留宿、免费治疗患病者,开展广泛的济贫活

---

① 〔美〕W.安德鲁·霍菲克:《世界观的革命》,余亮译,中国社会科学出版社2010年版,第130页。

动。为了确保慈善事业的有效进行,教会还制定法律,指导规范济贫活动,建立修道院等赈济机构,逐步形成了独立的社会救济机制,推动了慈善的组织化和制度化发展。不仅如此,教会济贫事业和济贫法律还为国家济贫的发展奠定了基础。[①] 近代以来,西方国家承担了越来越多的社会救济任务,逐步建立了社会保障制度,基督教会的济贫功能发生了较大改变,但其在医疗、教育和救助弱势群体等方面的慈善功能仍然在保持和发展。

基督教在建立现代教育事业上做出了重要贡献。早期教会时期,基督教在罗马建立了基督教教理问答学校,后来发展为高等教育机构,教学内容涵盖几何学、物理学、天文学和伦理学等知识,吸引了许多慕名而来的异教徒。基督教获得合法地位后,其学术研究获得了蓬勃发展,进入中世纪后,基督教开始实质性地影响西方文化发展。中世纪早期,修道院几乎担负了所有的教育任务,并形成了新的学术中心。教廷在中世纪大学的产生和发展中发挥了重要作用。宗教改革推动了大学的变革。新教借助大学传播新信仰,天主教也通过控制大学来维护其信仰权威。于是双方在对已存在的大学进行改革的同时,还建立了更多的新大学。[②] 欧洲的许多著名大学,如牛津大学、剑桥大学等都起源于基督教。不仅如此,基督教还在世界各地建立教育机构。比如在中国,1949 年前全国共有 13 所基督教会大学,包括燕京大学、齐鲁大学、辅仁大学、圣约翰大学等。这些教会大学对中国教育事业起到了示范与导向作用。

近代以来,除教会以外,基督徒也纷纷成立慈善机构,这也构成了基督教慈善事业的一部分。"救世军"(The Salvation Army)是一个于 1865 年成立的,以军队形式作为架构和行政方针、以基督教作为基本信仰的国际性宗教及慈善公益组织,以街头布道和慈善活动、社会服务著称。它有一个称呼,为"以爱心代替枪炮的军队"。它的创办人英国人威廉·布斯希望能够把基督教传给穷困的人,并透过了解穷人们物质及心灵之需要来给予帮助。

[①] 参见赵博阳:《中世纪晚期英格兰济贫法中的教会法元素研究》,载《中南大学学报(社会科学版)》2006 年第 6 期,第 63—69 页。
[②] 参见李观锐、贺国庆:《17 世纪前基督教与高等教育关系的历史演变》,载《宁波大学学报(教育科学版)》2019 年第 3 期,第 68—75 页。

国际世界宣明会（World Vision International）由基督徒卜皮尔创立于1950年，它的核心理念是耶稣基督的博爱精神，主张在人与人之间建立没有歧视和无条件的爱，让服务对象感受到被尊重和温暖。当今，世界宣明会已发展至约100个国家，主要致力于社区发展、赈灾工作和帮助贫困儿童及其家庭，以及建设可持续发展的未来。

案例 3-2　爱德基金会

　　成立于1985年的爱德基金会是改革开放后中国第一家基督教背景的非政府组织，由中国基督徒发起，社会各界人士共同参与，是目前中国宗教背景公益机构中规模最大、专业程度最高的组织。爱德基金会的愿景为"让生命更丰盛，让社会更公正，让世界更美好"；宗旨为"在信仰互相尊重的原则下共同献策出力，开展同海内外的友好交往，发展我国的社会公益事业，促进社会发展，服务社会、造福人类、维护世界和平"。基金会成立后在促进中国教育、社会福利、医疗卫生、社区发展与环境保护、灾害管理等各项社会公益事业上积极开展工作。迄今为止，爱德基金会的公益项目累计覆盖全国31个省区市，逾千万人受益。爱德基金会于2008年荣获中华慈善奖，2010年获评中国社会创新奖，2012年获得"中国慈善推动者"称号。

资料来源：爱德基金会官网，http://www.amity.org.cn/，2020年9月14日访问。

第三节　伊斯兰教慈善

一、伊斯兰教简介

　　伊斯兰教于公元7世纪由麦加人穆罕默德在阿拉伯半岛上创立，伊斯兰的含义为"顺从""和平"，指顺从和信仰安拉及其意志，以求得两世的和平与安宁。伊斯兰教包括多个派系，其中最主要的是逊尼派和什叶派。世界上穆斯林多属逊尼派。作为世界第二大宗教，伊斯兰教的影响非常广泛，在亚非50多个伊斯兰国家中，穆斯林占各国总人口的大多数；其中30多个国家中，伊斯兰教被定为国教。据美国皮尤研究中心的统计，截至2015年，全世界共有18亿穆斯林,约占全球人口的24%。

伊斯兰教以《古兰经》和《圣训》(即先知穆罕默德的言行录)为圣典。《古兰经》和《圣训》不仅淋漓尽致地描述了人类最后的归宿——乐园生活的美景或者火狱惩罚的恐怖,而且还详细完整地规划了改造、建设现实生活的基本蓝图。伊斯兰教不仅仅是一种宗教,也是一种理想信念、生活方式、法律体系。伊斯兰教基本信仰内容可归纳为六条,国内习惯上称之为"六大信条"或"六大信仰",即信安拉、信天使、信经典、信使者、信末日、信前定。

信安拉是指,"工艺必有匠,大造必有主",安拉是一切的创造者、给予者和末日清算者。信天使是指,安拉用泥土创造人祖阿丹之前,已经用光创造了一种纯善的、非物质性存在的、可以变化成各种形象的被造物——天使。信使者是指,根据《古兰经》记载,为避免世人在清算日对自己今世的行为和选择有所托词和借口,安拉在不同历史时期,给不同民族差遣过使者。尽管使者所传达的教导在律法上有所差异,但他们共同的责任是劝导人类遵循安拉之道,远离恶魔之教唆。信末日是指,信仰后世和末日,时刻警示着信仰者,如沉湎于物质生活的享受,会沦为彻底的现实主义者或拜金主义者;同时,今生虽然短暂,必将毁灭,但穆斯林不能消极颓废、悲观萎靡,而要积极行善,努力进取,做好安拉在大地上的代治者,以最终拥有一个美好的后世生活,因此先知穆罕默德曾强调今世的意义,认为"今世是后世之栽种场",即后世的收获来自今世的耕耘播种。信前定是指,坚信宇宙间所有形式的存在皆为安拉所造化和安排,产生于安拉之意欲、判决与前定;同时人有自由意志,必须对自己的行为选择负责。

二、伊斯兰教慈善观

现代著名伊斯兰教学者埃及人优素福·格尔达威认为,伊斯兰教慈善就是"人对他人提供物质的或精神的好处,而不求获取任何物质回报,以期实现比物质回报更大的一种特殊目的"[①]。"更大的一种特殊目的"即指"获得真主的喜悦",获得"至善"。因此,与其他宗教一样,伊斯兰教慈善的动力来自对超自然力量的崇拜,具有救赎性。如果离开对这一独特动力的理解,

---

① 转引自杨慧、张莉:《伊斯兰教慈善思想与社会工作价值观》,载《中国穆斯林》2014年第6期,第20—22页。

就无法区分伊斯兰教慈善与其他慈善。因此,伊斯兰教慈善可被定义为在伊斯兰教法的规约下,穆斯林个人或团体予以他者的精神或物质形式的关怀,其最终目的是服从安拉的意旨,博取其喜悦,并期望得到今生和来世的幸福。①

需要指出的是,伊斯兰教倡导的"善行"与慈善并不完全等同。善行包括宗教善行与社会善行,前者即伊斯兰教五大功修:念、礼、斋、课、朝;后者指涉及穆斯林生活方方面面的社会善行,不仅包括《圣训》所提到的利于别人的行为,而且包括利于自己的行为,比如自己远离恶的行为。因此,"善行"这一概念比通常意义上的慈善概念要宽泛,慈善行为属于善行,但并非所有善行必然是慈善行为,如礼拜和斋戒属于善行,但不属于慈善行为。

慈善通常是一种自觉的道德行为,但在伊斯兰教中,慈善不仅是道德行为,也是宗教义务。伊斯兰教慈善受伊斯兰教法的监督和约束,比如天课被规定为穆斯林的五大基本功修之一,在特殊情况下已缴纳天课的穆斯林个体依然有义务帮助需求者。纵观伊斯兰教教义对慈善的理解和规定,可以将伊斯兰教慈善观概括为以下几个方面:

(1) 行善的动机是"爱真主"。善人们在《古兰经》中受到伟大真主的夸赞:"他们履行誓愿,并畏惧灾难普降日;他们为喜爱真主而赈济贫民、孤儿、俘虏。'我们只为爱戴真主而赈济你们,我们不望你们的报酬和感谢'。"(第76章第7至9节)"你应当以善待人,就像真主以善待你一样。"(第28章第77节)为爱真主而行善是伊斯兰教慈善观的灵魂,善行始终以服从安拉为动机和目的。伊斯兰教肯定"善人有善报",善报是指获得来自真主的喜悦和爱。真主说:"行一件善事的人,将得十倍的报。"(第6章第160节)真主还说:"这等人都是争先行善,而且最先获得善报的。"(第23章第61节)除了"爱真主"这一动机外,行善不得有其他目的。据《圣训》记载,在复生日安拉首先问责三个人,其中一个是乐善好施者,他受到惩罚的原因是,他广济博施的目的是赢取人们称他为慷慨者的赞誉。

(2) 人人行善。伊斯兰教号召人人行善、个个施舍。据《穆斯林圣训实录》记载,先知(愿安拉福安之)说:"太阳升起的每一天,人的每个关节都有施舍的义务。公平地调解两个人之间的纠纷是施舍;帮他人骑上牲口,或帮

---

① 参见马海成、马菊香:《伊斯兰慈善观探析》,载《民族艺林》2015年第4期,第41—45页。

他把行李搭在牲口背上是一种施舍;美好的言语是施舍;去清真寺礼拜的每一步都是施舍;你清除道路上的垃圾是一种施舍。"又说:"施舍是每个穆斯林的义务!"有人问:"如果他没什么东西可施舍呢?"先知说:"用自己的双手工作,让自己受益,并去施舍!"那人又问:"他若没有能力工作呢?"先知说:"去帮助需求者!"那人接着说:"如果他还没有能力呢?"先知说:"去命人行善,止人作恶!"那人再次问道:"如果他不去做呢?"先知说:"他自己远离恶。因为那就是(他的)施舍!"①所以,穆斯林无论贫富都应行善。富裕者以他们的财产和名誉等行善,而贫穷的人则能以自己的心灵、双手、语言、行为去做善事。

(3)专款专用。伊斯兰教强调善款应当专用,不可滥用,也不可恣意截留。不许贪赃枉法,不能任意挥霍,禁止分配不公等。真主说:"赈款只归于贫穷者、赤贫者、管理赈务者、心被团结者、无力赎身者、不能还债者、为主道工作者、途中穷困者。"(《古兰经》第9章第60节)

(4)施善有序。伊斯兰教确立了人与造物主、人与自身、人与他人、人与自然之间关系的次第,从而确立了慈善的轻重缓急。个人在行善之前应先善待自己。对他人的行善也有先后之分。先知说:"给穷人施舍算一份施舍,而给骨肉血亲施舍算两份:既是一种施舍,又是接济骨肉。"圣妻阿伊舍问:"安拉的使者啊!我有两家邻居,我先送给他们两家中的哪一家呢?"使者回答说:"先送给其家门离你家最近的那一家。"②伊斯兰教慈善还涉及其他形式的生命体,甚至非生命体。据闪达德·本·奥斯传述,先知说:"安拉命令善待万物。因此,(行刑或作战)杀人时,不要虐杀;屠宰(动物)时,要心怀仁慈,把刀磨锋利,不要使其痛苦。"③

三、伊斯兰教慈善实践

《古兰经》和《圣训》中经常提到行善方式,既包括劝善止恶等精神行善方式,也包括施舍等物质行善方式。大体上讲,伊斯兰教慈善形式与其他类型的慈善并无本质性区分,常见的慈善行为都存在于伊斯兰世界,比如给路

---

① 转引自马海成、马菊香:《伊斯兰慈善观探析》,载《民族艺林》2015年第4期,第41—45页。
② 转引自杨慧、张莉:《伊斯兰教慈善思想与社会工作价值观》,载《中国穆斯林》2014年第6期,第20—22页。
③ 转引自马海成、马菊香:《伊斯兰慈善观探析》,载《民族艺林》2015年第4期,第41—45页。

人或穷人分舍饼子、甜点、粥、肉等食物的"舍饭场",为旅途困顿和清苦的旅客准备的"卧格夫"驿站,为既无力买房也租不起房子的贫穷者准备的"穷人之家",为行功办道者准备的"泰肯耶"(道堂),在野外挖井,给过路人及他们的乘骑供水,替适婚年龄的穷苦单身者支付婚礼费用或替他出聘礼、聘金等;又如清真寺开办敬老院、医院、孤儿院、学校,以及兴办经堂教育等。

案例 3-3　民国时期宁夏回族穆斯林创办回族新式教育

民国时期,在全国各地创办回族新式教育、改革经堂教育的浪潮推动下,宁夏回族穆斯林各界人士纷纷捐资创办或资助回族学校等善举,对宁夏回族教育的发展起了积极的推动作用。1918年,回族实业家李凤藻(1894—1991)积极响应时任宁夏护军使马福祥倡办回民教育的号召,捐资1000多两白银在吴忠堡兴办了第一座回民小学。20世纪40年代初,李凤藻与回族实业家何义江(1886—1969)等人联合出资,又在吴忠堡东门附近兴建了吴忠中阿师范学校,为当地培养了一批经、汉两通的宗教人才。何义江在灵武县崇兴寨(即大寨子)南门附近,出资兴建了崇兴寨完小。在建校期间何义江亲自督查指挥建设,直到学校建成为止。

在新式回民教育风潮影响下,宁夏回族伊斯兰教界上层人士及一些宗教家也倡导改良经堂教育,捐资创办普通回民学校。宁夏伊斯兰教著名经学家虎嵩山(1879—1955)非常重视穆斯林学习汉文化知识。他说:"国家没有文化便不能富强,穆民没有文化就不能发扬。"1927年,虎嵩山任固原三营清真寺教长时,除募集资金扩建清真寺外,还在清真寺内捐资创办了一所"中阿小学"并任校长,这是宁夏乃至西北地区最早的中阿教育机构。1931年,出于"谋造就师资,为将来发展宗教,减少耻辱之具"的目的,虎嵩山与三营当地回族知名人士马明三、马正兰等先生合作,经当地政府批准,在三营创办了一所中阿学校,虎嵩山任校长。

资料来源:王伏平:《民国时期宁夏回族穆斯林的教育慈善活动》,载《中国穆斯林》2010年第4期,第44—46页。

值得注意的是,除了通常的慈善行为之外,伊斯兰世界还存在一些独特的慈善方式,主要包括天课和乜贴。

（1）天课。天课是伊斯兰教的课税制度。一般由伊斯兰教国家或组织征收天课，在清真寺里统一向贫困者发放。《古兰经》的相关经文将"缴纳天课"列为穆斯林应尽的天命。当穆斯林个人资产超过了一定限额，就应按一定的比率（2.5%）缴纳课税，用于施舍贫困者，唯有如此，其所占有的资财才算是合法纯洁的。相关教法规定，如果一个穆斯林和他所供养的全家的正常生活费用在一年内已达"满贯"之外尚有结余资产（包括金银首饰、农副产品、矿产及牲畜等），则应按其结余资产的种类、性质，抽取一定比率来作为天课缴纳。由于个人占有资财各年可能有所增减，故须按年核算折实；如经济状况下降，盈余不足"满贯"者，当年即免纳天课。《古兰经》规定，天课只能分配给八种对象："赈款（天课）只归贫穷者、赤贫者、管理赈物（天课）者、心被团结者、无力赎身者、不能还债者、为主道工作者、途中穷困者，这是真主的定制。"（第9章第60节）其中的弱势人群有五种，分别是家境清贫而又耻于求助者、一无所有的赤贫者、无力赎身的奴隶、欠债者和离家途中有困难者。

（2）乜贴。"乜贴"是阿拉伯文"Niyyh"的音意合译，意为"心愿""决心""意念""动机"等，经堂语为"善意"，指穆斯林在礼拜、斋戒、朝觐、施舍、宰牲等宗教活动和礼仪之前，通过内心或口头表达的意愿。"乜贴"有三种形式：举"乜贴"、过"乜贴"和散"乜贴"。举"乜贴"指穆斯林在举行或参加宗教活动和礼仪之前，或者在做一些事情之前，通过内心或口头表达的意愿，它与"乜贴"的本意最为相近；过"乜贴"实际上是一种宗教仪式活动，指穆斯林在亡人的忌日、出行归来或乔迁新居时举行的纪念活动；散"乜贴"是穆斯林因各种原因施舍或捐赠财物，也称纳"乜贴"。散"乜贴"的对象一般为经济条件差、生活困难的弱势群体和清真寺、道堂、阿訇、满拉等。散"乜贴"并非仅指以财物施舍予他人的行为，还包括以学问、知识、技能、特长等帮助他人。

第四节　佛　教　慈　善

一、佛教简介

佛教是世界三大宗教之一，于公元前6至前5世纪由古印度迦毗罗卫国（今尼泊尔境内）王子释迦牟尼创建。释迦牟尼创立佛教的目的是解决人生的苦难问题，因而佛教的根本是慈悲观念，即"与乐拔苦"。佛教信徒修习佛教的目的正在于通过修行发现生命和宇宙的真相，最终超越生死和苦、断尽一切烦恼，得到解脱。佛教发展大体上可分四个历史阶段，即原始佛教时期、部派佛教时期、大乘佛教时期和密教时期。原始佛教阶段大约是从公元前 6 世纪中叶到公元前 4 世纪中叶，是释迦牟尼创教及其弟子传承其教法时期。从公元前 4 世纪中叶开始，由于佛教内部对教义和戒律的认识产生分歧，分裂为许多教团，为部派佛教时期。公元 1 世纪左右为大乘佛教时期。大乘佛教兴起后，原始佛教和部派佛教通常被称为"小乘佛教"。7 世纪以后，大乘佛教中的一部分派别同婆罗门教混合而形成密教，是为密教时期。佛教自产生后不断向古印度境外传播，发展成为世界性宗教。

佛教大约在两汉之际传入我国，并不断经历本土化发展，形成了独具特色的中国佛教文化。传入我国汉族等地区的佛教称为"汉传佛教"，传入西藏、内蒙古等地区的称为"藏传佛教"。汉传佛教和藏传佛教以大乘佛教为主，而传入傣族等地区的佛教，以小乘佛教为主，称为"南传佛教"或"上座部佛教"。佛教进入中国后，首先依附于黄老之学，后依附于儒学，魏晋时代依附于玄学，直到南北朝时期才逐步独立，到隋唐时期获得大发展，并形成各种宗派。隋唐时期大兴寺庙、修经文，推进了佛教的世俗化，也对邻国产生了巨大影响。五代十国时期，佛教受到极大破坏，到宋元时期虽得以延续，但不复宏盛。清朝时期佛教再度繁荣。佛教是中华文化的重要组成部分，其教义丰富了中华文化的精神文明、制度文明，其物质文化丰富了中华文化的物质文明。①

佛教思想博大精深，具有很强的思辨性，是世界上为数不多的具有丰富哲学思想的宗教派别。佛教的思想性很突出的表现是它有严密的理论体系和逻辑论辩思维。② 佛教教义不仅包括思辨性很强的理论性内容，还包括修行方面的内容。在理论方面，佛教的基本教义以"四圣谛说""缘起观"为核心；在修行方面，佛教有禅定的要求和持戒的规定。

---

① 参见李德成：《藏传佛教与中华文化的关系》，载《中国藏学》2020 年第 2 期，第 5—16 页。
② 参见姚卫群：《早期佛教理论体系的构建和特色》，载《杭州师范大学学报（社会科学版）》2019 年第 1 期，第 60—61、136 页。

（1）四圣谛说。"四圣谛说"揭示了生命的本质是苦，说明了苦产生的原因、消除苦的方法，是佛教最基本的教义，其他教义都围绕它展开。"谛"原义为"不颠倒"，引申之义为"真理"，"圣谛"就是圣人所知之真理。"四圣谛说"即圣人所知道的四条真理，包括苦谛、集谛、灭谛和道谛。苦谛是指生命是一个痛苦的过程，这是对生命价值的基本判断；集谛是指人的痛苦源自贪欲、嗔恨、愚痴，是自己造成的；灭谛是指佛教的目标就是消除人的痛苦；道谛是指修行的方法。

（2）缘起观。缘起观认为世间一切事物都是由多种成分或者缘（条件）相互作用而形成的。《杂阿含经》中说："此有故彼有，此生故彼生。"（《大正新修大藏经》卷2）《中阿含经》中说："因此生彼，若无此因，便不生彼；因此有彼，若此灭者，彼便灭也。"（《大正新修大藏经》卷1）缘起观具体体现为"十二因缘"理论、"五蕴"说等。"十二因缘"理论认为存在十二个前后成为因果关系的环节，即无明、行、识、名色、六入、触、受、爱、取、有、生、老死（《大正新修大藏经》卷2）。"五蕴"说是指佛教认为人是由色、受、想、行、识五种"蕴"（聚合）所构成（《大正新修大藏经》卷2）。人在"五蕴"中找不出"我"，离开"五蕴"更没有"我"，"五蕴"说体现了佛教的"无我"观念。

（3）修行观。佛教的修行观集中体现为"戒"和"度"。所谓戒，是指佛教对信众行为规范的规定，包括戒和律，前者是信众自愿遵守的行为规则，后者是信众必须遵守的行为规则。最基础的佛教戒律是"五戒"与"十善"，"五戒"指不杀生、不偷盗、不邪淫、不妄语、不饮酒；"十善"指不杀生、不偷窃、不邪淫、不妄语、不两舌、不恶语、不拍马、不贪婪、不恼怒、不背离佛法。所谓度，是指"六度"，是大乘修行道的六项主要内容，包括布施、持戒、忍辱、精进、禅定、般若（终极智慧）。

二、佛教慈善观

民国四大高僧之一的印光大师曾经说："有慧无福慧不真，有福无慧福不纯。福慧具足成正觉，福慧俱无久沉沦"，意思是说，佛教是福慧双修的宗教信仰，缺一不可。那么，如何两者兼具？佛教认为，慧主要来自悟，而福主要来自善。佛教以解救众生为目的，包含慈悲思想，其教义中有丰富的慈善

观念,佛教慈善观主要体现在以下几个方面①:

(1) 慈悲观。佛教是讲慈悲的宗教。慈为爱,悲为悯,慈悲即爱怜与同情。《大智度论》卷二十七说:"大慈与一切众生乐,大悲拔一切众生苦。大慈以喜乐因缘与众生,大悲以离苦因缘与众生。"这里的"慈"是"与乐"的意思,"悲"是"拔苦"的意思。佛教源于对世间痛苦的同情,以解除人世间的苦为目的,以给予人幸福,这就是佛的慈悲心。佛教的慈悲不仅是针对人,而且被及一切有生之物和无情之草木。慈悲观教导佛教信众与人同喜,与人同忧,给人信心,解人苦难,为慈善行为提供了深层次动机。

(2) 福田观。福田观是佛教慈善思想的重要内容。福田原指以对佛的布施为功德,自己得利益和成就。佛教以为,布施有如种子,田地比如佛陀,布施给佛陀,能产生幸福的田地,正如农民播种田地,必有秋收之获,多行善事于前,必有福报在后。这与佛教的缘起观相契合,如是因如是果,因果不昧,如影随形。佛教讲"八福田",谓佛、圣人、僧,此三者名"敬田";和尚、阿阇黎生我法身者,父母生我肉身者,此四者名"恩田"(其中父母肉身者分"父田""母田");救济病人,名"病田",亦名"悲田"。此八种皆堪种福,故名田也。如果人们能尽力从事这八种行为,则能够获得福报。敬田和恩田主张敬佛爱佛、孝敬父母,病田则明确要求信众救治他人,度人度己。

(3) 报恩观。佛教强调"四恩",通常依《心地观经》将"四恩"理解为三宝恩、国土恩、父母恩、众生恩。报众生恩是指向一切众人、社会报恩。众生恩是佛教独有的报恩思想,其前提是众生平等。《普贤行愿品》中说:"菩萨以一切众生而为树根,诸佛菩萨而为华果,以大悲水饶益众生,则能成就诸佛菩萨智慧花果……是故菩提属于众生,若无众生,一切菩萨终不能成无上正觉。"报众生恩不仅是报他人、社会之恩,也是报无生命之物之恩,是对整个世界的恩报。

(4) 布施观。布施位于"六度"之首,是佛教信众的重要行为规范。布施有三种类型:第一种是法布施,是以清净心为人宣说如来正法,令闻者得法乐,资长善根之功。第二种是财布施,又分两类:一是内财施,即以自己头目脑髓,以至整个色身施予众生;二是外财施,即将自己所拥有的衣食财物等

---

① 参见何兆泉、宏传:《佛教介入公益活动的思想渊源》,载《经济与社会发展》2009年第1期,第18—20页。

施予众生。第三种是无畏布施,即当众生遇到灾难、恐怖等畏惧之事时,给予他们以安慰。

综上可见,佛教是大慈大悲的宗教,它与慈善是相通的。佛教起源于对众生的同情,而非对神灵的崇拜,以予乐和去苦为目的,主张怜悯、爱护和帮助他人,认为只有敬佛爱众生,才能种福田,既度己又度人。与其他宗教相比较,佛教慈善思想还具有独特的价值内涵,它不仅强调布施、救济他人,而且认为在慈善中应授人以渔,应通过智慧救济他人,如果只讲慈悲不讲智慧,结果常常是好心办坏事;反之,如果只有智慧没有行动,结果是画饼充饥。这一思想与现代慈善的观点正相一致。

三、佛教慈善实践

佛教本着慈悲普度的情怀,大力推进慈善事业发展,正所谓"佛子在处,必兴慈善;佛寺在处,必兴慈善"。佛教慈善形式多样,在常见的济贫赈灾、施医给药、戒杀放生、劝善培福等善举之外,还有一些独特的形式。下面对中国佛教历史中重要的慈善形式进行简要介绍。

(一)无遮大会

无遮大会是指佛教举办的无分道俗、贤圣、贵贱、上下,平等地进行法施和财施的法会。在佛陀在世之时及涅槃以后,无遮大会就已流行,其盛行于印度则与公元前3世纪阿育王的提倡和推行有极大关系。中国历史上有确切记载的无遮大会始于南朝梁武帝。梁武帝屡次开设无遮大会,最著名的一次是大通元年(529年)九月,梁武帝在同泰寺开设道俗五万人的无遮大会。隋唐时期,朝廷也出面举办无遮大会。从唐玄宗开始,由僧人举办的无遮大会频繁出现,到唐朝中期以后,从帝室、地方官到民间,开设大斋会更为普遍。在中晚唐时期,无遮大会渐与尔后的水陆法会合流。[①] 水陆法会又称"水陆道场""悲斋会""悲济会"等,是中国佛教经忏法事中最隆重的一种。水陆法会同样起源于梁武帝,一直流传至今日。水陆法会以上供十方诸佛、圣贤以及无遮普施斋食为基础,广设坛场,以使与会众生得以其因缘与根

---

① 参见陈艳玲:《略论无遮大会的传入及其变化——以萧梁、李唐为中心》,载《历史教学问题》2014年第5期,第81—86页。

器,到各坛听经闻法。

(二)慈善机构

(1)无尽藏。佛教慈善具有开启中国民间慈善事业的重要意义。在南北朝时期,中国佛教就出现了世界上最早的用于救济贫穷的慈善基金会——无尽藏。南朝时期佛教风行,寺院不仅有众多的房舍、土地、佃户,而且拥有大量金银、货币,寺院为了壮大经济实力设立"寺库",并贷放给贫困的百姓。隋唐时期,创立三阶教的信行法师于长安化度寺创立了名为"无尽藏院"的机构,将信徒奉献的财物贷与他人,用以救急济难。据《太平广记》卷四九三记载:"无尽藏财分为三份:一份供养天下伽蓝增修之备;一份以施天下饥馁悲田之苦;一份以充供养无碍(斋僧)。"后两种用途具有明显的救济功能。无尽藏的兴起使佛教慈善发展到组织化形式,布施不再是个体性活动,而是可以成为集体的事业,无尽藏能够将个体的布施汇聚起来,实现不问贫富贵贱、不问僧俗的普遍性救济,从而实现更大的功德。① 到宋代,无尽藏称为"长生库",元朝时称为"解典库"。无尽藏的发展受到当时朝廷的鼓励,封建统治者明智地意识到,鼓励宗教组织举办慈善事业不仅能够分担朝廷责任,而且能够利用宗教权威凝聚民心、维护社会安定。

(2)悲田养病坊。悲田养病坊最初是佛教僧人创办的宣扬慈悲思想、布施贫病的救治机构,后为官方吸纳,成为政府与寺庙合作举办的慈善救济机构。唐代开元二十三年(735年)政府设立"病坊",在长安、洛阳二京设置专门收容无家可归的老年乞丐。唐末,"病坊"改称为"悲田养病坊",也称"悲田院"。养病坊的主要功能是医疗救济,经费由官府支给,或由政府拨给寺院寺田,以寺田收入作为养病坊的财政来源,管理和经营由佛寺僧人负责。为改善当时因大量僧尼还俗,养病坊无人管理而遭废弃的局面,政府还曾下令遴选人员接管养病坊。据《旧唐书·武宗纪》记载,武宗会昌五年(845年)灭佛,勒令僧尼还俗,养病坊一时无人主持。同年十一月甲辰,武宗下诏,规定长安、洛阳两京的养病坊,由地方长官选派德高望重的老年人主持其日常事务,并将没收的寺院田产作为救济,以供养病坊的开支。宋代沿袭唐代做法,政府与寺院合作举办慈善事业,当时最重要的救济机构是"福田院",其

---

① 参见李林:《中国佛教史上的福田事》,载《法音》2005年第12期,第28—34页。

作用与养病坊基本相同，主要是安顿老幼贫疾之人。在北宋宋仁宗嘉祐年间（1056—1063年）之前，京城开封已经建有东西福田院两座；宋仁宗于嘉祐八年（1063年）又增设南北福田院，以收容老幼废疾之人。那时，每当隆冬时节，主管福田院的官吏就要走上开封的大街小巷，把流浪街头的孤儿、无依无靠的老人以及乞讨的贫民，一起收容到福田院，供给食宿。宋代福田院仍然由政府出资、僧人管理。与唐代相比，宋代福田院的规模更大、机构更加完善，并且普及县城。此外，比唐代做法更加先进的是，政府会对福田院的救济情况进行考核和实施奖惩，并据此决定经费增减。

（3）慈善学校。清末民初，佛教慈善机构更加多元化，除了寺院、佛教会等综合性机构外，还包括感化院、戒杀护生团等专门性慈善机构，其中，慈善学校是非常值得关注的具有时代特色的慈善机构。当时，战乱灾害频仍，逃荒进城的难民日渐增多，城内失业和失学问题严重。为了维护社会稳定，政府鼓励社会各界开展不同形式的救助活动。清末新政的实施使得庙产兴学风潮高涨，为保护庙产，北京一些寺庙主动兴办各种名目的义塾、学堂。民国时期，民国北京政府和南京国民政府相继颁布加强寺庙管理的法规条例，要求寺庙办理公益慈善事业。这促使北京城内众多寺庙改建成学校，或让出一部分庙产土地用于社会公益。北京寺庙众多，信众亦广。较早开始慈善教养活动的有北京龙泉寺，进入民国后又有"善果寺设立第一平民小学校，夕照寺设立第二平民小学校，拈花寺设立工读学校，净业寺组织贫儿工艺院，嘉兴寺增设贫民纺织厂，永泰寺筹办女子工读学校"等。据北平市社会局1929年调查显示，大部分的佛教寺院在办理慈善事业时选择兴办教育，包括孤儿院、幼稚园、教养院、小学和平民工厂等。佛教慈善学校通常由僧人管理，聘请专门教师授课，不仅教授一般学校所学知识，而且传授劳动技能和佛理。[①]

案例 3-4　民国佛教慈善学校的经费来源

民国佛教慈善学校在收费上分为完全免费和部分免费两种情况。永明小学等学校收取一些学费，但是这些学费在学校的总收入中只占很小的一

---

① 参见任超：《从传统向现代的转型——民国北京佛教界慈善教育初探》，载《史志学刊》2017年第2期，第32—40页。

部分。永明小学的收入来源如下:"收佛教会永明寺共捐基金二千元,每年息金洋一百八十元整;收翁传发公捐助田十三亩零,每年产息金洋约二十元整;收学杂费洋每年二十元整;收道修和尚常年捐洋一百元整;收佛教会每年补助费洋三百九十四元整;每年收入约七百一十四元整。"可见,永明小学每年收入约714元,其中学费收入有20元,学费收入只占总收入的不到3%,从收入来源看此项收入可忽略不计。所以,永明小学等收学费学校的慈善公益性质仍体现得很明显。

资料来源:明成满:《民国佛教慈善学校研究》,载《中国矿业大学学报(社会科学版)》2015年第2期,第81—88页。

---

(4) 安养院。佛教的敬老思想一直延续到现代。改革开放后,在国家政策的支持下,佛教界开始举办安养院。据不完全统计,截至2017年10月中旬,中国宗教界成立了94家养老机构,其中有44家不同类型的佛教安养院。佛教安养院可以分为四类:第一类由寺院自行建置管理;第二类由佛教协会或佛教基金会联合寺院兴办;第三类是居士或居士林成立的安养院,一般修建在寺院附近,既方便老年居士到寺院念经修行,又方便法师就近弘法讲学;第四类是佛门中人指导社会组织和热心企业家引入佛教文化元素创办的养老院。安养院接纳的老人通常为信奉佛教者和老无所依之人。[①]

案例 3-5　资国寺安养院

福建省福鼎市资国寺住持贤志法师以法缘、善缘为纽带,以大愿为基础,积极"践行人间佛教",努力"打造人间净土",为使更多的老年人能够回归美好的生命家园,历经十三年之久,先后建起了三期佛教安养院——弥陀村。弥陀村的修建是为了满足老年人晚年修行的需求,主要功能是将老年人的修学和生活合为一体。弥陀村是资国寺慈善事业的主体部分,是为有志于成就佛法的老年信众提供一个修行道场。在这里有佛法的熏修、三宝的加被、完善的医疗保健、科学的营养食谱,同时又可以引导老人的子女以正

[①] 参见景军、高良敏:《寺院养老:人间佛教从慈善走向公益之路》,载《思想战线》2018年第3期,第37—47页。

确的理念来报答父母恩情,还可以为社会减压,协助政府解决养老问题。

资料来源:http://www.hxfjw.com/m/view.php? aid=31168,2020年9月14日访问。

中华人民共和国成立后,佛教慈善机构一度中断,改革开放后获得复兴。以中国佛教协会公益委员会、河北省佛教慈善基金会、深圳弘法慈善功德基金会、五台山佛教功德慈善总会、南普陀慈善基金会、正觉慈善基金会等为代表的佛门慈善组织纷纷建立。这些慈善组织具有深厚的佛教色彩,秉持佛陀"无缘大慈,同体大悲"的佛教济世理念,倡导无相布施,带领四众弟子及社会人士开展各类慈善活动,是中国当代慈善的重要构成部分。

案例 3-6　慈济慈善事业基金会

2008年1月14日,由"台湾佛教慈济慈善事业基金会"投入人民币1亿元为初始资金的"慈济慈善事业基金会"经民政部批准成立,是全国第一家由非营利组织成立的全国性基金会,其宗旨为"在最黑暗的角落,点一盏灯;在最凄寒的路上,生一堆火",主要业务为国际赈灾、骨髓捐赠、环境保护、社区敦亲睦邻。2010年8月20日,慈济慈善事业基金会于苏州静思书院举行挂牌典礼,2012年及2017年获全国性基金会4A等级,2017年被认定为慈善组织。

1966年,证严法师于东台湾的花莲一隅创办慈济。慈济的慈善济贫工作从六位同修每人每天增产一双婴儿鞋开始。证严法师后来又请三十位在家信徒每天存下五毛钱,以克己、克勤、克俭、克难的精神济助贫困。慈济的志业由慈善而医疗、教育、人文;从偏远的花莲开展至全球五大洲,现已在57个国家和地区设有分支会或联络处,迄今援助超过97个国家和地区。

资料来源:http://www.tzuchi.org.cn/rscj/jjhjj/,2020年9月14日访问。

(三) 以佛救世

佛教的普济精神使佛教界人士在特殊时期积极参与救世工作。抗日战争时期,大批佛教界人士极力倡导人间佛教思想,引导佛教徒参与到反抗侵略者的运动之中。当时,中国佛教会会长圆瑛法师赴东南亚筹集抗日救国款项,常惺法师主持佛教会工作,支持成立中国佛教徒护国救民组织。为全力支持抗战,佛教寺院和信众们不仅参加军事训练、上前线掩护抗日将士,还创办僧侣救护队、佛教僧侣掩埋队、佛教医院等组织机构。① 此外,佛教界人士还举行追悼死难军民、祈祷国泰民安和天下太平等活动,为救亡图存注入精神力量。在护国卫教的过程中,佛教为社会作出了价值示范,获得了广泛的社会认同,也提高了自身影响力。

案例 3-7　章太炎的以佛救世思想

作为一个革命家、一个具有担当意识的知识分子,章太炎十分关心救国救民的事业,亦期待挽救中国日渐衰败的传统文化,这是近代知识分子以佛救世意识的集中体现。章太炎以佛救世意识主要体现在两个方面:一是用佛教改造党人道德,发扬勇猛无畏的革命精神;二是以佛教作为思想资源建构自己的哲学体系,以期对抗西学的侵略。在他看来,革命党人的道德提升对于革命成功与否起着极为重要的作用。他认为,佛教之所以能够"勇猛无畏",正在于其讲众生平等,讲万法皆唯心所现,所以在佛教义理的教导下才可以认识到自我本是虚妄之存在,从而就不会对"我"有太多的执着,如此才能放下私欲,放下名利之心,如此才能全心投入革命,革命成功才有希望。章太炎借佛学来建筑自己的哲学体系,以佛学释老庄,又纳入康德的"批判哲学",为革命理论服务,并用以阐述自己对哲学中诸重大问题的看法。

资料来源:王晓洁:《近代危机与知识分子的以佛救世意识——以章太炎为中心的考察》,载《山西大学学报(哲学社会科学版)》2017 年第 5 期,第 41—48 页。

佛教慈善传统绵延至今,其实践形式日益多样化,受现代慈善思想的影响,佛教越来越多地采取现代慈善组织的形式开展慈善活动。从总体上看,当前中国的佛教慈善主要包括三种类型——弘法型、救济型和服务型,相应地,佛教慈善组织也主要以弘法、救济和服务为宗旨。弘法型慈善组织以宣

---

① 参见韩朝忠:《近代华严宗发展研究(1840~1949)》,吉林大学 2015 年博士学位论文。

传佛法为主要任务,如福建省佛教协会佛教教育基金委员会、印顺导师文教基金会等;救济型慈善组织主要充当慈善基金的分配中介,以财物救助为主,进行物资的调配和发放,如厦门南普陀寺慈善会、庐山东林慈善功德会等;而服务型慈善组织不仅提供经济援助,还提供多种慈善服务,甚至直接运行慈善实体,与服务对象持续互动,如苏州的弘化社、四川的乐至报国寺的"离欲念佛苑"等。①

---

① 参见王佳:《中国佛教慈善组织的发展现状》,载《黑龙江民族丛刊》2010年第5期,第173—179页。

第四章 慈善文化现代化

　　慈善业在发展过程中不断创新,慈善文化也因此呈现不断演化的特征。近现代以来,受西方现代化运动的影响,慈善文化进入新的发展阶段,现代慈善文化逐渐形成。关于什么是现代慈善,目前还缺乏统一理解,一般认为,它的关键要素是,慈善动机来自"责任"而非"道德",公众是基于公民的社会责任感而参与慈善,并非因他们独特的文化或宗教信仰。围绕这一要素,现代慈善与慈善的世俗化、大众化和组织化密切相关。慈善文化现代化是传统慈善向现代慈善转型的过程,但这并不意味着所有现代要素都与过去没有关系。西方慈善除来源于宗教,还源自古希腊的基于人类的爱,即一种基于共同体的、区别于宗教的爱;在中国,儒家文化中有深厚的人本主义思想,儒家慈善的动机更多来自对人本身的关爱。因此,慈善现代化是指过去的一些观念和做法逐渐成为近现代主流,以及一些新的慈善要素的产生和发展。本章先讨论现代慈善的基本内涵,然后简要分析慈善现代化在各维度的具体体现。

第一节　什么是慈善文化现代化

　　"现代化"不是一个陌生的概念。从人类历史演进看,现代化肇始于西方文艺复兴运动,是人文理性对宗教理性的胜利,是人本主义原则的确立。现代化对个体而言,是摆脱形而上的束缚,做回现实中的人,成为国家的公民;对组织而言,是专业分工、标准化和技术化;对社会而言,是治理法治化和文化理性化。现代化涉及多种要素,从总体上看,它首先是人的现代化,其次是物的现代化。人的现代化是指重视人、发挥人的主体性作用。在政治学中，它又特指人能够认识到自己作为公民的权利和义务，并积极参与公共生活。物的现代化主要是指经济、制度等的现代化，其核心是科技进步与法治化建设。

在慈善文化领域，现代化同样体现在两个层面，一是相关人士的思想和意识的转变；二是与慈善相关的制度、运行方式等的转变。慈善思想的变化首先体现在对"philanthropia"一词的解读。据考证，该词首次出现在哲学家弗朗西斯·培根的哲学随笔《论善与善性》中。培根写道，他所采取的"善"的意义就是"对整个人类的爱"，这就是希腊人所谓的"philanthropia"，而"人道"（humanity）一词不足以表达这个词的含义。[①] 另有多位学者讨论慈善应被理解为基于人类的爱这一内涵。例如，汉娜·阿伦特认为"爱人类"缘于与人交流分享的意愿，她写道："希腊人把这种在友爱的谈话中获得的人性叫做philanthropia"，"因为它通过准备与他人分享世界而显示出来"。[②] 这种观点将慈善看作人认识到人作为"类"的存在的产物，"爱你的邻人如爱你自己"，是人在共同体中生存应尽的责任。"philanthropia"在19世纪中叶工业革命开始后逐渐演变成日常使用词语，在讲企业慈善、公司慈善时，都是用"cooperate philanthropy"，在讲宗教慈善时，用的仍然是"charity"。[③] 大约在20世纪50年代之后，"philanthropy"因为超越宗教之善，意指为实现人类幸福而开展的所有公益事业和活动，而成为比"charity"更广为接受的概念。也因此，现代慈善常常被等同于公益，要对两者进行严格区分不是容易的事情。如第一章所界定的，本书中的广义慈善是指所有促进社会福利、救助他人、改善自然环境的活动，既包括社会慈善，也包括政府举办的公益事业；中观慈善指社会开展的慈善和公益事业；狭义慈善仅指社会对弱势群体的救助。

如果说现代慈善是对宗教慈善的超越，是以人为本位、为核心的慈善，政府公益也是慈善的内容，那么，政府将慈善作为一种社会救济的制度化工具，也是现代慈善形成和发展中的重大事件。早在1597年，英国就制定了

---

① See Marty Sulek, On the Modern Meaning of Philanthropy, *Nonprofit and Voluntary Sector Quarterly*, Vol. 39, No. 2, 2010. pp. 194-195.
② 〔美〕汉娜·阿伦特：《黑暗时代的人们》，王凌云译，江苏教育出版社2006年版，第22页。
③ 参见杨团、葛道顺主编：《中国慈善发展报告（2009）》，社会科学文献出版社2009年版，第3页。

世界上最早的一部慈善法——《慈善用途法》，该法经过多次修订，至今仍在发挥作用。1601年，英国颁布《伊丽莎白济贫法》，规定治安法官有权以教区为单位管理济贫事宜、征收济贫税及核发济贫费。自此，政府承担起慈善功能，慈善的世俗化进程不断推进，并最终成为政府职能的重要组成部分。与此同时，宗教慈善的作用日益转变为对政府社会保障功能的拾遗补漏。与西方存在显著差异的是，中国慈善没有经过宗教主导的阶段，政府自始就承担社会救济等功能，官方慈善向来占主导性地位。然而，中国的官方慈善也经历了不断创新发展的过程，政府逐渐拓展其职能，日益形成较完备的社会救助和社会保障政策，这一过程可以称作慈善的政府职能化。因为都涉及政府职能问题，所以，我们将慈善世俗化和政府职能化这两个既显著区分又有关联的过程放在一个维度中讨论。

大型慈善基金会的出现常常被视作现代慈善形成的重要标志之一。1913年，洛克菲勒基金会成立，随后美国出现了多家大型慈善基金会，它们以更加强有力的实践履行慈善理念，通过专业化的管理提高行善效率，并因此为世界各国仿效。除基金会之外，世界各国在对慈善组织进行规范管理的过程中，创立了多种慈善组织形式，比如美国的非营利公司、德国的合作社、中国的民办非企业单位等。这些慈善组织的共同特点是创办主体多元化、面向社会进行平等的救济和实施专业化管理。

越来越多的普通公众参与慈善活动是慈善现代化进程中引人注目的现象。慈善被一些人认为是富人和精英阶层的事，普通公众既没有能力也没有义务行善。事实上许多文化并不赞同这种观点，特别是世界三大宗教，都倡导不分贫富、不分身份地平等施善。尽管如此，因为普通人的财富有限，他们无力捐赠或因捐赠额度不高而不受重视。但是，这种现象逐渐发生改变。16、17世纪以来，随着贫困成为社会问题以及大规模疾病的暴发，一些慈善组织开始动员大众捐赠和提供志愿服务，并取得成效。普通公众也在参与过程中认识到自身的力量，感受到捐赠的荣誉与回报。现代慈善组织产生后，慈善组织和动员能力极大提高，这进一步为普通公众更多地参与提供了条件。时至今日，慈善已经不再被认为是富人的专利，它是一项大众事业，人人可以参与。在英美等国家，这种理念甚至在一定程度上已经转变为公民的一种自觉意识，或者说已经成为公众的一种生活方式。

基于以上分析，可以将慈善现代化的内容划分为慈善世俗化和政府职能化、慈善法治化、慈善大众化、慈善组织化等四个方面。[①] 所谓慈善世俗化和政府职能化，是指越来越多的人基于同类意识和公民责任而捐赠，以及政府承担越来越多的慈善救济职能。所谓慈善法治化，是指政府将慈善事业纳入规范管理，通过立法等手段不断加强慈善制度化建设。所谓慈善大众化，是指慈善不再被认为仅仅是精英的行为，普通大众也积极参与慈善事业，全民慈善成为一种趋势。所谓慈善专业化，是指慈善越来越多地通过组织的形式进行，且慈善组织的专业水平日益提升。

需要指出的是，现代化是一个西方的概念，对慈善现代化的理解体现了明显的西方视角，是基于西方尤其是英美慈善业发展历史的理解。若具化到特定国家和共同体之中，慈善现代化的内涵会发生变化。比如在中国，政府一直推动民间慈善发展，宗教慈善虽然作用突出，但向来都是官方慈善的补充，这显然与英美等国家大不相同，因此，讨论慈善现代化不能离开其所处的特定情境。

第二节 慈善世俗化和政府职能化

一、中国慈善的政府职能化

在道教兴起、佛教传入之前，政府一直发挥着社会救济功能；宗教慈善兴起后，政府仍然是最重要的社会救济者，并且政府对社会的救济对民间慈善事业发展起到了先导和示范作用。[②] 可以说，慈善在我国主要是一项世俗事业，官方慈善自古存在，是政府职能的重要组成部分。

历史上，政府创立了多种负责社会救济事务的机构，并逐步推进社会救济制度化。早在夏代以前的传说时代，我国就已经出现养老制度。夏商周的统治者对老年人均极为尊重，采取各种措施予以照顾，国家对穷困人口给予定量口粮，对身有残疾者，则各据其能，安排力所能及的工作，使其能自食

[①] 参见尚德：《试论慈善事业的现代化特征及发展路径》，载《山西高等学校社会科学学报》2019年第5期，第30—35页。
[②] 参见王卫平、黄鸿山、曾桂林：《中国慈善史纲》，中国劳动社会保障出版社2011年版，第9页。

其力。西周时的司徒(相当于现在的民政部门)专门负责救济救灾等慈善公益事业,当时的"养疾"体系专门预防、消除国民的灾难和疾病。春秋战国时期就有了最早的官办赈灾制度。魏晋南北朝时期官办"义仓""六疾馆""独孤园"等开始成建制地出现。隋唐时期国力强盛,官办慈善进一步发展,出现了"义仓"。宋明时期,官方慈善的制度化水平提高,宋代"义庄""义学"非常普遍。明朝时期全国各地建有养济院(养老院),官方还在全国建立了"惠民药局""漏泽园"等慈善机构。清朝政权稳定之后,政府开始鼓励民间设立慈善组织,慈善事业发展迅速。清朝官方设立或支持设立了大量"育婴堂""保婴会""恤孤局""养济院""普济堂""栖流所"等慈善机构,慈善事业非常繁荣。鸦片战争以后,西学东渐,部分官员和研究者开始介绍西方慈善,并主张向西方国家学习,中国慈善事业开始转型。1918 年,北京市政公所在北京分区举办贫民借本处。南京国民政府成立后,以法规的形式将向贫民贷本规定为地方政府的职能。1928 年,国民政府内政部颁布的《各地方救济院规则》规定:各地方政府皆应设立救济院,救济院下设贷款所,对"贫苦无资营业之男女"发放无息贷款,采取保人作保、小额借贷、分期收还的形式。①

政府与民间机构合作办慈善、积极吸纳民间慈善创新也是慈善政府职能化的重要体现。比如,唐代的悲田养病坊初期为寺院僧人创办,由于成效显著,对当时社会发展极为有利,因此被政府看重,成为官督寺办的慈善机构。唐开元十二年(724 年)开始,政府从经济上支持养病坊,官办性质更加突出。到宋代,福田院最初也是由寺院僧人主持和管理,后来逐渐转变为官办机构,由官府委托寺院管理和运营,成为一种规范化的救济制度。政府吸纳佛教医疗救助机构,不仅促进了宗教慈善的世俗化,而且充实了政府慈善职能,推动了社会福利事业的发展。②

案例 4-1 清代慈善机构与政府的关系

善堂公产与官产的界限相当模糊,即令是所谓"民捐民办"的清节堂,其公产也与官产、官款有扯不清的关联。我们很难划分"官捐绅办""官督绅

---

① 参见徐友春等编:《国民政府公报(第 4 册)》,河海大学出版社 1989 年版,第 120—122 页。
② 参见梁霞:《论唐宋佛教慈善医疗救助机构的发展及其特征》,载《青海民族大学学报(社会科学版)》2020 年第 1 期,第 116—121 页。

办"和"民捐民办"的模式化界限。从官营化的嘉定存仁堂与所谓"官督绅办"的育婴堂、"民捐民办"的清节堂款产来源及运营看,官府都是通过绅士充任堂董来办理善堂。控产机制的灵活性使得最显官祀色彩的城隍庙之修建,也通过存仁堂征收民间"庙愿"以筹款。"民捐民办"的清节堂,反由存仁堂划拨官产、官款。夫马进通过对清代苏州普济堂的研究,虽然提出所谓"善堂的官营化"与"善举的徭役化"观点,但也发现在"官为经理"与"民为经理"之间,善堂既试图远离国家权力土壤,而在社会救济方面取得实质性成效,又离不开官府的庇护,公共事业的成长包含很大的矛盾。

资料来源:张佩国:《地方善举的贡赋化——清代嘉定县的善堂经营》,载《浙江社会科学》2019年第7期,第146—154、160页。

政府不仅履行社会救济等慈善职能,而且支持民间慈善发展,并将其作为政府的重要职责之一。如慈善家林鹿坪、陈仙槎等鉴于永嘉北十余里的礁港险恶,于1913年筹资建立灯塔,1918年又在政府的支持下捐资改造灯塔,并得到"永嘉县公益费项下每年拨银一百二十元,按季动支,以充常年经费"。1919年,潘国纲、黄溯初、杨玉生等地方绅商名流和医界人士鉴于本地两所教会医院医疗条件落后,且无中国人自办的西医院,筹议创建瓯海医院,政府立即呈准省署,拨款资助,使之成为温州士人自办的最大的西医院。

中华人民共和国成立后,社会主义文化成为国家的主流文化。社会主义文化批判资本主义慈善的虚伪性,主张应通过建立无产阶级政权以制度化的方式解决社会问题,这与政府"办"慈善的中华传统不谋而合,因此,政府办慈善的做法得以延续并且有所发展。从中华人民共和国成立到改革开放前,政府包办社会,民间慈善丧失生存空间。改革开放后,政府开始大力举办社会公益和福利事业,完善教育、医疗等公共服务体系,设立养老院、孤儿院等福利机构,设立基金会、民办非企业单位等非营利组织。在慈善组织设立方面,比如,1981年,全国妇联创办了我国第一家全国性公募基金会——中国儿童少年基金会。1993年1月和6月,吉林省和上海市分别设立吉林省慈善会和上海浦东老人福利慈善会。这是中华人民共和国成立以来,政府批准设置的第一和第二个以慈善命名的非营利组织。1994年4月,中华慈善总会登记注册。

从我国政府慈善功能的发展历史中可以看出,在广义慈善范畴中,如果政府慈善职能少一些,那么,民间慈善的空间就会大一些。然而,慈善的根本目的是解决社会问题、创造美好生活,因此,如果政府能够更多地通过制度化的手段解决社会问题,那么,支持政府将慈善不断职能化,可能也是合理的选择。当然,作出这一判断的前提是,政府能够进行有效的自我约束,不因职能扩张而带来权力越界和影响社会的自主运行。

二、英国慈善世俗化

英国都铎王朝建立后,因圈地运动、经济变革、流行病、人口增长等原因,大量具备劳动能力的人成为流民,贫困不再是个人不幸的结果,而是严重的社会问题。根据16世纪初期的税收记录估计,英国当时的贫困人口数目很大,约占总人口的1/3至1/2。流民遍布社会的每个角落,社会不安定因素急剧增加。原有的教会慈善、贵族施舍和行会救济已于事无补,于是,政府逐渐介入救济行动,济贫逐渐成为政府的一项职责。[①] 都铎王朝自1495年开始陆续颁布一系列惩罚性法令,对身体健康的流浪者进行处罚,强制一定年龄段的流浪儿童做学徒,以阻止流民因懒惰而不工作,但收效甚微,甚至引发1547年的农民起义。

1534年,《至尊法案》宣布国王为教会最高首脑,脱离罗马教廷。1536年,国王颁布《小修道院解散令》,解散年收入200镑以下的小修道院,财物归王室所有。修道院的解散不仅使许多贫困人口丧失救济,而且产生了许多新的贫民。宗教改革中,国王还没收大批教产,造成大量流浪者。在宗教改革前,英国慈善主要由基督教会负责,教会积极帮助穷人解决困难,也通过教义鼓励教区民众积极参与慈善救助。宗教改革后,社会救济的问题转由政府解决。

1547年的农民起义使英国政府认识到控制流民和救济贫民的迫切性,开始尝试筹集济贫资金救济贫民。在1552年制定的法案中,政府强行规定每户居民要根据其财产和收入状况捐资以救济贫民,拒绝捐资者由教区执

---

① 参见亢丽芳:《都铎王朝时期英国济贫法的历史考察》,载《内蒙古教育》2019年第17期,第12—13页。

事劝告。1563年伊丽莎白一世（1558—1603）统治时期，议会出台法案进一步规定，经执事劝告仍固执己见者将受到法律制裁。这些法案表明，政府逐渐将济贫问题的重心放在济贫税的征收上，并逐渐加大募集力度。

1601年，在综合以往济贫法令实践效果的基础上，英国制定了《伊丽莎白济贫法》，对如何解决日益严重的贫困问题作出规定，针对贫困人口特点进行分类救济，向有劳动能力者提供就业救济，对无劳动能力者提供最低生活保障、住所和技能培训。《伊丽莎白济贫法》还详细规定了救济的各种形式，包括救济金制度、补助金制度、实物救济以及住房和医疗救助、帮助儿童学习一门手艺等。意义更为重大的是，该法建立了严密的管理体系和较为完善的济贫税征收制度，使贫困救济成为政府的一项重要职能。

其后，政府又陆续出台法令对济贫法予以完善，比如1662年《居住法》、1722年《习艺所收容贫民法》、1782年《吉尔伯特法》、1834年《济贫法修正案》、1908年《老年年金法》、1911年《国民保险法》、1925年《寡妇孤儿及养老年金法》、1938年《盲人法》。1948年，英国颁布《国民救济法》，正式确立了现代社会保障制度。至此，政府将其从教会手中接管的慈善事业发展为一种相对完善的社会职能，承担起保障国民基本福利的责任。

案例4-2　英国的济贫院

1601年英国《伊丽莎白济贫法》将救济穷人的责任分配给各教区，后来教区建立济贫院。1834年《济贫法修正案》（新济贫法）使院内救济成为整个英国济贫法的标准制度，也成为新济贫法体系的核心。1776年的一个官方报告中列出了2000个济贫院，每个济贫院的成员大致为20—50人。1802—1803年报告显示，14611个教区有3765个济贫院，每个济贫院的成员平均为22人。1870年，15%的贫民是在济贫院中得到救济的。之后，英国政府为了降低济贫支出，严格限制院外救济，院内救济的贫民数迅速增长，从1870年的156800人增加到1914年的254644人。1912年，英国济贫院中的贫民达到了28万人的历史最高峰。20世纪，联合济贫院在许多地区成为当地最大和最重要的建筑，最大的济贫院可为1000多人提供食宿。

1913年"济贫法机构"取代了"济贫院"这一术语。一些济贫院建筑被卖掉、拆毁或荒废,然而,也有许多建筑成为"公共援助机构",并继续为老人、长期病人、未婚妈妈和流民提供食宿。即使到现在,济贫院的影响仍然存在。

资料来源:郭家宏、唐艳:《19世纪英国济贫院制度评析》,载《史学月刊》2007年第2期,第81—89页。

英国慈善世俗化的进程具有较强的代表性,但更多局限于英美等基督教国家。同时,慈善世俗化并不意味着否定宗教慈善的功能,只是表明自近代以来,政府与基督教会在社会救助方面的功能边界发生了引人注目的变动,而这种变动对于向民众提供更有保障的生活而言,无疑具有十分积极的意义。

第三节 慈善法治化

一、英国慈善法的起源与发展

世界上的第一部慈善法产生于英国。在宗教改革前,英国的教会慈善在发挥巨大的社会救济功能的同时,也暴露出善款滥用等问题。宗教改革开始之后,英国议会制定了多部法案以禁止宗教目的之慈善。如1532年《永久经营法》禁止将不动产用以宗教目的之捐(遗)赠;1535年《用益法》禁止设立以教会为受益人之用益物权。与此同时,在面临严重的社会性贫困问题的情况下,议会也开始研究如何对世俗目的之捐(遗)赠及其使用予以监督。1597年,《慈善用途法》颁布,成为世界上第一部慈善法。1601年,《慈善用途法》被修订。

1601年《慈善用途法》旨在鼓励富人捐赠和加强对慈善事业的监管。该法将慈善用途规定为:(1)救助老年人、弱者和穷人;(2)照料病人、受伤的士兵和水手;(3)维护学校、举办义学和赞助大学学者;(4)修理桥梁、码头、河堤、避难所、教堂、海堤和道路;(5)教育孤儿;(6)支持和维护教养院;(7)帮助贫苦女仆成婚;(8)支持、资助和扶助年轻的商人、手艺人和体弱者;(9)救助或为囚犯赎身;(10)救助交不起税的贫困居民等。后来,麦克纳坦爵士根据1601年《慈善用途法》的规定,将慈善用途归纳为"扶贫济困,推动教育进步,促进宗教发展和任何惠及社区的其他目的"四个方面。其中,第四个方面"任何惠及社区的其他目的"是一个笼统的描述,为之后法院对慈善目的的解释提供了广泛的空间,以至于此慈善目的远远超过前三个方面,成为英国慈善事业最重要的内容。①

1601年《慈善用途法》构建了一套较为完整的慈善监督机制。它授权衡平法院大法官在各郡县设立慈善委员会,由五位"慈善事务专员"组成,专员们都必须是"品行端正之人",其中必须有一位是教区主教或其执事长。慈善委员会对慈善用途和财产使用情况拥有调查和裁判权。

此后,英国分别于1954年和1958年制定了《慈善信托法》和《娱乐慈善法》,并于1960年制定了《慈善法》。1960年《慈善法》扩展了慈善委员会的权力,进一步明确了其责任,对慈善信托的设立、执行和变更作出了新规定。该法不仅对英国慈善业的发展产生重大影响,成为1992年《慈善法》和2006年《慈善法》的基础,而且对英美法系的其他国家也产生了深刻影响,如澳大利亚1962年《慈善信托法(西澳大利亚州)》和1978年《慈善法(维多利亚州)》在内容上多沿袭英国的规定。

2006年英国议会通过的《慈善法》是英国最新的慈善法(2011年有小范围修订),以成文法的形式确认了慈善组织公益性要求的使用方法。2006年《慈善法》将慈善目的的列举增加到十三类。除了传统的四类目的之外,促进健康,对老年人、残疾人、儿童和青年实施照顾、帮助和保护,文化、艺术和历史遗产保护,业余体育促进,人权和争端机制促进,环境保护和改良,提高动物福利,以及提高皇家军队的效率等均被纳入慈善的目的事业范围。2006年《慈善法》还对慈善信托的公共利益作出了相应的规定,规定了慈善组织的注册资格,明确了慈善委员会的权力和对慈善组织监管的新标准,提出设立"慈善申诉法庭",统一了募捐执照的发放,为新时期英国慈善业的发展提供了相对完备的制度环境。② 其中,慈善委员会的战略目标被规定为五个方面:第一,提升公众对慈善事业的信心;第二,改良公众利益;第三,强化

---

① 参见解锟:《英国慈善信托制度研究》,法律出版社2011年版,第53页。
② 参见刘坤:《英国慈善法律制度对我国慈善立法的启示》,载《社团管理研究》2011年第2期,第56—59页。

慈善组织的法律意识,确保它们的行为具有必要的合法性;第四,促进民间慈善资源的有效流动;第五,明确慈善组织的问责制度,要求慈善组织对捐助人、受助人、公众等具有高度的责任意识。自 2016 年开始,英国政府赋予慈善委员会更大的权力,它可以干涉慈善机构的决策和冻结慈善机构的资产,在发生重大责任事件时,有权直接任免慈善组织的受托人和管理人员。

英国慈善法治化的重要意义在于,它使慈善成为一种获得法制保障的重要事业,逐步厘定了慈善事业的边界,不断加强对慈善事业的规范管理,有效促进了慈善事业的发展。英国慈善法治化为世界各国提供了示范,许多国家吸收英国经验为慈善立法。比如,美国建国初期的大部分慈善捐赠的理念、法律和实施机构就打上了当时英国模式的烙印,各州在处理慈善事务时也将英国的成文法和习惯法作为基本依据。明治维新后的日本在全面学习西方的政治、经济、文化和社会制度的过程中也引入了西方的慈善制度,并在 1896 年颁布的《民法典》中确立了基于许可主义的公益法人制度。[①]

二、美国慈善法治概要

美国是世界上慈善捐款最活跃和志愿者最多的国家。这在很大程度上归功于它建立了有利于慈善事业发展的法治体系。美国没有专门和独立的关于慈善的法律,有关慈善的规定和条款散见于宪法、税法、公司法、雇佣法等联邦和州的法律法规中。而税法和公司法对慈善的良性发展至关重要,前者涉及慈善的外部激励和监督,后者事关慈善机构的内部治理。

美国税法的立法原则和作用机制可以概括为三点:一是支持作用,通过各种各样的税收减免激励慈善的发展;二是公平作用,通过设立各种免税标准以实现资源和机会的平等或再分配,至少也要阻止歧视的发生;三是监管作用,通过税收机制规范慈善中的信托行为,以及慈善组织与商业或政府机构的边界。

美国对慈善组织和向慈善组织捐赠的组织和个人进行税收减免,以鼓励慈善行为。除教会组织和小规模组织(年收入在 5000 美元以下的组织)

---

① 参见谢琼:《国外慈善立法的规律、特点及启示》,载《教学与研究》2014 年第 12 期,第 23—31 页。

外,非营利组织并不是一成立就自动享有免税资格,而是需要向国内税务局提出申请,所依据的是《国内税收法典》第501(C)(3)条。该条款规定可以申请成为免税组织的非营利组织包括:"专为以下目的成立和经营公司、社区福利基金、基金或基金会:宗教、慈善、科学、公共安全实验、文学、教育或为促进全民和国际业余体育竞争,或为防止对小孩子和动物的虐待",并且规定"私人股东或个人不能因此获取净利,没有实质性的宣传活动,不试图影响立法,不代表任何公共职位的候选人参与或干涉任何(反对)政治竞选"。

美国的法律不仅规定了慈善事业的用途、慈善税收优惠,而且构建了对慈善组织严密的监管制度。美国对慈善组织的监管以税收监督、司法监督以及内部监督为主,行政监管很少。政府不干涉慈善组织的管理活动,鼓励慈善组织享有自主性和保持组织独立性。美国有税务法和《模范非营利组织法案》约束慈善机构的行为。在行政上,联邦政府的国内税务局是实际上的慈善机构主管部门。根据国会2000年通过的《国内税务法》第6104条的规定,包括慈善机构在内的所有组织每年都必须向国内税务局上报年度财务报表,一般称为"990表"。"990表"要求提供的信息十分详细,包括慈善机构前五名收入最高的成员名单、前五名报酬最高的合同商名单,以及筹款所需花费。更重要的是,该表还要求提供与所有董事会成员有关的金融交易记录。如果这些交易有问题,相关董事可能会被课以高额税收,慈善机构也可能失去免税资格。同时,美国联邦法律还规定,任何人都有权向免税组织要求查看它们的原始申请文件及前三年的税表。同时,人们也可写信给国内税务局,了解某免税组织的财务状况和内部结构。如果这些信息在慈善组织的网站或者其他信息网站无法获得,任何公民可以提出查阅请求,相关的慈善组织务必于两周之内在合适的时间和地点为公民提供查阅的可能。①

对志愿服务的法律规范也是美国慈善法治体系中的重要内容。20世纪70年代,美国颁布《国内志愿服务法》,该法旨在通过发展志愿服务来应对严峻的社会问题。1990年,美国通过《国家与社区服务法》,规定联邦政府成立的国家与社区委员会对政府开展的志愿服务项目负责。2000年后,美国先

---

① 参见向紫容:《追求透明、法治的美国慈善》,载《检察风云》2013年第14期,第13—14页。

后通过《志愿者组织安全法案》《公民服务法》《爱德华·肯尼迪服务美国法》,力图推动全民参与志愿服务、强化志愿服务理念。①

美国形成了鼓励与规范并重的慈善法治模式,在保障慈善组织独立性的基础上主要通过税收手段对其行为进行调节,通过多项法案保障志愿者权益、促进志愿事业,为慈善业发展提供了有力的法治保障,也为其他国家提供了参照和借鉴。

三、中国慈善法治化

我国慈善业的历史悠久,但慈善法治化的进程开始较晚。清政府通过编纂、修订会典及其事例,收录了大量有关慈善事业的诏令与事例,形成了一系列较为完备的慈善法律制度,主要涉及慈善机构及其救助对象、慈善经费保障、慈善组织监管、旌奖慈善行为四个方面。② 到清末时期,清政府在修律方面做了大量工作,在草拟或者颁行的新法案中,有一些内容涉及慈善事业或者慈善团体,如《结社集会律》《城镇乡地方自治章程》《京师地方自治章程》《京师习艺所试办章程》《劝学所章程》《印花税办事章程》③,这些法律文件中对慈善团体的成立核查、业务范围、监督管理、优惠待遇等问题进行了规定。到民国时期,有关法律规范更是扩大了很多。据统计,1927年南京国民政府建立后制定和颁布的慈善法规大约有20部。民国时期慈善法规涉及慈善捐赠的褒奖法规、慈善组织的税收减免优惠政策、监管慈善团体的法规等三个方面,如《捐资兴学褒奖条例》《遗产税法》《中国红十字会条例》《监督慈善团体法》等。《监督慈善团体法》是近代中国第一部有关慈善事业的基本法。该法颁布后,南京政府推动了传统善堂善会向近代慈善团体的组织变革,并进一步规范引导慈善救济事业的转型与发展。④

中华人民共和国成立后到改革开放前,国家设立福利事业,民间慈善功能基本消失。20世纪80年代初期,为适应新形势的需要,我国开始设立公益基金会,重新举办慈善事业。1998年的特大洪水引发了大量社会捐赠,慈

---

① 参见邓国胜、辛华:《美国志愿服务的制度设计及启示》,载《社会科学辑刊》2017年第1期,第79—85页。
② 参见曾桂林:《民国时期慈善法制研究》,人民出版社2013年版,第48—51页。
③ 同上书,第64—67页。
④ 参见周秋光、曾桂林等:《中国慈善简史》,人民出版社2006年版,第264页。

善力量凸显。同年,《社会团体登记管理条例》和《民办非企业单位登记管理暂行条例》先后发布,部分具有慈善功能的社会团体和民办非企业单位开始接受规范管理。1999年《公益事业捐赠法》颁布实施,这是我国第一部关于慈善事业的法律。该法旨在鼓励捐赠,规范捐赠和受赠行为,保护捐赠人、受赠人和受益人的合法权益,促进公益事业的发展,对捐赠财产的使用和管理、捐赠优惠措施等作出了具体规定。随后,财政部、国家税务总局等发布一系列有助于慈善捐助的政策文件。2004年,《基金会管理条例》出台,对主要承担慈善功能的公益基金会的登记注册、组织治理和监督管理等作出了规定。

在党和国家的高度重视和社会各界的呼吁下,2016年9月,《慈善法》颁布。《慈善法》是当前我国慈善事业的基本法,构建了较为完备的慈善业规范体系。该法对慈善组织、慈善募捐、慈善捐赠、慈善信托、慈善财产、慈善服务、慈善信息公开、慈善业的促进措施、慈善业监督管理等作出了规定,确立了"大慈善"理念,明确了慈善活动的法律含义与慈善法的适用范围,构建了较为完整的慈善组织制度、慈善财产制度、慈善服务制度和信息公开制度。《慈善法》颁布后,有关部门出台了15项配套政策,内容涵盖慈善组织登记认定、慈善募捐、慈善依托备案、慈善活动支出及管理费用的监督管理等多个方面。2017年12月,《志愿者服务条例》正式实施,成为我国慈善法治化进程中的重大事件。志愿者是现代慈善业和公益事业的重要主体,《志愿者服务条例》旨在保障志愿者、志愿服务组织和服务对象的合法权益,促进志愿服务事业发展。

《慈善法》实施后,地方慈善立法也取得了明显进展。2016年9月,北京市率先出台全国首个地方制定的慈善信托规范;2017年,江苏出台全国首个地方性法规《江苏省慈善条例》;2018年,浙江省出台《浙江省实施〈中华人民共和国慈善法〉办法》;2020年1月1日,上海市正式实施新修改的《上海市志愿者服务条例》。

综上,从总体上看,世界各国慈善事业都在朝法治化方向发展,这与现代社会应有的法治化相契合。慈善法治化主要围绕三方面内容展开:一是慈善的边界界定;二是对慈善业的促进和发展;三是对慈善业的监督管理。慈善法治化的具体内容和进程则受到文化、政府、经济等复杂因素的影响。

英美等国家慈善事业相对成熟,慈善法治更加完善。包括我国在内的一些发展中国家的慈善法治化进程正在不断推进之中。如何在本土慈善资源与西方现代慈善法治化中找到结合点,是发展中国家面临的共同问题。

第四节 慈善大众化

一、精英慈善与大众慈善

从慈善业演化史看,受到更多关注的是精英的慈善活动。这主要是因为精英通常更具财力和社会影响力,他们的慈善行为频繁、捐赠金额大,能够产生更大的社会救济作用和社会影响。由于精英一直在慈善事业中扮演领路人和主力军的角色,所以慈善在相当长的时间内被认为是"富人"的事业,由富人实施的慈善通常被称为"精英慈善"。

然而,慈善从来不是精英的专利,社会大众同样富有社会责任感和同情心,大众的施舍和救助行为向来不少见,大众慈善也是慈善业的构成内容。只不过由于大众的条件有限,他们多救济身边的人,其慈善行为能够产生的社会影响有限。但这种情况自近代以来已经逐渐发生改变,尤其是21世纪以来,普通公众参与慈善已经成为一种普遍现象。美国慈善业的发展历史表明,20世纪初期,在慈善业快速发展过程中出现了显著的慈善"民主化"现象,越来越多的普通人进行慈善捐赠,个人捐赠在慈善捐赠总额中的比例持续增长;同时,越来越多的普通人参与志愿服务事业,捐赠自己的时间和技能,美国社会已经形成了精英慈善与大众慈善并举的局面,正是在这个意义上,美国慈善也被称为"全民慈善"。近年来,与美国早期发展相类似,许多国家的慈善业以大众化为重要发展方向。大量慈善机构设法动员社会大众捐赠,提出"日捐""人人慈善"等概念,希望将慈善发展为大众的一种生活方式。

"大众慈善"与"精英慈善"虽然是相对意义上的一组概念,但两者之间毫无冲突和竞争性,而是双赢关系。通常,精英慈善的发展会促进慈善民主化,带来大众慈善发展,而慈善大众化发展到一定程度,社会形成了良好的慈善捐赠氛围,精英们会更乐于参与慈善事业。大众慈善与精英慈善同为当代慈善事业的重要组成部分,一国慈善业需同时体现这两种慈善的作用。

二、美国慈善大众化

美国"钢铁大王"卡耐基曾说:"带着巨富死去的人,是耻辱的。"在美国慈善业发展的早期,富人捐赠发挥了重要的引领和示范作用。从19世纪90年代开始,美国富人数量急剧增加,到20世纪初期,百万富翁数量已经超过四万多人。富人们积极地将自己的财富捐赠出去,用于建造大学、图书馆、博物馆和医院等公共事业。他们在慈善业上的制度创新被广泛认为是"文明"的新生力量,被约翰斯·霍普金斯大学的第一任校长吉尔曼称为"新慈善业"。与传统捐赠完全不同,新慈善业坚持寻求解决社会问题的长期方案,而非暂时性地解决贫困群体的问题。这一时期,以纽约州为代表的对继承和托管等法律的变革,在确保能为全体公民的利益而进行开放式慈善捐助方面奠定了制度基础。与此同时,富人们和改革者在福利系统化、机构创新方面进行了卓有成效的努力,出现了"慈善基金会"这一专门管理大型慈善资源的专业性机构。

在20世纪的头三十年中,美国慈善基金会的数量从15家增长到300多家。这些慈善基金会在为美国打造非宗教的、科学的、专业的学术机构方面做出了巨大贡献,大大增强了美国人创新知识的能力。慈善家们也资助农业生产和公共卫生改革,这两项都是为了南部经济改善而确定的联邦改革时代的公共政策。他们之后将这些南部经济项目纳入公共卫生和发展的国际主义运动之中。

在富人慈善快速发展的同时,美国的大众慈善业(人民慈善业)也蓬勃生长。20世纪初期爆发的"预防结核病运动"使人们认识到,在某些领域,人们自己可以完成得更好。红十字会的"出售印章"募捐活动、全国教育协会的儿童"十字军"活动,都是20世纪初期美国大众募捐活动的成功尝试。自此,慈善不再是富人的"代名词",越来越多的普通民众参与到慈善事业中。

一方面,个人捐赠成为美国慈善文化中的重要组成部分。随着大众慈善活动的开展,很多家庭都会在家庭预算中制定捐款预算,多数美国人已经将慈善捐赠当成一种美德。直至今天,个人捐赠仍然是美国慈善捐赠的主要来源。2019年的《捐赠美国》(Giving USA)报告显示,2018年个人捐赠占捐赠总额的68%,遗产捐赠占9%。①

另一方面,志愿服务意识为大多数公民接受,参加志愿服务成为美国大众的自觉行动。早在19世纪,美国就出现了大量志愿服务团体。到1927年,全美有130个废奴志愿服务组织和其他各种类型的志愿服务组织。1973年,美国制定了《志愿服务法》,1990年订立了《国家与社区服务法》,推广小区服务与服务学习的理念,鼓励公民参与志愿服务工作。据统计,20世纪90年代初期,美国的志愿服务组织已达100万个。美国是世界上志愿者人数比例最高的国家之一。据统计,在美国13岁以上的公民中,志愿者占50%左右,他们平均每周参加志愿服务4小时左右。据美国劳工部劳工统计署"当前人口调查"的数据显示,在2014年9月到2015年9月期间,大约有6262.3万的美国人通过一个组织或为一个组织做过至少一次志愿服务,占16岁及以上美国人口的24.9%;在就业的人口中,27.2%的人参加过志愿服务;美国人为志愿服务活动奉献的时间平均为52小时。②

案例4-3　美国和平队简介

美国和平队是美国于1961年创建的从事国际性志愿服务工作的机构,主要派遣接受了正规高等教育的美国青年为主的志愿者,支援亚、非、拉美等发展中国家的教育、健康、医疗、卫生等领域的发展。美国和平队实施的项目中农业方面占5%,青年项目占6%,环境方面占14%,商业方面占15%,卫生和艾滋病防疫方面占21%,文化教育方面占35%,其他项目占4%。美国和平队志愿者们在被派往国外从事国际志愿服务、人道救援工作之前,都要在其国内西部或者东北部的一些大城市的大学,如哥伦比亚大学、加州大学洛杉矶分校、俄亥俄州立大学里,接受几个月时间的正规教育和业务培训,其主要培训内容包括系统地学习相关受援助国家的风土人情、语言以及一些文化课程,培训的时间为70天左右,主要目的是学会运用本

---

① 参见周俊:《美国慈善业的历史演进与经验借鉴——评〈美国慈善史〉》,载《中国第三部门研究》2019年第2期,第121—135页。

② 参见纪秋发:《美国人参与志愿服务现状及启示》,载《北京青年研究》2016年第4期,第56—64页。

土语言与当地人民沟通,融入当地人的生活,便于提供更为贴切的志愿服务和国际援助活动。

资料来源:徐振华、施旋:《美国和平队对中国红十字会国际人道援助的经验启示》,载《才智》2019年第10期,第216页。

美国慈善大众化发展离不开政策支持。前述美国慈善法治体系中关于捐赠税收减免、促进志愿服务业发展等政策,对于促进大众捐赠和参与志愿服务具有十分重要的意义。此外,美国还通过政社合作的方式促进慈善组织发挥作用,比如通过政府购买服务、行政委托等方式资助慈善组织开展慈善活动,慈善组织广泛动员社会力量、创造志愿服务机会,这也是美国慈善大众化的重要促进因素。

三、中国慈善大众化

中国人一向乐善好施,但受儒家思想影响和农业经济的地域限制,个体捐赠主要发生在亲朋好友之间,大众捐赠多发生在国家或地方遭遇重大危难时期,所以,从总体上看,中国慈善的大众化色彩在历史上并不突出。中华人民共和国成立后,精英主导慈善业的现象同样存在,直到2008年汶川地震,社会捐赠迅速增长,大量志愿者参加抗震救灾,慈善大众化开始引人注目。根据民政部2008年8月25日的统计数据,震后国内外捐赠款物总计592.98亿元,其中捐款507.78亿元,物资折价85.2亿元。来自国内外的社会志愿者超过120万人,在受灾群众救助、灾区卫生防疫、伤员救治、灾民心理抚慰等各方面发挥了巨大作用。从捐赠款物和志愿服务来说,针对汶川地震的社会捐赠活动是中华人民共和国成立以来规模最大的。[1]

汶川地震后,公众参与慈善事业的积极性不断增强。从社会捐赠看,2009年,全国接收各类社会捐赠款物332.78亿元,其中,捐款约227.5亿元,物资折价约105.28亿元;国内捐赠总额占85.9%。虽然企业仍然是国内最主要的捐赠主体,但国内个人捐赠总额为68.27亿元,占境内捐赠总额

---

[1] 参见郑远长:《汶川地震社会捐赠工作对发展我国现代慈善事业的启示》,载《中国非营利评论》2008年第2期,第131—142页。

的23.40%,个人捐赠呈现上升势头。① 2008年以来,社会捐赠保持了持续增长。《2018年度中国慈善捐助报告》显示,2018年中国内地全年捐赠1439.15亿元,香港约160亿元,澳门约25亿元(台湾尚无权威统计数据)。捐赠额占GDP总量比例为0.16%,中国内地的个人捐赠共360.47亿元,同比增长3.24%,占内地全年捐赠的25%,人均捐赠103.14元。②

志愿服务事业在汶川地震后进入发展的快车道。2009年,全国志愿者数量超过1亿人,志愿者的经济贡献超过54亿元。据《慈善蓝皮书:中国慈善发展报告(2019)》显示,到2018年年底,中国志愿者总量约为1.98亿人,比2017年增加4003万人,增长率为25%。其中,注册志愿者有14877.88万人,注册率为10.66%,活跃志愿者有6230.02万人。③《慈善蓝皮书(2020)》的综述报告指出,截至2020年3月16日,我国实名注册志愿者总数达到1.69亿人,志愿团体116.36万个,累计志愿服务时间总数22.68亿小时,注册志愿者总数较2018年增长13.9%,累计志愿服务时间总数较2018年增长3.2%,服务活动覆盖医疗、教育、扶贫、养老、环保、助残、文化、体育和"一带一路"等多个领域。④

2020年年初新冠肺炎疫情暴发,面对突发重大公共卫生危机,社会大众的慈善热情再次迸发。据民政部发布,截止到2020年4月23日,全国各级慈善组织、红十字会接收社会各界的捐赠资金约419.94亿元;捐赠物资约10.94亿件。全国各地开展疫情防控志愿服务项目超过29.8万个,参与疫情防控的注册志愿者达584万人,记录志愿服务时间达1.97亿小时。⑤ 如果说党和政府是抗击疫情的领导者,医务人员是抗击疫情的排头兵,那么,社会大众便是抗击疫情的基石和后盾,正是在大众广泛参与的基础上才得以建立起群防群治的抗疫战线。

---

① 参见《民政部:09年全国接收各类社会捐赠款物332.78亿》,http://news.sohu.com/20100408/n271379908.shtml,2020年9月20日访问。
② 参见王勇:《中国慈善联合会发布〈2018年度中国慈善捐助报告〉 2018年全国接收捐赠1624.15亿元》,http://www.gongyishibao.com/html/yaowen/17358.html,2020年9月20日访问。
③ 参见杨团主编:《中国慈善发展报告(2019)》,社会科学文献出版社2019年版,第42页。
④ 参见《〈慈善蓝皮书:中国慈善发展报告(2020)〉发布》,http://www.rmzxb.com.cn/c/2020-08-03/2633842.shtml,2020年9月20日访问。
⑤ 参见杨团:《中国抗击新冠疫情90天(下)》,https://mp.weixin.qq.com/s/yPhEM0OtlhfKoM6u3mMjlA,2020年9月14日访问。

案例 4-4　武汉志愿者奋战在疫情防控一线

在抗击疫情武汉保卫战这场没有硝烟的战争中,一群肩负特殊使命的志愿者,戴上口罩、穿上红马甲挺身"逆行",在社区防控阵地中和社区干部、下沉党员一道打好"全垒打",不惧风雨、连续作战、坚守一线,筑起疫情防控坚强堡垒。

社区是疫情防控阻击战的前沿阵地,居民小区 24 小时封闭管理,生活必需品如何保供?仅靠社区人员明显不足,志愿者就成了"战疫援兵"。2020 年 2 月 23 日,在中宣部、中央文明办统一部署下,在湖北省委宣传部、省文明办指导下,武汉市委宣传部、市文明办具体组织实施了疫情防控"志愿服务关爱行动",动员志愿者就近就便为市民提供生活服务,用志愿服务温暖人心,打通"最后 100 米",筑牢联防联控、群防群治的严密防线。

广大市民众志成城、踊跃参与,7 万余人先后报名。经过审核并根据实际需要,2 万余名志愿者上岗从事关爱行动,由各社区具体组织和动态管理。

志愿者们既当信息员、采购员、快递员,又当宣传员,通过电话、网络、上门等途径,收集群众需求、联系商家采购,帮助居民团购蔬菜、代购药品,重点关爱孤寡老人、困难居民等特殊群体,一户一户送上门……在这一个多月里,用自己的方式守护所爱的城市,给人们传递温暖和力量。

资料来源:《武汉 2 万余名"关爱行动"志愿者奋战疫情防控一线》,http://www.wenming.cn/dfcz/hb_1679/202004/t20200407_5514418.shtml,2020 年 9 月 20 日访问。

社会大众参与慈善事业的热情日益高涨,既离不开改革开放后党和政府建构慈善文化的努力,也离不开经济发展、人们生活水平的提高和社会组织、慈善组织的发展及其社会动员能力的提升。社会组织是动员大众捐赠和参与志愿活动的重要主体。改革开放后,社会组织无论是在数量还是质量上都获得了较快发展。社会组织的总量在改革开放初仅几千家,到 2019 年年底已达到 86.6 万家。自 2016 年《慈善法》实施以来,慈善组织的数量也在大幅增长。社会组织和慈善组织的发展为社会大众参与慈善事业提供了载体,与此同时,它们又通过专业方式动员社会,积极推动慈善大众化进程。比如,中华慈善总会设立大众慈善促进委员会,专门致力于发展大众慈善事业,开展了多个慈善项目,积极推动慈善文化传播。又如,深圳壹基金公益基金会提出"尽我所能、人人公益"的概念,积极动员大众进行小额度的持续性捐赠。

近年,"互联网+公益"的发展进一步拓展了慈善大众化的发展空间,增强了这一现代慈善的基本趋势。越来越多的社会组织、慈善组织通过互联网、微媒体筹资和开展公益项目,许多捐赠和志愿服务可以在线上完成,这极大地增强了公众参与的便利性和积极性,有效促进了公众参与行为。其中最为突出的是,自2015年开始的腾讯"99公益日"每年吸引了数亿人参与,在短时间内汇聚了大量善款,有力地彰显了大众慈善的力量。可以说,在科技的助力下,慈善大众化未来可期。

第五节 慈善组织化

一、慈善组织化的内涵

慈善通常包括组织化慈善和个体慈善两种类型。组织化慈善是指捐赠等慈善行为是通过组织发生的,个体慈善是指个体直接向受助对象进行捐赠或提供帮助。组织化慈善和个体慈善同为慈善的重要形式,且自慈善这一活动产生起就共同存在。因此,慈善组织化并非是现代慈善的特有现象,它是一个长期存在的历史现象,比如宗教慈善大多采取组织化的形式进行。又如,公元前387年由柏拉图在古希腊雅典建立的"柏拉图学院"被认为是世界上最早的慈善基金会;我国南北朝时期的"六疾馆"和"孤独园"已经具备较完善的组织形式,宋代的"义庄""义学"等都是专门的慈善机构,并且实施制度化管理。

在现代慈善意义上讨论慈善组织化,首先应明确它的独特内涵。本书认为,慈善组织化至少包括两方面内容:一是慈善组织日益具有现代组织的基本特征。所谓现代组织,是指具有明确的组织目标、合理的组织分工和管理制度的组织,通常以法人的形式存在。慈善组织采取现代组织的形式,意味着慈善活动成为组织的专门性目标,围绕这一目标,慈善组织形成了专业化和职业化管理。二是慈善活动越来越多地采取组织化的方式进行,组织化慈善逐渐成为主导性的慈善方式。通过组织开展的慈善活动改变了以个人恩赐的方式直接帮助他人的传统慈善方式,通过组织机制间接帮助他人,能够使捐赠者与受赠者相分离,使两者处于平等地位,并且使受赠者将对捐赠者个人的感恩之心转化为对整个社会的回报之意。因此,组织化慈善是现代慈善的关键要素之一,是保护受赠者尊严、实现受赠者与捐赠者平等的重要途径。

慈善组织化是现代慈善组织形成和发展并在慈善业中发挥主导性作用的过程,它具有历史性。在慈善业发展的任何时期,都可能存在慈善组织化现象和某些现代慈善组织的要素,但质变的发生仍然是近代以来的事情。英国是世界上慈善业最为发达的国家之一,它的慈善组织化历程表明,世俗化慈善组织大规模地出现于17世纪;而在慈善历史悠久的中国,具有现代特征的慈善组织虽然早在晚清时期就已经存在,但它在数量上的快速增长却发生在改革开放以后,并且时至今日,慈善组织尚未成为中国慈善业的主导性力量,慈善组织现代化建设也仍然处于推进过程之中。下面对英国和中国的慈善组织化进行简要介绍。

二、英国慈善组织化

互助会和友谊会等慈善组织早在公元55年就存在于英国。在12世纪和13世纪,英格兰地区有多家志工医院。从14世纪开始,行会与同业工会开始出现,它们不仅发挥促进行业发展和行业互助等作用,而且也开展小规模慈善活动。从17世纪开始,政府承担主要的济贫责任。18世纪,联合慈善事业在英国兴起,志愿者们通过捐赠建立了各式慈善机构,比如慈善学校、诊疗所等。

进入19世纪后,英国进入社会矛盾集中爆发期。为解决社会危机,一部分政治和社会力量呼吁加强政府的社会救济职能,中产阶级却反对扩大政府权力,主张社会加强自救。在这种背景下,中产阶级有组织地开展慈善活动,各类志愿和慈善组织纷纷建立并蓬勃发展。当今为人们所熟知的大多数英国志愿组织都与19世纪息息相关,比如1884年建立的世界上第一个社区公社——汤恩比馆。当时的慈善组织类型已经非常多样化,主要包括友善协会、地区访问社团、母亲集会、节俭协会等。英国统一的全国性慈善组织也开始建立。1869年建立的慈善组织协会，就是用来协调各慈善机构的关系，促进合作等。据统计，1862年，仅伦敦地区就有640个慈善机构，其中279个成立于19世纪上半叶，144个成立于19世纪50年代到60年代。①

截至2018年9月30日，英国（包括英格兰和威尔士，不含苏格兰和北爱尔兰）在慈善委员会登记的慈善组织共有168186家，其中，年收入低于1万英镑的慈善组织共65176家，占总数的38.8%；年收入高于1万英镑低于10万英镑的慈善组织共58054家，占总数的34.5%。②慈善组织的任务、宗旨、规模、诉求各不相同，有仅在本土提供单一服务的小型慈善组织，也有拥有数以百计成员在全球提供综合性服务的大型国际慈善组织，覆盖了人们生活和工作的几乎所有方面。其中，有些慈善组织已成为驰名海内外的"慈善品牌"，如英国海外志愿服务社（VSO）向非洲、亚洲、加勒比海地区、太平洋地区以及东欧共140多个最贫困的国家和地区派遣过约50000名志愿者。③

在英国，慈善组织是表明一种资格（status），而不是法律形式（legal form）。慈善组织并不对应一种单一的法律形式，而是能以多种方式建立起来，如社团、信托、合伙制企业、担保有限公司、股份有限公司、工业及互助会、有限责任合伙、慈善法人组织等法律形式。其中，慈善组织通常使用非法人社团、慈善公司、慈善信托、慈善法人组织、工业及互助会等五种法律形式。④

一是非法人社团。非法人社团一般规模比较小，不具有法人资格，不能雇用职员，不能以自己的名义拥有土地或者进行投资。

二是慈善公司。慈善公司具有法人地位，能够雇用职员，能够以自己的名义拥有土地并缔结合同，一般规模比较大，最常见的是担保有限公司。

---

① 参见王名、李勇、黄浩明：《英国非营利组织》，社会科学文献出版社2009年版，第39页。
② See Recent Charity Register Statistics: Charity Commission, https://www.gov.uk/government/publications/charity-register-statistics/recent-charity-register-statistics-charity-commission, visited on 2020-09-14.
③ 参见张丽君：《软实力视野下英国慈善组织的外交功能》，载《国际论坛》2016年第5期，第72—78页。
④ 参见王世强：《英国慈善组织的法律形式及登记管理》，载《社团管理研究》2012年第8期，第49—52页。

三是慈善信托。信托不具有独立法人资格,受托人以自己的名义拥有财产和缔结合同,受托人对慈善信托的一切活动承担连带责任。

四是慈善法人组织。慈善法人组织是依据2006年《慈善法》创设的一种新法律形式,比慈善公司更容易建立,只需在慈善委员会注册。如果一个慈善组织的收入比较多、拥有土地,比较适合采取这种形式。

五是工业及互助会。工业及互助会是一种非营利性的法人,住房协会、合作社和照料领域的慈善组织主要使用这种法律形式。除了个别类型以外,工业及互助会都必须在慈善委员会登记,它们与慈善公司的不同之处在于,它们受特殊的法律规制,接受英国金融服务管理局的管理。

此外,英国还有两种特别慈善组织:一是被豁免注册的慈善组织,包括绝大多数的大学和其他教育机构、博物馆和展览馆,它们由其他政府机构监管;二是教堂、童子军组织和军队慈善组织,慈善委员会有权对它们进行监管。

经过长期发展,英国已经形成了相对完备的慈善组织体系。不同类型的慈善组织享有不同的法律地位,在法律框架内发挥各自的作用,成为公众参与慈善事业的主要载体,为慈善事业发展提供了组织基础。不仅如此,慈善组织还共同塑造了英国的慈善事业与志愿精神,以及英国"仁慈"的国际形象。

在慈善组织化进程中,英国慈善组织还不断加强行业建设、自觉维护行业声誉。英国有募捐标准委员会、募捐协会、公开募捐监管协会等非政府组织对募捐活动进行监督管理,它们监测并处理公众投诉、编写出版募捐行为准则、评估募捐活动、协同慈善部门提高募捐行为标准。虽然没有法定的监管权力,但是它们的行业自律功能既专业又有效,是对慈善委员会监管功能的有益补充。

建立完善的内部治理规则同样是英国慈善组织化中的重要内容。2006年《慈善法》规定了慈善组织的注册条件,包括慈善组织必须有自己的章程,理事会成员可直接受雇于慈善组织,但不能有其他商业目的,以及年收入、组织目标及活动、受托人、财务信息等方面的内容。慈善组织一旦注册成功,必须按照法律要求开展活动,保证所有资源和活动都直接指向慈善目的。其中,最为重要的是慈善组织不得对利润进行分红,只能从事"首要目标商业"活动,不得以从事政治活动为目标。英国慈善组织因为受到慈善委员会、慈善行业自律组织等多方面的监督,内部治理相对完善。

案例 4-5　英国的慈善商店

慈善商店是一种具有英国本土特色的慈善资金筹募方式,它通过出售民众捐赠的二手物品来筹募慈善资金,既满足了捐赠人乐善好施的需求,扩大了慈善资金来源,还满足了想买低价商品人的需求。1947年,乐施会(Oxfam)建立了第一家慈善商店,此后,许多慈善机构纷纷效仿。20世纪90年代以来,慈善商店向着商业化、专业化的趋势发展。慈善商店是英国慈善事业的缩影,是慈善组织市场化运作的具体形式,它体现的慈善理念已融入英国人的日常生活。慈善商店与普通商店的最大区别在于,慈善商店的使命具有慈善性;销售的物品主要为捐赠所得,有利于促进循环利用;员工大多是无偿的志愿者。部分慈善商店也销售全新的商品,这些商品一部分来自企业的捐赠,另一部分来自贫困国家和地区的特产和手工制品,以促进当地农民和手艺人通过商品流通获得收入。据统计,英国有1万多家慈善商店,一年可以募集3亿英镑左右的资金。

资料来源:朱春奎、陈彦桦:《英国慈善超市的历史发展、功能体现与运营策略》,载《地方治理研究》2019年第1期,第33—42页。

三、中国慈善组织化

中国历史上的慈善组织主要包括四种类型:一是官方建立的慈善机构,如南北朝时期的孤独园和六疾馆;二是宗教组织建立的慈善机构,如佛教寺院建立的无尽藏和悲田养病坊;三是民间社会力量建立的慈善机构,如宋朝时期的义庄、义学等;四是官民合办的慈善机构,还包括官督绅办和官督商办机构,其共同之处在于政府会为机构拨付一定经费或安排督导人员,比如唐代的悲田养病坊最初由佛教寺院开办,后转由政府所有,由政府出资举办,但仍由寺院僧人管理。以院、堂、局、所、公所、园等为名称的各类慈善机构,通常以慈善救济尤其是物质性救济为主要职责,部分内设专门管理人员,有的还制定了内部管理制度,比如范仲淹所建苏州范氏义庄定有规矩十三条,包括对族人衣食分配、嫁娶和丧葬等的安排等内容。

官办慈善组织在中国慈善业中一直占据主导性地位,民间慈善组织只是弥补官办慈善不足的一种补充性存在,通常也积极与官方合作,向官方争取各种支持,具有官民二重性。这种情况在清朝中后期有所改变。清朝雍正二年(1724年),中央发布诏令:"劝募好善之人……照京师例,推而行之",明确鼓励社会举办慈善事业。清朝末年,大批西方传教士和基督教组织进入中国,开始创办教会医院和学校,对中国传统慈善带来巨大影响,在一定程度上改变了传统慈善组织的发展方向。

一方面,受西方慈善理念启示,大量新型近代慈善组织开始涌现,如红十字会、世界红卍字会、华洋义赈会、中华慈善团、上海慈善团、香山慈幼院等。这些组织大多已经开始接受西方化的组织结构、制度建设和资本运作,活跃于救荒、医疗、教育、济贫等相关领域。据统计,仅上海一地,1930年前后就有各类慈善团体119个,绝大多数创于清末民初。[①]

另一方面,传统慈善组织不断进行自我调整以适应变动的社会环境。受西方教会慈善组织的影响,慈善组织开始突破原有的以"养"为主的救济模式,开始向"教养并重"的方向转变,具体体现为在传统的养济院、普育堂、育婴堂、掩骼会、施粥馆等之外,出现了洗心局、迁善所、济良所、工艺局、习艺所及教养局等新型慈善组织。[②] 这些慈善组织的出现也表明,慈善的功能已经得到扩展,开始具有社会公益事业的特点。

案例 4-6　　天津华洋义赈会

1919年夏秋之交,华北大部分地区出现严重的旱情,受灾人数达2000多万人,引起社会各界普遍关注。1920年9月28日,天津华洋义赈会成立。它是一个由众多中外知名人士共同举办的慈善组织。义赈会成立后立即向大总统、国务总理及各部总次长等全国政府要人,各慈善团体以及各报馆等发出通电,称该会是由直隶义赈会、天津租界救灾团双方联合组织,办理北

---

① 参见张礼恒:《民国时期上海的慈善团体统计(1930年前后)》,载《民国档案》1996年第3期,第65—71页。
② 参见王卫平、黄鸿山、曾桂林:《中国慈善史纲》,中国劳动社会保障出版社2011年版,第98—123页。

五省旱灾赈济事务,公推梁如皓为会长,设事务所于天津青年会内。9月30日下午,义赈会开会议决:(1)调查灾民之数目;(2)调查公民有工作之能力男女灾民能否工作,能否织布;(3)调查灾民中之幼童有无人照管;(4)调查津埠空地以何处安插灾民为适宜,等调查完毕,以便筹议实行赈济方法。10月9日晚,该会又在东马路青年会开会报告赈济办法、讨论赈务手续,并邀中外名人出席演说,邀请各界关心灾黎人士莅会。自开办之日起至1921年1月18日止,天津华洋义赈会共收到美国、上海、天津诸善士捐来的赈衣鞋帽等物共计61626件,其中已运往各地散放灾民的共计59239件,合计净存2387件。

资料来源:王纪鹏:《天津华洋义赈会与1920年华北地区旱灾救助》,载《天中学刊》2019年第6期,第143—147页。

从组织治理看,清末民初的慈善组织已经开始学习西方的制度,总会—分会结构、会员制、董事会制、监督机制、征信机制等为慈善组织广泛应用。在民国六年九月(1917年9月)顺直省区(包括直隶、京兆两省区,即河北、北京地区)大水灾之后成立的香山慈幼院建立了总分院制,总分院制下的总院组织分为四股,即总务股(下设文牍课、注册课、统计课、卫生部、仪式部、考试委员会)、教育股(下设编辑课、视察课、体育部、图书馆、理化馆)、会计股(下设出纳课、核算课、资产课)、检察股(下设稽核课、保管课、工程部)。总院是慈幼院的行政总机关和枢纽。在总院之下设有六个分校,分别办理婴幼、小学、中学、职业、职工、大学六类教育。[①] 香山慈幼院采用董事会制,设会长、副会长、监理和院长[②],与当今慈善组织的治理结构基本相同。

近代慈善组织十分注重征信建设,通过多种方式证明自己账目清楚、业绩突出,主动接受政府和社会的监督。除向政府管理部门报告信息外,许多慈善组织还编制类似于今天的会计报告和工作报告的《征信录》,并且公开发行以及在神灵面前焚化。随着报刊的出现,慈善组织开始利用报刊公布收支信息,登报公示逐渐成为最普遍的征信方式之一。比如,在"丁戊奇荒"

---

① 参见周秋光:《近代慈善教育家熊希龄与北京香山慈幼院》,载《博爱》1997年第4期,第44—45页。
② 参见周宝红:《熊希龄与北京香山慈幼院》,载《陕西教育(高教)》2009年第11期,第19页。

之后，社会积极赈灾，依托江南善堂开展的义赈活动就利用上海的《申报》大量刊载捐款启示和收支清单。《征信录》和登报公示的信息都由慈善组织自己提供，其真实性仍然可能被质疑。借鉴西方的做法，民国时期的部分慈善组织开始引入第三方审查机制，聘请会计师查账和出具查账证明书。①

清末民初慈善组织的转型可以视作中国慈善组织的第一次转型，其主要特征是慈善组织的民间性增强，活动领域扩大，组织结构和管理制度更加完善。②

中国慈善组织的第二次转型发生在改革开放之后。1981年我国建立了第一家公益基金会，随后政府部门纷纷创建基金会，到1987年，全国基金会达到214家。从90年代初开始，民间力量开始兴办社会团体、民办非企业单位。1994年，中国第一家具有法人资格的佛教慈善组织——厦门南普陀寺慈善事业基金会成立，随后以河北佛教慈善功德会、厦门同心慈善会、无锡灵山慈善基金会等为代表的一大批佛教慈善组织相继成立，其他宗教慈善组织也陆续出现。2004年《基金会管理条例》颁布后，基金会得到较快发展，2008年，全国基金会数量达到1597个。2016年《慈善法》正式实施后，部分社会组织登记或申请认定为慈善组织，慈善组织开始发展。截至2019年年底，全国共有社会组织86.6万个，比上年增长6.0%，其中社会团体37.16万个，民办非企业单位（社会服务机构）48.71万个，基金会7585个。③慈善组织总量超过7500家。从数量上看，我国慈善组织（包括法律意义上的慈善组织和具有慈善功能的社会组织）已经具有一定规模，慈善组织化进展显著。

与数量增长相伴随的是慈善组织内外治理的完善。政府制定行政法规加强对慈善组织的规范管理，指引慈善组织加强法人治理建设。当前，慈善组织在组织结构、会议制度、信息公开等方面已经形成了基本规范，绝大多数组织能够按照政策要求和慈善业发展需求建立现代组织体制，专业化水

---

① 参见王林：《论中国近代慈善组织的征信方式及其演变》，载《山东师范大学学报（人文社会科学版）》2018年第4期，第84—93页。
② 参见周秋光、林延光：《传承与再造：中国慈善发展转型的历史与现实》，载《齐鲁学刊》2014年第2期，第82—87页。
③ 参见《2019年民政事业发展统计公报》，http://images3.mca.gov.cn/www2017/file/202009/1601261242921.pdf，2020年10月18日访问。

平不断提高。在信息技术高速发展的背景下，部分慈善组织还利用互联网技术完善组织治理，比如建立信息管理系统对会议、善款、项目等进行线上管理，又如多家慈善组织通过线上平台开展联合行动等。信息化能够有效提高慈善组织的运作效率，扩大慈善组织活动领域，是慈善组织化进程中值得关注的新现象。

从人均慈善组织数量看，目前我国慈善组织的数量还达不到英美等发达国家的水平，大规模的有影响力的慈善组织主要还是政府办的，慈善组织的整体公信力还有待提高，部分社会大众仍然缺乏对慈善组织的信任，更愿意进行面对面的捐赠和一对一的帮扶。这表明，我国慈善组织仍然有非常大的发展空间。在推进慈善现代化进程中，需要高度重视慈善组织的发展和完善，通过建立完善的慈善组织体系提高慈善活动的组织化水平，通过加强组织治理提高慈善组织的公信力，通过引入新科技新管理工具提高慈善组织的管理和运作效率。

第五章 慈善伦理的价值基础

进入21世纪以来,特别是汶川地震以后,中国的慈善事业进入了蓬勃发展的新时期。在汶川地震抗震救灾斗争中,中华民族守望相助,谱写了一曲民族精神的悲壮之歌。以此为契机,慈善的重要性在国人心目中得到了高度的认可,中国慈善事业的发展随之上升到了一个崭新的高度。《2018年度中国慈善捐助报告》显示,2018年全国接收国内外款物捐赠1624.15亿元,个人捐赠共360.47亿元,同比增长3.24%,个人捐赠处于近年最好水平。网络募捐总量继续提高,民政部指定的20家互联网募捐信息平台2018年共募款31.7亿元,较2017年增长26.8%。

如何从道德层面评价慈善行为和慈善现象?慈善活动中能否追求个人利益和商业利益?如何认识慈善行为中的伦理争议?要回答这些问题,首先要厘清慈善伦理的价值基础。慈善是一种高尚的道德追求,在个体层面体现了对人的尊重和关爱;在群体层面体现了对弱势群体权利和利益的帮助与维护;在社会层面彰显了社会公平正义。蕴含在慈善伦理背后的价值基础和思想渊源体现在以人为本、利他主义与分配正义三个方面。

第一节 以人为本

佩顿等在《慈善的意义与使命》一书中提出,慈善的使命和意义是改变世界,使人类过上好的生活。以人为本、关心人的福利、促进人的发展是慈善活动的基本追求,也是慈善伦理的价值根基。以人为本就是坚持人的主体地位,满足人的需要,尊重人的尊严和价值,这正是慈善活动的出发点和归宿,因此以人为本构成慈善伦理的重要价值基础。

一、西方以人为本思想溯源

英文中"humanism"一词具有多重含义,可以译成的汉语有"人文主义""人道主义"以及"人本主义"。古希腊时期,哲学研究由自然界转向人自身,"人本"的思想开始萌芽。希腊智者普罗泰戈拉说:"人是万物的尺度。"这句话是"以人为本"思想的最早表达。古希腊思想最吸引人的地方之一就是它是以人为中心,而不是以上帝为中心的。然而,进入中世纪,上帝成为一切的主宰,神是至高无上的,哲学也变成了"神学的婢女"。"人的理性只能补充简单的信仰,只有对上帝的爱才能达到最高的智慧。"[1]上帝成为这一时期的主题,教会统治着人们的思想,一切以上帝为中心,人的理性和价值统统被置于上帝的规定之下。[2]

人本主义的再次兴起是在14—16世纪欧洲"文艺复兴"运动中。这一时期人本主义主要表现为人文精神,它以古希腊、古罗马的文化为理论依据,宣扬人的自由意志,反对宗教桎梏,主张享受现实生活,反对宗教禁欲和彼岸天堂,提倡个性解放,反对封建等级制度,"它用人道反对神道,用人权反对特权,废除封建等级,主张个性解放,充当了资本主义产生时期市民阶级的意识形态"[3]。进入17世纪启蒙时期,人类自身和人本主义思想伴随着人类探索自然的进程发生了变化。以"天赋人权"为旗帜、以卢梭的契约论为理论依据反对封建特权和君权神授,提出"自由、平等和博爱"为基础的人道主义,即道德实践中的人本主义。"文艺复兴运动和启蒙运动把宗教神学对人本主义的反动进行了全面的清理,把人本主义思想从价值中轴的隐性地位突显出来,构成了人本主义的完成形态即人文主义。"[4]启蒙思想家从人的"自然权利"中倡导"自由""平等""博爱"的精神,提倡关怀人、爱护人、尊重人,形成以人为中心的一种世界观。从此,人本主义不再是存在于人的观念和信仰中,而是显现于人的现实生活世界中。

---

[1] 赵敦华:《基督教哲学1500年》,人民出版社1994年版,第410页。
[2] 参见李万军:《西方人本主义思潮的生成及其流变》,载《华中科技大学学报(社会科学版)》2014年第6期,第40—43、55页。
[3] 张晓平、张云秀:《神本、物本、人本——从"以人为本"的历史演变论其含义》,载《重庆交通学院学报(社会科学版)》2005年第2期,第1—4页。
[4] 潘洪林:《西方人本主义的沉浮》,载《云南社会科学》2000年第1期,第25—29页。

马克思对于以人为本也有独到的论述。马克思从人的生存的异化状态出发,提出恢复人的自由的有意识活动这一类本质,实现人的自我做主、自我主导、自我支配。因此,人的自由的有意识活动这一类本质是马克思人本思想的逻辑起点。在马克思著作中,"以人为本"的思想比比皆是,在主编《德法年鉴》时期、在1844年手稿中,甚至在《资本论》中以及之后的一些笔记中,都可以看到马克思对人的价值的热情推崇,以及对摧残人的价值的社会制度的无情批判。马克思在1843年致卢格的信中说:"专制政体的原则总的来说就是轻视人,蔑视人,使人不成其为人"。马克思的人生目标从一开始就是"为人类的幸福和我们自身的完善"。他的理论始终以阐发、解放和实现、发展人的崇高价值为目标。"以人为本"始终是他理论的价值取向。马克思抛弃了对人的本质的种种抽象规定,关心的是现实社会中的人。他在《关于费尔巴哈的提纲》中指出:"人的本质并不是单个人所固有的抽象物。在其现实性上,它是一切社会关系的总和。"马克思人本思想的价值诉求是无产阶级和全人类的解放。他把人当作目的,作为价值主体,尊重人、重视人、关心人,要通过无产阶级的解放,实现全人类的解放。无产阶级遭受的压迫形式是人类压迫形式的集中体现,只有打破这种压迫形式,才能最终解放全人类。

二、我国古代以人为本思想

我国以人为本思想源自古代"民本"思想。我国古代的人本精神在其初现端倪之际就开始了向民本主义的演化。我国传统民本思想将人的生命存在从神的束缚中解放出来,肯定人在宇宙中的中心地位。自周人的"敬天保民"思想开始,上天主宰一切的观念便逐渐遭到否定,神权逐渐失去了绝对权威地位。春秋时期的儒家思想进一步使中国文化摆脱了原始宗教的桎梏,中国文化走上以"民本"代替"神本"的道路。

孟子继承并发展了早期民本思想且在此基础之上提出了一整套以民为本的为君之道,即他的仁政方案。孟子曰:"民为贵,社稷次之,君为轻。"(《孟子·尽心下》)孟子从正反两个方面论证了施行仁政的必要性,《孟子·梁惠王上》载:"地方百里而可以王。王如施仁政于民,省刑罚,薄税敛,深耕易耨。壮者以暇日修其孝悌忠信,入以事其父兄,出以事其长上,可使制梃以挞秦楚之坚甲利兵矣。"孟子最后得出"仁者无敌"的结论。之所以无敌,乃是因为仁者能得民心;不行仁政则必失民心,失去民心则失天下。当然,先秦时期具有民本思想的思想家远不止孟子一人。《春秋谷梁传》即有"民者,君之本也"之说。孔子称赞郑国大夫子产:"其养民也惠,其使民也义。"(《论语·公冶长》)把"民"的问题放到为政的主要议事日程上,孔子还提出"庶民""富民""教民""利民"的主张。管仲在《管子·牧民》中提出:"政之所兴,在顺民心;政之所废,在逆民心。"

我国传统民本思想的本质在于保土安民、巩固王权。同时,与现代社会的民主制度不同,由于缺乏对专制权力的制度约束,传统民本思想也根本不可能消除中国的专制制度。传统民本思想的立足点并不是为了实现劳动人民的政治权力,其落脚点也不是为了满足广大人民的根本利益。相反,他们的思想主张大都是站在统治阶级的立场上,为实现统治者长久"王天下"的目标而提出的。可以这么说,由于受制于君主专制制度,传统民本思想赋予民众的政治权利在现实中难以兑现,这也决定了传统民本思想在理念和现实上存在着不可调和的矛盾,不可避免地具有深刻的历史局限性。

三、中国共产党人以人为本思想

在马克思主义理论的指导下,中国共产党的"以人为本"思想彻底否定了传统民本思想"君为民做主"的局限,以实际行动在政治实践中贯彻"人民主体观",确保人民主权的实现。从我国历史与现实来看,中国共产党成立100年的基本经验,最根本的一条就在于始终坚持了以人为本。"人"是指人民,所谓以人为本是以人民为根本、为中心,以人民群众的根本利益要求为最高价值标准的社会观念体系。中国共产党与其他政党的根本不同之处,就在于它确立了全心全意为人民服务的根本宗旨。中国共产党的这种性质和根本宗旨决定了共产党人必须坚持以人为本。因此,以人民为本,是中国共产党人一切工作的出发点和最终归宿。中国共产党从诞生之日起,就始终站在人民队伍中间,和人民同甘共苦。无论是在革命、建设还是改革的过程中,党与人民群众始终保持血肉联系,做到一切为了人民、一切相信人民、一切依靠人民,推动中国特色社会主义事业不断向前发展。无论是在革命、建设还是改革的过程中,党与人民群众始终保持着平等交往关系,并努力兑现"人民当家作主"的政治誓言。

毛泽东始终把实现人民的民主权利和平等地位作为主要政治取向。1949年6月,毛泽东在《论人民民主专政》中指出,人民是国家的主人,把保证广大人民当家作主、充分享有各种自由和民主权利、治理国家靠人民列为人民民主专政的重要内容。毛泽东指出:"一切政治的关键在民众。""不要民众,一切必然是漆黑一团"。① 以邓小平同志为主要代表的党的第二代领导集体,坚持并发展了"以人为本"的思想。邓小平向全党和各级领导干部提出时刻注意倾听人民的呼声、了解人民的疾苦、顺应民心民意的要求。邓小平把人民拥护不拥护、人民赞成不赞成、人民高兴不高兴、人民答应不答应作为制定各项方针政策的出发点和归宿。2000年2月,江泽民同志在广东省考察工作时首次对"三个代表"重要思想进行了比较全面的阐述。"三个代表"的出发点和落脚点就是为了人民群众,是为了更好地代表最广大人民的根本利益。党的十七大报告明确指出,"科学发展观,第一要义是发展,核心是以人为本"。胡锦涛同志曾多次强调:"心里装着群众,凡事想着群众,工作依靠群众,一切为了群众。要坚持权为民所用、情为民所系、利为民所谋。"中国特色社会主义进入新时代,坚持以人民为中心的发展思想是以习近平同志为核心的党中央以人为本执政理念的集中体现。党的十九大报告指出:"人民是历史的创造者,是决定党和国家前途命运的根本力量。必须坚持人民主体地位,坚持立党为公、执政为民,践行全心全意为人民服务的根本宗旨,把党的群众路线贯彻到治国理政全部活动之中,把人民对美好生活的向往作为奋斗目标,依靠人民创造历史伟业。"习近平总书记指出:"始终要把人民放在心中最高的位置,始终全心全意为人民服务,始终为人民利益和幸福而努力工作。"

总之,中国共产党传承了传统民本思想中的爱民、重民、顺民、养民、富民等政治智慧,更针对传统民本思想内容空位、制度失位、效果错位等历史局限,在思想内容、保障制度、实践效果上形成了独具中国特色的"以人为本"思想,实现了对传统民本思想的历史性超越。中国共产党以人为本思想

---

① 《毛泽东文集》第3卷,人民出版社1996年版,第202页。

成为中国特色社会主义慈善事业发展和慈善伦理体系建构的根本动力和价值基础。

案例5-1 以人为本的慈善传播:"我请你睡觉"

以人为本是公益慈善的本质,也是慈善传播的核心。"我请你睡觉"是由发作性睡病患者阿培发起的中国首个针对发作性睡病建立的公益慈善项目。发作性睡病是一种原因不明的慢性睡眠障碍,在中国大约70万患者中,不超过5000人确诊。然而,极低的社会认知与关注背后有着极高的社会安全隐患,有超过一半患者还有不同程度的抑郁倾向。"我请你睡觉"系列公益行动,凭借其以人为本的传播策略,满足互联网时代民众的公益参与兴趣和需求,在短短的几个月内获得了千万级的曝光量,产生了良好的慈善传播效果。借助微博话题接力的形式,"我请你睡觉"项目吸引很多"大V"接力转发,并成功获得"滴滴出行""秒拍"等六十多家企业的支持,吸引了众多年轻人的参与和行动。项目发起方还与多家企业与机构开展线上线下的联动,最大化地调动资源,得到公益领袖、明星以及"网红"的支持。"我请你睡觉"慈善项目立足于社会问题传播,从最核心、最具有黏性的人群入手,借助涟漪效应不断扩散,迅速地引起社会大众的关注,取得了良好的社会反响。

资料来源:https://gongyi.ifeng.com/hot/special/xdzlmrw2017/woqingnishuijiao.shtml,2020年8月19日访问。

第二节 利他主义

利他主义是一种信念,指一个人相信他应该在别人有需要时,通过牺牲自己的利益,帮助他人谋取利益。[①] 主张利他主义的学者相信,当一个人在行为上贯彻利他主义的思想,采取利他行为时,其助人行为动机必然只考虑了受益者的利益。从利他主义的内涵与特征来看,慈善伦理与利他主义

---

① See Edward O. Wilson, *Sociobiology: The New Synthesis*, Cambridge: Harvard University Press, 1975.

具有内在一致性。利他主义的价值观十分强调人们的道德自觉和道德认识。它要求人们必须自觉地认识到自身对于他人和社会的道德义务。利他主义是一种大公无私、舍己为人、不求回报、为他人牺牲自己利益乃至生命的崇高精神,这与慈善行为的伦理追求高度契合,因此利他主义成为慈善伦理重要的价值基础。

一、利他主义的内涵与特征

慈善伦理最基本的价值内核在于利他价值观。这种价值观要求人们首先要自觉地认识到自身对于他人和社会的责任与义务,明白要在积极的利他精神的指引下,实现对于他人和社会的责任和义务。"利他主义"(altruism)一词由19世纪法国实证主义哲学家和伦理学家孔德创造。在孔德看来,人既有利己的动机,也有利他的动机,人类的道德就是用利他主义来控制利己主义和自私的本能,利他主义道德观是维系社会秩序的积极力量。作为利己主义的对立面,利他主义是一种强调他人利益,颂扬为他人作出牺牲的高尚美德,并以此作为人类行为方式的准则和判断人性善恶标准的伦理学基础。

关于利他主义,不同学科的学者对其作了多方面的研究,并且给予了众多的定义。比如,社会生物学家将利他行为定义为一种"对履行这种行为的有机体明显不利,而对另一个与自己没什么关联的有机体却有利的行为"。社会学家把利他主义界定为"对他人有利而自损的行为"。社会心理学与社会生物学、社会学、经济学的观点不同,认为单一的因素并不能很好地界定利他行为,利他行为是多种因素共同作用的结果。社会心理学家认为,利他主义行为至少包括两方面因素:意向以及行为中的获得与付出的代价。以利他动机为基础的利他主义行为有以下特点:一是必须对他人有利;二是必须是自愿的;三是行为必须是有意识且有明确目的;四是所获得的利益必须是行为本身;五是不期望有任何精神和物质的奖赏。最后一点是利他行为确实不需要任何外部奖赏,但也不可排除来自利他行为者内部的自我奖赏(即行为主体感知到做好事带来的满足感)。客观地说,这种内在的自我奖赏有可能是以潜意识的形式存在于利他行为者的意识中,只不过在行为时不一定能意识到。行为完成以后,这种自我奖赏的感觉就会被意识到。① 根据前人大量的研究,影响利他行为出现的因素可以归结为以下四类:一是助人者的特征,包括年龄、性别、社会角色、个性特征等因素;二是情境特征,包括利他行为发生时的客观环境和助人者的主观环境,如心境;三是被助者的特征,比如老人和儿童更容易得到帮助;四是文化特征,利他行为是一种社会行为,当然要受到一定文化背景下价值观、行为规范的制约。因此,属于不同文化背景下的人们,会有着不同的利他行为表现。但是,大多数社会心理学家都认为,利他主义行为从根本上说还是一个道德问题。

二、人性利他的理论解释与利他主义的类型

在西方伦理思想史上,关于人性本质自私或美善的争论由来已久。霍布斯在机械唯物主义基础上建立了他的道德理论体系,强调在自然状态下个人的行为动机是为了追求自身的利益和安全。亚当·斯密认为人的本性是贪婪和自私的,个人的一切活动都受利己心的支配。达尔文第一次把进化论与伦理学联系起来,奠定了进化伦理学的理论基础,强调自然进化过程与社会进化过程的连续性和统一性,认为道德不过是进化过程中的一个较为高级的阶段而已。人类的一切活动同其祖先一样,是为了保护和延长自己的生命。因此,人类行为的善恶就是以是否有利于生命的自我保护和繁衍为尺度,即有利于生命者谓之善,有害于生命者谓之恶。人之利己是生命本身决定的,任何人首先必须通过利己来维持自身的生存,实现自我保存,只有在此基础上才有可能做出有利于他人的行为。相反,从柏拉图的乌托邦到卢梭的社会契约论再到克鲁泡特金的互助论都主张人性本质上是善良的。友爱、互助、合作与和谐是人性的基础,高尚的道德是人类先天的本能。那么,究竟如何看待人性的善恶、利己与利他之间的矛盾呢?

20世纪40年代以来,生物学家通过对动物利他行为的观察、分析和研究,揭示了利他与利己、竞争与合作的关系,并运用博弈论方法成功解释了动物利他行为及其进化机制。威尔逊把人类利他主义分为无条件利他主义和有条件利他主义两种形式。他认为无条件利他主义通常以家族或部落为

---

① 参见彭茹静:《利他主义行为的理论发展研究》,载《江西社会科学》2003年第7期,第221—223页。

单位，通过自然选择或亲缘选择得以进化。无条件利他服务的对象主要是近亲属，在这种情形下，利他者不求任何回报，不受社会奖励和惩罚的影响，表现出无私的忘我。有条件利他主义的实质则是自私的"利他者"。有条件利他指的是在社会中个体与远亲或不相干的个体交往，通过社会契约达到互惠互利。这种利他行为完全是有意识的。虽然在社会中普遍存在，但互惠性是关键。在威尔逊看来，如果片面地强调利他主义的道德性，只注重为他人作出牺牲，完全忽视个人利益而走向另一个极端，同样是"人类文明的敌人"。非理性和盲目的利他主义必然给利他者和受益者双方带来负面效应。[①]

　　伦理学意义上的利他主义，强调为了他人完全舍弃自己的利益，这就陷入了道德与利益的困境，不利于社会主义市场经济条件下道德与利益、利他与利己的协调统一，也不利于包容多样化的慈善动机与慈善行为，可能对慈善事业的快速发展构成制约。有学者认为，人类社会存在着三类利他主义，即亲缘利他主义、互惠利他主义和纯粹利他主义。亲缘利他主义是指在家族内部存在的，为自己的亲属提供帮助或作出牺牲的行为。这种利他主义只限于亲属之间，并且与亲近程度成正比。例如，父母对子女的关爱和无私奉献，兄弟姐妹之间的互助互爱和相互奉献等。有时为了挽救子女或兄弟姐妹的生命，父母或某个兄弟姐妹不顾自己的安危甘愿捐出某个器官，或者子女为父母捐出器官的行为都属于亲缘利他主义的范畴。互惠利他主义是一种非亲缘关系人群之间的互助互爱和相互帮助的行为，互惠利他主义之所以在远亲或毫无血缘关系的个体中存在，互惠性是关键。两个或两个以上没有血缘关系的人之所以能建立互助合作关系，是因为他们能获得合作所带来的更大利益。尤其是在部分利益冲突时，一个人采取合作策略而不是竞争策略更有利于自身利益。在很多情况下，一个人的利他行为比利己行为更能获得竞争中的优势，并且能够在激烈的竞争中取胜。另外，人类社会还存在一种既不出自亲缘关系也不期待回报的纯粹利他主义。利他主义者一心想到的是他人，并没有考虑自己的利益，因而被看作一种崇高的道德品质。纯粹利他主义通常表现为无偿给生命垂危的人献血，对乞丐

---

① 参见刘鹤玲：《利他主义新理念与和谐社会的构建》，载《伦理学研究》2010年第6期，第20—22页。

倾囊相助,给需要帮助的人伸出援助之手,以及为搭救他人献出自己生命的英雄壮举等,这是慈善伦理所要倡导和弘扬的一类利他主义。

纯粹利他主义无疑是一种极为高尚的行为价值观,自然是慈善事业和慈善伦理追求的价值诉求,但互惠利他主义的积极作用也是不容忽视的。虽然从道德评价标准看,利人利己的互惠利他主义不比单纯利他的纯粹利他主义更高尚更伟大,但互惠利他主义是建立在合作与共赢基础之上的,是一种既能给他人带来好处又能增进自身利益的经济行为,它是慈善事业中不可或缺的既符合道德规范又同时满足慈善主体与客体自身利益的行为,同样值得大力提倡。在慈善活动中,利己且利他的互惠慈善实现了捐赠者与受赠者双赢,捐赠者与受赠者是处于同一时间场域之中的。而纯粹利他的慈善,其受利主体只有受赠者。片面强调纯粹利他,必然会推拥人们向那难以企及、仰之弥高的善奋进,让道德的崇高遮蔽了利益的现实性,难以推广和实现;而作为互惠利他的慈善,兼具道德的崇高性和利益的现实性,更便于推广和实现。

案例 5-2　丛飞式慈善

1994 年,歌手丛飞参加在四川成都举行的失学儿童重返校园义演,并将身上 2400 元悉数捐出去资助当地 20 个贫困小学生两年的学业。自此丛飞开启了长达 11 年的慈善资助。1994 年至 2005 年的 11 年间,丛飞为了给那些贫困家庭孩子带去希望,资助这些孩子上学,一直都是一腔热血,即便在义演的路上要耗费大量的时间和精力也毫无怨言。1998—1999 年,丛飞为了公益的义演活动,多次推掉数场商业演出,为此还赔付了高额的违约金,而为义演等公益活动的捐赠金额每次都过万元,为了公益,丛飞从来都没有一丝一毫的犹豫。2005 年,丛飞被评为"感动中国 2005 年度人物"。据不完全统计,丛飞一生的义演多达 300 多场,先后资助贵州、湖南、四川等贫困山区的贫困失学儿童和残疾儿童近 180 多名,捐助残疾人超过 150 人,认养孤儿 37 人,义工服务总时长超过 6000 小时,捐赠总金额超过 300 万元,可以说丛飞的一生是通过倾家荡产、自我牺牲来做慈善。

生活中的丛飞一直过得格外简朴,他自己的家才 58 平方米,唯一值钱的物品是一架旧钢琴,衣服穿旧了也不舍得扔掉,还一直反复地穿。由于所赚的钱都用于公益,所以并没有真正意义上的积蓄。为了更好地帮助那些儿童,丛飞总是拼命地赚钱,超负荷地参加公益活动。丛飞在2005年5月被确诊患有胃癌,当时的他连一万元的住院费都拿不出来。即便在病重期间丛飞也不忘公益,将最后仅有的钱全部捐赠出去,甚至逝世前还提出了器官捐赠的愿望。2006年4月20日,丛飞因病治疗无效在深圳逝世。

资料来源:《丛飞:住58平房子,倾家荡产做慈善,妻子30岁离世,自己37岁离世》,https://dy.163.com/article/FCNJ6FCO05430BKA.html? referFrom=baidu,2020年8月19日访问。

第三节　分配正义

慈善事业通过财产赠与、公益事业等方式,将资源直接或间接地转移给社会的弱势群体,以此帮助这些群体平等地实现自身的生存及个人自由发展,是一种以平等为价值追求的社会财富第三次分配。慈善对财产的这种再分配,其标准和幅度通常是依据客观需要。换言之,慈善的分配方式是按照需要的分配,也就是按需分配。而从整体的效用角度来说,将一人多余的财物转移给那些迫切需要的弱势群体,不仅能够更加充分地促进分配功效的最大化,而且是实现分配正义的体现。因此,分配正义是慈善捐助行为的目标追求,也是慈善伦理的重要价值基础。分配正义作为人类所追求的价值理想,在不同的历史阶段和不同的历史时期有不同的正义诉求。几千年来围绕分配正义问题,许多西方思想家从不同的视角、不同的立场,各自呼应时代的需要,并根据当时社会发展实际情况与未来走向进行了探讨和研究,提出了不同的分配正义理论。

一、亚里士多德的分配正义观

亚里士多德是西方最早系统论述分配正义的思想家。首先,亚里士多德提出正义是一种美德品质,这种品质使一个人倾向于做正确的事情,使他做事公正,并愿意做公正的事。亚里士多德指出,在所有美德中"正义是德性之首",因为"唯有正义才是'对于他人的善'","正义所促进的是另一个人的利益"。① 其次,亚里士多德明确地提出了作为具体正义的分配正义。亚里士多德认为,分配公正就是比例,不公正就是违反了比例,出现了多或少,这在各种活动中是经常碰到的。他又指出,个人情况差别是比例分配的依据。每个个体有不同情况,要根据他们个人的情况来分配,比如门第、血统、贡献等。亚里士多德认为:"政治权利的分配必须以人们对于构成城邦要素的贡献的大小为依据。所以,只有人们具有的门望(优良血统)、自由身份或财富,才可作为要求官职和荣誉的理由。"②因此,在亚里士多德看来,分配比例平等的参照物就是等级、地位、身份、贡献等,分配正义就应讲究差别,拉开档次。即分配中必须考虑个人的条件,这样才是做到了按照比例分配。如果与此相反,完全均等分配,则是不正义的。亚里士多德的分配正义就是给予不同的人以不同的对待,倘若两人社会地位不平等,那么他们在要求社会财富、政治权利及个人名誉方面就不能平起平坐,不分彼此。

值得注意的是,亚里士多德没有将照顾穷人弱者认为是分配正义问题,他认为对穷人的救济是慷慨的体现。亚里士多德指出:"城邦均由两个部分组成,即由穷人与富人组成","世上常常是富户少而穷人多"。"显贵阶层中心胸慈善、慷慨大度的人常常周济穷人,使他们有了某种生计","让穷人们也能使用富人的财产"。③ 亚里士多德还把慷慨看作高贵的德性,因为"慷慨的人的特征主要是把财物给予适当的人"。"德性在于行善"。亚里士多德认为,道德慈善要讲究有效方法,要避免纯粹把财富无偿分发给平民,他说:"大家一而再地得到,必然无休止地想再得到,这样周济穷人就好比往漏杯中注水。"④可见,在亚里士多德那里,美德是财富分配的根据,对弱者和穷人的照顾是慈善和施惠,是一种慷慨的德性,而不是分配正义的内容。

二、康德的分配正义观

与亚里士多德建立在不平等基础上的分配正义观不同,康德是从论证人人权利平等来表现他的分配正义思想和对待贫困弱者的态度的。康德清

---
① 〔古希腊〕亚里士多德:《尼各马可伦理学》,廖申白译,商务印书馆2003年版,第127页。
② 〔古希腊〕亚里士多德:《政治学》,吴寿彭译,商务印书馆1981年版,第150页。
③ 苗力田主编:《亚里士多德全集:第九卷》,中国人民大学出版社1994年版,第222页。
④ 同上书,第221页。

晰明确地提出了所有人平等的观点。康德说,任何一个人,一个理性的人,"都是作为本身目的的存在,而不是他人的手段"①。每个人都有"绝对价值",这就是平等的价值。美德的本质就是表现和帮助创造由平等、理性的人组成的群体,在这个群体中人人平等,每个成员的价值都得到尊重,帮助他们获得较好和体面的生活,或者至少帮助他们确保实施理性意志所需要的最低生存需要,就成为一种义务而不是善意的行为。即"照顾穷人是每个人的义务的观念,是道德上处于同等地位的人相互之间义务的一部分,不是某些人特殊美德的表现"②。

  依据正义的普遍原则,康德提出了分配正义理念:"把各人自己的东西归给他自己。"这就是我们通常所谓的"正义"——给予每个人其所应得的东西,康德称之为"分配正义",它指的是一种权利的分配,是对人作为权利主体之地位的承认,它先天地决定了我们必须进入以"法律状态"为标志的"文明状态"。"进入这样一个状态吧,在那儿,每人对他的东西能够得到保证不受他人行为的侵犯。"③由此看来,康德分配正义理念实际上是对正义主体权利的肯定。与此同时,康德的分配正义理念是对国家作用的积极肯定。康德认为,如果国家不贯彻分配正义,那么就没有真正的个人权利可言。

  康德认为,只有国家在贯彻分配正义的前提下以国家权力的形式保障个人应有的权利,使其免于受到侵犯,个人的权利才能得到保障。康德敏锐地指出国家管理对穷人的救济比私人的慈善有道德优势。因为康德注意到,给人施舍"抬高了施舍者骄傲"的同时"贬低"了接受者。康德意识到,慈善使施舍者和接受者之间划出了隐含的等级界限。当我给别人施舍的时候,自我感觉比接受帮助者优越。因此,我在从物质上帮助他的时候,却从道德上贬低了他。康德的分配正义理念是对国家作用的积极肯定。在他那里,分配正义是与国家强制联系在一起的,换言之国家凭借权威和权力将富人的财富施惠于穷人是应尽的责任。康德认为,应由国家管理对穷人的救济,政府是通过收税为穷人提供救济的,每个人都有做出贡献的义务,为穷人提供的救济变成了权利而不是恩惠。他说,政府强制富人为无法得到最

---

① 〔德〕康德:《法的形而上学原理》,沈叔平译,商务印书馆1991年版,第48页。
② 〔美〕塞缪尔·弗莱施哈克尔:《分配正义简史》,吴万伟译,译林出版社2010年版,第102页。
③ 〔德〕康德:《法的形而上学原理》,沈叔平译,商务印书馆1991年版,第48—49页。

基本生存需要的人提供生存条件,是建立国家社会契约的一部分。①

三、罗尔斯的分配正义观

罗尔斯的正义理论是 20 世纪 70 年代以来西方分配正义思想的最典型代表。罗尔斯《正义论》的问世标志着西方政治哲学关于正义问题讨论的一个巅峰,它被称为西方 20 世纪最重要的道德和政治哲学著作。整体而言,罗尔斯的正义理论是关于如何更好地实现"分配正义"的理论,他提出的正义两原则在相当长的时期内支配着西方关于正义问题的讨论。

罗尔斯正义理论最大的特色在于其对于平等的特别关注,因此他的学说可以被最精简地概括为"作为公平的正义"。罗尔斯认为:正义的原则来自一种理性所设计的订立契约的"原初状态"。在这种原初状态中,选择者所要达到的公平契约也就是正义的原则。正义起源于自然法,正义就包括在自然法之中。罗尔斯首先提出了"无知之幕"的假设。它是对处于原初状态中主体智识情况的假设,包括没人知道自己的阶级出身和社会地位,人们无从知晓具体的善、自己生活计划的具体内容和心理特征,各方不知道自己所处社会的经济政治状况及文明程度。罗尔斯认为处于"原初状态"下"无知之幕"中的人们,在订立契约的时候最终会选择罗尔斯提出的正义原则,据此成立的社会是具有永恒正义的社会,这个社会中的经济、政治、法律等制度是通过人们在"无知之幕"下订立契约的方式所产生的。

罗尔斯认为,处于"无知之幕"状态下的人们选择的正义原则包括两个方面。第一,自由平等原则。每个人都有和所有人同样的最广泛平等的基本自由体系。公民的基本自由有政治上的自由,包括选举权与被选举权,言论、出版、集会、结社自由;保障个人财产的权利;依法不受任意逮捕和剥夺财产的自由。第二,机会平等与差别原则。社会和经济的不平等应该满足两个条件:(1)机会平等的条件下公职和职位要对所有人开放。(2)要有利于社会上处于最不利者的最大利益(差别原则)。在这些原则的应用次序上,罗尔斯认为第一原则固定不变地优先于第二原则,第二原则中的机会平等原则固定不变地优先于差别原则。罗尔斯的第一原则是确定和保障公民

---

① 参见庞永红:《从慈善到正义——西方分配正义中的弱势群体观探究》,载《贵州社会科学》2012 年第 10 期,第 19—23 页。

的平等自由,包括政治上的自由、言论与集会自由、良心自由和思想自由以及个人财产的自由。罗尔斯强调这些自由都要求一律平等,因为一个正义社会中的公民拥有同样的基本权利。第二原则主要适用于收入和财富的分配。罗尔斯说,虽然财富和收入的分配无法做到平等,但它必须合乎每个人的利益。他认为,在现实生活中,由于自然资源相对匮乏,人们主要倾向于关心自己的利益,都希望按照有利于自己的价值标准按比率进行分配,于是就会出现以何种价值为标准进行分配的问题。罗尔斯认为,个人的出身、天赋等是一种自然的、偶然的因素,不应该成为进行道德上善恶评价的依据,如果把它们作为分配的依据是不恰当的,或者说是不道德的、不公正的。①

罗尔斯指出正义的目的是通过建立适当的社会基本制度,对公民的基本权利和义务进行合理的安排,以及对社会合作所产生的利益和负担进行合理的分配。他同情弱者,关心处境最差者,强调平等,希望尽量消除天赋差别。罗尔斯认为社会和经济的不平等只要结果能给每一个人,尤其是那些最少受惠的社会成员带来补偿利益,使社会的权利与义务的分配尽可能地达到公正与合理,它们就是正义的。对于社会经济结构如何建构以实现公平正义的问题,罗尔斯主张将国家功能扩大到分配领域。他特别关照处境最差的群体,认为国家要对弱势群体承担责任。他倾向于寻求政府积极性的施政来达成某些社会公平正义目的,因而主张政府在社会经济正义考虑下必要时采取诸如课征累进税、扩大公共支出及推动福利制度建立、强制教育及反歧视法案规制等具体措施,以求缩短贫富差距,寻求比较实质性的机会均等以实现社会经济正义的理念。

因此,按照罗尔斯的分配正义观来看,作为第三次分配的慈善事业使弱势群体在前两次分配中所丧失的"应得"在第三次分配中尽可能地重新获得弥补,因此国家和社会大力发展公益慈善事业符合罗尔斯提出的对社会上最少受惠的人最有利的正义原则,既保护了弱势群体的利益,又促进了社会公益事业,更为重要的是维护了社会公平正义,是对前两次分配遗留下的社会不正义问题,尤其是对分配不正义的修补。

---

① 参见何建华:《罗尔斯分配正义思想探析》,载《中共浙江省委党校学报》2005 年第 5 期,第 31—36 页。

第六章 慈善组织公信力

我国《慈善法》规定,慈善组织是指依法成立、符合本法规定,以面向社会开展慈善活动为宗旨的非营利性组织。慈善组织可以采取基金会、社会团体、社会服务机构等组织形式。慈善组织的资源来自社会,服务对象也来自社会。公众和整个社会对慈善组织的信任对慈善组织生存和发展尤为关键。近年来,我国慈善事业蓬勃发展的同时,慈善组织公信力却面临挑战,从中国红十字会的"郭美美事件"到中华慈善总会的"尚德诈捐门",再到中国青少年发展基金会的"中非希望工程——卢美美事件",慈善信任风暴愈演愈烈,部分慈善组织面临信任危机。慈善组织公信力丧失不仅会损害慈善组织的社会声誉,还会影响慈善组织的捐款来源和社会对慈善组织的支持。因此,公信力被视为慈善组织的生命线和灵魂。

第一节 慈善组织公信力概述

一、慈善组织公信力的内涵

关于慈善组织公信力的内涵学界给出了不同的界定方式。有学者指出,慈善组织的公信力是指社会和公众对社会组织的认可度、信任度和满意度。有学者认为,慈善组织的公信力是指公众对慈善组织的信任程度,其内涵既有捐赠人对慈善组织的信任,也有受助人对慈善组织的信任,亦有普通公众对慈善组织的信任。还有学者认为,所谓慈善组织的公信力,主要指政府和公众对慈善组织的认可及信任程度。① 我们认为,公信力是慈善组织在长期发展过程中日积月累而形成的,体现了慈善组织被社会公众所认可、信任乃至赞美的程度,也是慈善组织自身魅力和美誉度的体现,是反映慈善组织在社会中的影响力和号召力的一个综合性范畴。②

慈善组织的公信力是慈善事业的灵魂。一方面,公信力是慈善组织存在和延续的基础,也是决定慈善组织筹款能力强弱的主要因素,而筹集善款的能力又是慈善组织生存和发展的前提条件。另一方面,慈善组织的筹款能力、美誉度、社会影响力和权威性,都是以慈善组织的公信力为根基的。失去公信力,慈善组织就成为"无源之水""无本之木",就失去了慈善组织存续的根基——社会公众的信任,也就失去了市场和空间。

二、慈善组织公信力的内在结构

慈善组织公信力的基础性构成要件应该涵括合法性、诚信、信息公开、绩效、社会使命感、专业化程度等六个方面,这六个方面相互补充和促进,共同构成了慈善组织公信力的综合指标体系。

第一,合法性是基础。合法主要是指慈善组织遵守相关法律规定,按照有关程序,通过在政府部门注册登记以获得合法身份,成为法人实体,从而享有一定的权利和承担相应的责任。它直接反映了慈善组织遵守法律法规的意愿与程度,更是社会公众参与慈善组织最基本的前提考虑。

第二,诚信是根本。诚信主要是指慈善组织与慈善相关主体间的互动关系应该遵循的原则,具体包括:一是对捐赠者诚信,慈善组织要诚实地推介自己,按照捐赠者的意愿开展慈善活动,严格履行对捐赠者的承诺;二是对受助者诚信,严格按照标准、不偏不倚地救助受助者,避免局部狭隘利益的限制;三是对同行诚信,慈善组织与其他慈善组织和慈善团体之间应互通有无、相互合作、彼此信任。

第三,信息公开是关键。信息公开主要是指慈善组织通过一定的渠道

---

① 参见石国亮:《慈善组织公信力重塑过程中第三方评估机制研究》,载《中国行政管理》2012年第9期,第64—70页。
② 参见侯利文:《被困的慈善:慈善6组织公信力缺失及其重建》,载《天府新论》2015年第1期,第99—105页。

将慈善公共信息进行公开与公示的过程,即慈善组织对利益相关者诉诸内部管理信息的透明程度以及对相关慈善活动涉及的人、财、物的公开程度。比如慈善组织内部的人事变动、组织的战略规划、组织的财务透明程度,尤其是慈善款项的来源、善款的具体使用状况等信息的公开透明。信息披露基础上的透明是保证慈善组织公信力的关键。

第四,绩效是保证。运作绩效体现了慈善组织对慈善资源的配置效率,即充分利用每一位捐赠者的捐款来实现最大慈善救助产出的能力和调剂余缺的能力,良好的组织绩效是社会公众对慈善组织功能认可的保证。

第五,社会使命感是灵魂。不同类型的慈善组织,虽然帮扶领域和开展的活动会有所不同,但使命却都有一个共同的归宿,那就是促进社会公益。

第六,专业化程度是补充。一是慈善组织机构自身专业化程度,包括组织运行的独立化、主体性,组织架构、规章制度的规范化、制度化程度等;二是慈善组织的实践者或慈善从业人员的专业化程度,包括专业、学历、年龄等方面;三是慈善活动开展过程中问题处理能力的专业化与经验的累积程度等。[①]

三、慈善组织公信力的外在表征

慈善组织作为一个组织实体,也存在一些明显的外在表征,主要包括社会性、非营利性、自治性和透明性等。

第一,社会性是体。慈善组织的社会性是指慈善组织是由民间发起成立且进行社会化运营的组织。这是慈善组织秉承社会使命感的内在要求,也是提升专业化程度的题中之义。

第二,民间性是场。慈善组织与政府组织是两种性质截然不同的公共组织,分别在不同的场域中运作,遵循着不同的运作逻辑:政府组织遵循的是行政逻辑,服从命令是其显著特点;社会组织遵循的是公益逻辑,合作共赢是其运作特点。慈善组织要坚持其公益性,就应当是去行政化的、保持民间性。

第三,非营利性是本。慈善组织与企业组织最大的不同就在于其非营利性。慈善组织以公共利益最大化为宗旨,不以营利为目的,不能为其个别

---

① 参见侯利文:《被困的慈善:慈善组织公信力缺失及其重建》,载《天府新论》2015年第1期,第99—105页。

成员谋取不正当利益,其合法运营产生的效益也不能向其成员分配。

第四,自治性是核。慈善组织有一定的主体性和独立自主意识,能够独自决定和处理内部事务与外部关系,这是保障慈善组织公信力不可或缺的一项要件。自治性一方面体现在慈善组织具备按照组织宗旨和规范制度处理组织内部一切事务的能力,另一方面体现在慈善组织能够独立地处理与政府以及企业之间的关系,不顺从、不依附,具有讨价还价与公平博弈的能力,这也是慈善组织保持高绩效的关键。

第五,透明性是窗。"阳光是最好的防腐剂,灯光是最好的警察。"透明是信息公开的必然结果,它要求慈善组织必须将信息公开作为其公信力建设的重中之重和主要着力点,让慈善在阳光下运行,让信息在公众知情中扩散。从某种意义上说,运作透明是对慈善组织的道德要求,更是慈善组织的生存之道和公信力建构的关键所在。①

案例 6-1　基金会防疫筹款信息公开

在 2020 年新冠肺炎疫情防疫工作中,去除红十字会、慈善会系统的基金会,截至 4 月 8 日,《公益时报》记者查到募款额在 1000 万元以上的基金会共有 38 家,总募款达到 30.08 亿元,平均每家基金会 0.79 亿元。《公益时报》记者按照以下五方面进行了梳理:第一,是否及时公布收入明细(至少 7 天内);第二,是否及时公布支出明细(至少 7 天内);第三,是否及时公布捐赠总额(至少 7 天内);第四,是否及时公布支出总额(至少 7 天内);第五,是否设置了专题进行信息汇总。通过信息查询发现,38 家基金会都通过官方网站、微信、微博等不同渠道,或多或少进行了防疫募捐工作的信息披露。尽管披露的频率不同,但其中 32 家基金会能够直接查到总的捐赠收入和支出,28 家基金会能够查到收支明细,其中有 12 家可以达到或接近上述五项标准。

资料来源:《防疫筹款千万以上的 38 家基金会,仅 31% 达到湖北红会等指定机构信息公开水平》,http://www.gongyishibao.com/html/yaowen/18533.html,2020 年 10 月 13 日访问。

---

① 参见侯利文:《被困的慈善:慈善组织公信力缺失及其重建》,载《天府新论》2015 年第 1 期,第 99—105 页。

第二节 慈善组织公信力的功能与来源

一、慈善组织公信力的功能

公信力在慈善事业中发挥着重要功能,它是慈善组织存在的基本前提,影响着慈善捐赠和慈善形象,关系着慈善事业的持续发展、慈善文化的弘扬和社会建设的有序推进。概括起来,慈善组织公信力的基本功能体现在以下五个方面:[①]

(一)公信力是慈善组织存在的合法性基础

慈善组织没有政府部门所拥有的行政权力,也没有企业那样的经济实力,其存在与发展的生命力在于凭借良好的信誉,通过为社会提供高质量的公共服务在社会上产生广泛的影响,进而把组织的良好声誉转换成无形资产,争取得到各方面的资源支持,从而实现慈善组织的使命。这也是慈善组织获得社会和政府认可的前提。慈善的本质和最高境界就是道德事业,慈善信用体现着信用的最高境界,是社会信用的一种底线。慈善组织如果出现了"道德赤字"和公信力丧失,公众对慈善组织不再认同、支持和信任,慈善组织就会陷入合法性危机。

(二)公信力是慈善事业持续发展的前提条件

慈善组织以社会捐赠为存续基础,公众的慈心和善念是其捐赠的根本,但对慈善组织的信任则是决定其捐款的最重要因素,所以慈善组织自身的公信力决定了公众捐款的可能性。研究表明,捐赠数额与社会公信力呈正相关关系,捐赠者之所以将自己的财富交给慈善组织,是基于对慈善组织资质和运作能力的信任。慈善组织与个人、企业、社区之间信任关系的建立,有助于慈善组织深入社区开展慈善活动,有助于慈善参与者建立各种形式的联合,扩大慈善事业的规模。

[①] 参见杨思斌、吴春晖:《慈善公信力:内涵、功能及重构》,载《理论月刊》2012年第12期,第158—162页。

（三）公信力有助于慈善组织吸引优秀人才

职业声望和薪酬是吸引人才的两大因素。慈善行业和慈善组织公信力的提高，有利于提升慈善行业的职业声望，吸引更多的优秀人才从事慈善工作。同时，公信力强的慈善组织由于能筹集到更多的资金，可为工作人员提供较高的薪酬待遇，所以能招收到更加优秀的专业人才，进而提高慈善机构的组织能力，这又会进一步增强公信力。

（四）公信力决定着慈善文化建设的成效

慈善文化是发展慈善事业的精神动力。中国的慈善文化建设需要把人道主义、人文关怀与中华民族的仁爱美德有机结合起来，在全社会形成团结互助、扶贫济困的良好风尚，形成平等友爱的人际环境。这就要求慈善组织必须从社会发展的大视野中把准自己的角色定位，将以爱心和利他主义价值为核心的慈善精神放到社会主义核心价值体系中进行提炼、传播，形成良好的社会慈善氛围，整合慈善资源，推动慈善事业的可持续发展，而这一切都离不开慈善公信力。慈善如果没有了公信力，慈善事业"爱和善"的核心价值就会垮塌，普及慈善教育、弘扬慈善文化，增强公民的慈善意识，扩大慈善事业的影响力和感召力等就会难以实现。

（五）公信力决定了慈善组织在社会建设中功能的发挥

慈善事业是社会保障体系的重要补充。慈善能够克服市场和政府的局限，充分调动社会资源进行济贫扶弱，有助于调节社会利益矛盾、促进社会公平。缺少了公信力保障，公众无法通过正常渠道了解所捐款物的数量及使用情况，势必会大大影响慈善组织在公众中的认可程度，慈善组织和活动的合法性、合理性，都会受到怀疑和诟病，公众捐赠的热情会受到挫败，社会慈善产品和服务的供给量会减少，慈善事业的发展无法持续。这种状况自然无法让慈善充分发挥其作为社会保障体系有机组成部分的作用，也不可能实现其社会财富第三次分配的功能。

二、慈善组织公信力的来源

祖克尔认为，信任的产生机制包括三种类型，即信任来源于交往过程，来源于某种特征,来源于法制。① 具体来说,交往过程中根据对方的声誉给予信任,具有社会相似性的双方容易建立信任,法制为人们的行为提供了确定的保障,也能产生信任。因此,有良好声誉的慈善组织能够引发公众的信任。而人们对慈善组织声誉的判断依据是与慈善组织相关的信息,人们与慈善组织的价值观念越相似,对慈善组织的期望落差越小,就会越信任慈善组织。②

(一)信息与慈善组织公信力

公众在与慈善组织的互动中获取信息是慈善组织公信力的重要来源。慈善组织与公众的互动方式有直接和间接两种,对慈善组织的公信力会产生不同的影响。直接互动依据的是一手信息。行为良好的慈善组织更易获得与之直接互动的人的信任,这是很多慈善组织邀请捐赠人参与项目考察的原因。在慈善组织与大额捐赠人的持续直接互动中会不断产生正向回馈信息,信任得以快速积累。间接互动依据的是二手信息。慈善组织通过媒体与公众的互动就是一种间接互动。在这种互动关系中,媒体扮演着关键角色。媒体对慈善组织的报道直接影响慈善组织的声誉和公众对慈善组织的信任程度。英国慈善委员会慈善组织公信力的调查结果表明,媒体对慈善组织公信力有很大影响。有16%的人因为看到有关慈善组织的故事而增加了对慈善组织的信任,有22%的人因为看到媒体的负面报道而对慈善组织的信任度下降。

对于普通公众而言,很少依靠第一手信息,大部分依靠二手信息来判断是否给予慈善组织信任,而公众拒绝给予信任依据的信息也主要是二手的。所以,面向大众筹款的慈善组织,在管理好一手信息的同时,应该投入更多精力关注二手信息的传送。对于以少数大额捐赠人捐赠为主的慈善组织,一手信息更为重要。即使经历公众的信任冲击,慈善组织与少数大额捐赠人建立的长期稳定的信任关系也不会受到太多影响。信息的真实、权威、可靠有时很难依靠自身来证明,而须借助社会公众相信的第三方力量,如政

---

① See L. G. Zucker, Production of Trust: Institutional Sources of Economic Structure, *Research in Organizational Behavior*, Vol. 8, No. 2, 1986, pp. 53-111.

② 参见张祖平:《慈善组织公信力的生成、受损和重建机制研究》,载《上海财经大学学报》2015年第4期,第21—29页。

府或社会评估机构。政府建立监管部门、权威的信息发布平台和虚假信息惩戒机制，是保护慈善组织声誉和公信力、避免假消息满天飞的重要举措。

（二）期望与慈善组织公信力

如果被信任者的行为达到或超出了信任者的期望，双方的关系就会得到巩固或加强，信任者会持续信任被信任者。慈善组织要明白公众对他们的期望是什么，捐赠人把有价值的款物托付给慈善组织，就同时赋予了慈善组织把捐赠款物用好的期望。为此，捐赠人希望慈善组织管理有方、运行透明，希望慈善组织工作人员廉洁、奉公、勤勉。但公众对慈善组织的期望有些可能超出慈善组织的职能或者说并不合理。慈善组织要区分哪些是合理的期望，哪些是不合理的期望。若是合理的期望就要满足公众的要求，若是不合理的期望则要通过政府、媒体或学者的引导转化为合理的期望，以增进公众与慈善组织的共识。

（三）行业信任与慈善组织公信力

信任在行业内具有扩散及收缩两种效应。扩散效应由内向外，是公众由对一个组织的信任而扩展到对整个行业的信任。比如，一个慈善组织的诚实守信行为会激发捐赠人或公众对整个行业的信任。信任的收缩性则由外向内，是行业信任带动组织信任。对整个慈善行业的信任会增加人们对单个慈善组织的初次信任，带动更多的人参与捐赠。相反，如果没有权威的政府机构进行公平的裁判和正确的引导，在网络信息的助推下，整个社会很有可能把对个别慈善组织的不信任扩大为对整个慈善行业的不信任。倘若如此，慈善救助事业将会受到极大影响。

第三节 慈善组织公信力的影响因素与评估

一、慈善组织公信力的影响因素

西方学者从多个角度尝试对影响慈善组织公信力的因素进行了分析。社会认知理论将人们的认知与行动很好地连接了起来，学者们将这一理论应用到对慈善组织的研究中发现,对慈善认知越好的人对慈善组织公信力的评价越高。① 现代社会大众传媒是社会公众最主要的信息来源,媒体对慈善组织的评价影响着人们对慈善组织公信力的认知和判断。此外,研究表明,人们对慈善组织的熟悉程度、对慈善组织捐赠人的态度、慈善丑闻事件等因素也会影响到对慈善组织公信力的感知。② 学者石国亮通过对 2707 份全国性抽样调查问卷的分析,考察了慈善组织公信力的影响因素,研究证实了慈善认知、普遍信任、媒体认知、慈善事件等因素共同影响着人们对慈善组织公信力的评价。研究发现,在控制其他变量的情况下,慈善的个人效能感越强的人对慈善组织公信力的评价越高;普遍信任程度越高的人对慈善组织公信力的评价越高;媒体认知越高的人对慈善组织公信力的评价越高;对慈善负面新闻的关注与公众对慈善组织公信力的评价无关,但具体事件(如"郭美美事件")会降低公众对慈善组织公信力的评价。③

根据上述结论,提高慈善组织公信力要注意做好以下几点:

第一,施以合适的激励(主要是精神激励)能够增强个人慈善效能感,促进人们更好地参与慈善、支持慈善,进而提高慈善组织的公信力。

第二,鉴于慈善捐赠后信息回馈的重要影响,应该通过加强慈善组织对捐赠人的信息回馈来提升人们对慈善组织公信力的评价,同时,也使捐赠人能够对慈善组织进行监督,促进其公开透明。

第三,应该通过长效机制来促进人们之间普遍信任的建立,进而提高人们对慈善组织公信力的评价。

第四,应该加大对媒体公信力的塑造来提高人们对慈善组织公信力的评价。

第五,慈善组织出现丑闻之后要及时依法处理,通过公开处理结果让人

---

① See Adrian Sargeant & Stephen Lee, Improving Public Trust in the Voluntary Sector: An Empirical Analysis, *International Journal of Nonprofit and Voluntary Sector Marketing*, Vol. 7, No. 1, 2002, pp. 68-83.

② See S. R. Gelman & M. Gibelman, Very Public Scandals: Nongovernmental Organizations in Trouble, *Voluntas: International Journal of Voluntary & Nonprofit Organizations*, Vol. 12, No. 1, 2001, pp. 49-66.

③ 参见石国亮:《慈善组织公信力的影响因素分析》,载《中国行政管理》2014 年第 5 期,第 95—100 页。

们看到慈善组织重塑公信力的努力,从而扭转由于事件受损的公信力。

二、慈善组织公信力评估

慈善组织需要满足多个利益相关者的竞争性需求,以维持自身的公信力。针对不同利益相关者,慈善组织公信力可分为向上(upward)、向下(downward)和内部(inward)三类。其中,向上公信力面向的是为慈善组织提供支持的各类赞助者,如政府、基金会和其他慈善组织,它们关注将指定款项用于指定用途。向下公信力面向的则是慈善组织提供产品和服务的对象即个人或组织,除弱势群体等直接受益人外,还包含社区乃至整个社会的间接受益人,他们关注的是慈善组织对公平、正义等理念的实践。内部公信力面向的是慈善组织内部的员工、管理者和理事会,这些主体更加关注组织的内部管理及整体目标的实现。慈善组织公信力具体评价维度包括:

一是使命公信力,包括公益性与合法性。公益性是指慈善组织以服务公共利益作为其使命和目标;合法性是指慈善组织的运行符合法律法规、社会规则及道德准则。

二是内部公信力,包括治理与管理、财务管理及人力资源管理三方面。治理与管理是指慈善组织具有健全的内部治理结构和管理制度;财务管理是指慈善组织依法进行会计核算,合理使用资产;人力资源管理是指慈善组织的工作人员具有必要的专业技能。

三是向上公信力,包括筹资行为、项目运行、信息公开三方面内容。筹资行为是指慈善组织依法进行筹资活动,具有较强的筹资能力;项目运行是指慈善组织规范地开展项目和活动;信息公开是指慈善组织及时、主动向社会公布信息。

四是向下公信力,包括受益群体参与和社会影响两方面。受益群体参与是指受益群体可以参与慈善组织的项目、活动、决策;社会影响是指慈善组织促进了社会服务的提供及公平、正义价值的实现。

第四节　慈善组织公信力流失与修复

一、慈善组织公信力流失

（一）慈善组织公信力流失的原因

我国慈善组织公信力流失存在内部与外部两方面原因。内部原因包括慈善组织社会责任和公益意识单薄、权责不明、内部管理不善、角色定位不清、信息不透明、独立性较差、人才匮乏、管理者道德素质不高、规范性专业性不足、理事会制度不完善、财务管理机制不健全等。外部原因包括慈善组织法律约束不到位、社会信用体系不健全、政府监管乏力、缺少第三方评估机构、缺乏行业监督、捐赠人与慈善组织间信息不对称、社会普遍信任和道德水平不高等。[1]

（二）慈善组织公信力流失的过程

慈善组织公信力流失过程存在两种路径：第一种是从信任到不信任。它主要源于一个突发的受损性事件，最终导致慈善组织公信力丧失。如公安机关突然逮捕了某个贪污善款的慈善组织领导人，公众对该慈善组织会立刻失去信任。第二种是从信任到怀疑进而导致不信任。它主要源于偶然的不能确定的特定事件（如"郭美美事件"），有关某个慈善组织违背信任的消息广为传播，一部分人立即放弃信任，另一部分人有保留地信任，还有一部分人则坚持信任。只有当一个慈善组织多次违背信任后，观望或怀疑的人才逐渐转变为不信任者。一旦成为不信任者，将会中断对该组织供给资源，包括捐款、提供人力资源及志愿者资源。

（三）慈善组织公信力流失的危害

慈善组织公信力流失会带来多方面危害，具体包括如下几个方面：

第一，公信力流失会妨害慈善组织获取必需的物质资源。例如，在"郭美美事件"后佛山市红十字会所收捐款几乎为零，深圳市红十字会在一个月

---

[1] 参见吴成、郭剑鸣：《慈善组织监管与慈善组织公信力重塑路径研究综述》，载《财经论丛》2014年第11期，第88—96页。

内仅获百元捐款。

第二,公信力流失会影响慈善组织危机治理效果,导致慈善组织陷入塔西佗陷阱。"郭美美事件"发生后,中国红十字会采取了一系列措施试图平息事件。但是,由于公信力很脆弱,中国红十字会说什么,网友就会质疑什么。这种舆论倾向影响了中国红十字会的危机应对效果。

第三,公信力流失会增加慈善活动的成本。在我国一些慈善组织陷入"名誉风波"的情况下,一些捐赠者绕开慈善组织,将钱款直接赠与受益人。捐赠者亲力亲为和志愿者减少会增加慈善活动的运行成本。

第四,公信力流失会阻碍慈善组织参与国际交流和合作。少数慈善组织的失信行为,使我国慈善组织的信用打了折扣。一些国外慈善组织因此不愿意把我国的慈善组织当作重要的资助对象和从事慈善活动的伙伴。

第五,慈善组织公信力流失会导致社会风气恶化,挑战社会道德的底线,使伪善之风盛行。当慈善组织变成牟取个人不当利益的工具时,公众的善心会遭到亵渎和伤害。从这个意义上说,慈善组织欺骗公众,违背了最基本的公序良俗,挑战了社会道德的底线,不利于营造团结互助、平等友爱、融洽和睦、乐于奉献的社会风气。①

案例 6-2　"春蕾计划""爆雷"慈善公信力再遭"滑铁卢"

2019 年 12 月 17 日,网友"@魔鬼大米椒"在其个人微博公开质疑,专门设立用来资助女童的"春蕾计划"慈善项目"春蕾一帮一助学"疑似诈捐,不仅捐助对象有近半数是男生,帮扶对象中还包括一名 19 岁的"大龄男童"。12 月 17 日当天 19 时 12 分,中国儿童少年基金会官方微博火速发表声明,回应了"春蕾计划"的捐款使用情况:"'春蕾一帮一助学'项目本批次资助的 1267 名高中生中,有 453 名为男生。原因如下:该项目在该网络公益平台筹款之初,资金全部资助贫困女生。但在今年项目执行过程中,有部分极度贫困地区学校的老师向中国儿童少年基金会工作人员反馈,当地贫困家庭男生也亟须帮助,希望该项目施以援手。该项目在保证大多数受助者为女生

---

① 参见孙发锋:《我国慈善组织公信力的缺失与重塑》,载《郑州大学学报(哲学社会科学版)》2015年第 6 期,第 30—33 页。

的前提下,开始资助部分男生。"同时还保证"'春蕾计划'在未来的执行中,将始终以女生作为资助对象,如确有需要资助男生的情况,将在筹款文案显著位置特别提示"。

网友的猜测和质疑在官方回应中得到了"实锤"验证,但迅疾的回应速度并未使质疑声就此平息,反而引发了更大的不满与愤怒,舆情愈演愈烈。12月20日早8时许,面对巨大的舆论压力,"@新京报我们视频"发布了一段对中国儿童少年基金会工作人员的采访音频,采访中基金会工作人员解释称,"春蕾一帮一助学"项目的受助对象为贫困高中生,兼顾男女生,使用"她"字进行宣传属于文案过失。对于引发大规模关注的19岁受助"男童",工作人员也给出了项目针对高中生,而少数民族地区受入学晚、求学阶段不连贯等影响,年龄偏大的解释。不少网友对这一解释表示"十分迷惑",纷纷指出轻描淡写的"文案失误"或将使30年努力建立的"春蕾"公益品牌就此毁于一旦。

2020年1月10日,全国妇联在官方微博发布了关于"春蕾一帮一助学"项目有关问题调查处理情况的通报,并责成中国儿童少年基金会通过将453名贫困男生的受助款退还捐助人、原用于资助男生的名额转为资助女生的办法予以纠正。原受助男生通过其他公益项目继续资助。按照有关规定,对相关责任人予以责任追究,对中国儿童少年基金会秘书长和项目负责人分别给予记过处分。

资料来源:《春蕾计划"爆雷" 慈善公信力再遭"滑铁卢"》,http://it.szonline.net/hot/20200106/20200146194.html,2020年8月20日访问。

二、慈善组织公信力修复

当信任流失后,交往互动是信任得以重建的条件。新的互动过程中伴随着新的预期,预期的正向回馈会积累相互间的信任。多次的正向回馈,就会使公众由不信任到怀疑,最后变成信任。公信力流失的组织和个人承诺改变自身行为有助于信任的恢复,尤其是在信任关系被破坏的初期。道歉在信任恢复中也有一定的价值。因此,如果慈善组织违背信任,组织的领导承诺以后不再有失信行为,然后向公众真诚道歉,请求公众原谅并惩罚不守信的人，则能够重建信任，逐步恢复公信力。

（一）慈善组织公信力修复的过程

信任破坏的过程有两种形态：一种是信任—不信任，源于一个突发的破坏性事件；第二种是信任—怀疑—不信任，源于偶然的不能确定的小事件。但信任的重建只有一种形态：不信任—怀疑—信任。由于公众考察慈善组织的行为需要一定的时间，所以慈善组织公信力的重建是一个长期的过程，需要慈善组织持续努力。虽然信任重建的过程困难重重，但一旦慈善组织开始整改，形象将会逐步改善。尽管作出几次值得信任的行为不能改变公众的态度，但持久的、反复的、值得信任的行为表现将会改变人们的态度，先是观望，再是怀疑，再到怀疑的减少，直到消除，信任得以重建。信任重建的过程在不同的群体中具有先后次序，较易给予信任的人先被融化，由不信任转变为怀疑、观望，给予部分信任，再到完全信任；不易给予信任的保守者在大多数人信任慈善组织后才有可能转变观念，逐步重新接受慈善组织。所以，慈善组织在公信力的重建中，要针对不同性格、不同阶段的人群采取不同的政策，对处于不信任阶段的人群要转变他们的观念，对处于怀疑阶段的人要打消他们的疑虑。

（二）慈善组织公信力修复的策略

一是成立国家慈善委员会。当慈善组织违规时，捐赠人和公众可以向慈善委员会投诉，维护捐赠人的权益。但仅有这些责任性机构是不足的，这些机构必须能够针对慈善组织采取有效的行动。2019年2月，民政部新组建了慈善事业促进和社会工作司，负责拟定慈善事业发展政策、加强对慈善组织的监管。然而，当前对于违法违规慈善组织的执法力量还较为薄弱。建议成立国家慈善委员会并设置专门执法检查机构，严厉打击非法慈善组织、乱用慈善名义的活动，维护慈善和志愿服务行业的秩序。

二是加强慈善组织的品牌传播管理。良好的品牌有利于慈善组织与其合作伙伴、受益群体、参与者以及捐助者建立坚实的信任关系，品牌管理有助于提高慈善组织的外部公信力。机构员工与志愿者对品牌的认同能够凝聚组织、汇集注意力并强化共同价值观，所以品牌管理也有助于提高慈善组织的内部凝聚力。传播信息的媒体在公众与慈善组织的互动中扮演了十分重要的角色。因此,慈善组织需要做好与媒体的沟通工作,借助媒体传播慈善组织良好的品牌形象,提高慈善组织在媒体的正面报道率,通过媒体与公众实现良性互动,加深公众对自己品牌的认可。

三是强化慈善组织工作人员的态度和能力建设。公众或捐赠人与慈善组织的直接接触,最主要的是与慈善组织的工作人员接触。公众对慈善组织工作人员的印象将直接影响他们对慈善组织的信任水平。对工作人员的信任是个人信任,对慈善组织的信任是组织信任。由于慈善组织的工作人员是组织形象的化身,每个员工的工作态度、工作规范化水平直接影响到公众对组织的评价和信任。慈善组织对工作人员要求的高标准会提升慈善组织的信任水平。而慈善行业和慈善组织公信力的提高,有利于提升慈善行业的职业声望,也会吸引更多的优秀人才从事慈善工作,从而形成良性循环。

四是保护捐赠人的权益,减少捐赠人的风险。不当的信任,会给人们带来损失,但由于信息的不对称,公众不可能全面了解各家慈善组织的行为,公众在献爱心时,他们的这种信任应该受到保护。如果捐赠人因信任而受到损失,政府应该帮助捐赠人挽回损失,以维护社会爱心。政府除了要求慈善组织归还捐款外,还要对组织和相关责任人予以处罚,以加强违约成本,促使其诚信守约。[①]

五是慈善组织要广泛参与社会治理。只有慈善组织承担起相应的社会治理功能,并作出令人满意的行为,才能重建公众对它的信任。慈善组织是促进社会进步、解决社会问题、帮扶弱势群体的重要力量,应该为政府做些前探性的工作,促进政府的政策制定,关注政府无暇顾及的领域或群体,发出自己的声音。因此,要建立政府与慈善组织的战略合作关系,重视和支持慈善组织在政策倡议中发挥重要作用。

案例 6-3 慈善组织如何参与疫情应急治理

应急治理作为社会治理的重要组成部分,是决定和影响国家治理效能

[①] 参见张祖平:《慈善组织公信力的生成、受损和重建机制研究》,载《上海财经大学学报》2015年第4期,第21—29页。

的关键。疫情的有效防控亟须高效的应急治理体系和配合有序的应急治理共同体,这不仅需要政府部门的主导,也需要慈善组织等社会力量的参与。慈善组织参与应急治理,能有效弥补政府力量,提高突发事件应对效率。但疫情防控的特殊性对慈善组织的应急能力提出了挑战。完善慈善组织参与应急治理需要从以下四个方面入手:一是提升自治性,增强参与应急治理的主体意识;二是增强透明度,完善信息公开与监督机制;三是注重协同性,构建"内合外联"的应急治理协同合作机制;四是追求专业性,提高参与应急治理的专业化程度。

资料来源:邵培樟、梁美英:《慈善组织参与疫情应急治理的对策建议》,载《中国社会报》2020年2月24日第6版。

(三)慈善组织公信力建立、丧失与修复的综合路径模型

有学者提出了一个解释慈善组织公信力建立、丧失与修复的综合路径(见图6-1)。

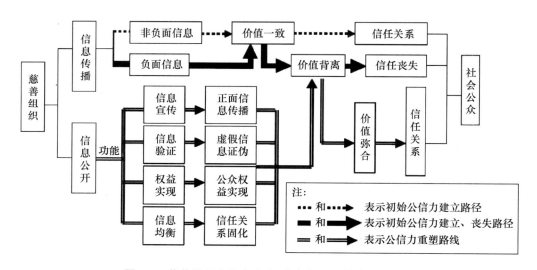

图6-1 慈善组织公信力建立、丧失与重塑的路径示意图

资料来源:赵春雷:《论慈善组织信息公开的公信力塑造功能——基于近年中国慈善组织公信力嬗变视角的分析》,载《南京师大学报(社会科学版)》2015年第6期,第73—81页。

如图6-1所示,通过信息传播,媒体向社会公众传递有关慈善组织的非

负面信息,并使得与它的价值追求相一致的社会主体找到价值实现中介,慈善组织初始公信力得以形成。而当社会公众通过各种渠道获得关于慈善组织的负面信息时,他们很快会意识到慈善组织所追求的价值已偏离它所应追求的,两者之间开始由价值一致走向价值分离,慈善组织的活动并不能帮助社会公众实现他们所追求的价值,反而背离他们所追求的价值,从而导致他们失去对慈善组织的信任,慈善组织的公信力也就随之丧失。信息公开是慈善组织赢得公信力的前提,也是修复受损公信力的关键。慈善组织通过正面信息传播、虚假信息证伪、公众权益实现、信任关系固化等机制可以重塑公信力。

第七章 慈善动机的伦理追问

慈善动机是个人和组织从事慈善活动的内在动因和力量源泉,是促进人们进行慈善捐赠的真正动力和推动慈善事业发展的内驱力。要激发慈善事业的活力,使其与社会救助相衔接,成为社会治理的重要力量,就必须倡导与我国慈善传统相承接、与我国当前国情相适应、与现代慈善观念相一致的慈善动机。作为慈善事业最重要主体的慈善组织的功能和使命决定了其天然具有从事慈善行为的动机和倾向,因此,分析慈善动机要重点考察两类慈善主体的动机:一是作为个体的普通公民为什么做慈善;二是作为经济活动主体的企业和企业家为什么做慈善。

第一节 个人慈善动机

个人慈善行为是指公民个人出于自愿原则,基于仁爱之心,通过个人捐赠或志愿服务等形式无偿向社会、他人提供力所能及的物质、精神帮助的社会公益行为。《2018年度中国慈善捐助报告》显示,2018年全国接收国内外款物捐赠1624.15亿元人民币,个人捐赠共360.47亿元,同比增长3.24%,占捐赠总量的22%。[①] 美国2018年慈善捐赠总量达4277亿美元,其中个体慈善捐赠量为2920.9亿美元,占捐赠总量的68%。[②] 与美国相比,我国个人捐赠总量仍旧比较小。

[①] 资料来源:http://www.charityalliance.org.cn/u/cms/www/201909/23083734i5wb.pdf,2021年3月10日访问。

[②] 参见任泽平:《美国人口报告:成功的移民政策,拉大的贫富差距》,https://www.yicai.com/news/101046204.html,2021年3月10日访问。

一、解释个人慈善动机的多元视角

（一）伦理学视角对个人慈善动机的解释

从伦理学视角看，个人慈善行为的动因包括内在动因和外在动因。前者主要指道德情感、道德理性、道德责任等内在因素对个人慈善行为的影响，后者主要指道德评价、道德教育等外在因素对个人慈善行为的作用。从个体道德行为的发生机制来讲，内在因素对个人慈善行为的发生具有决定性的作用和根本性的影响。[①]

情感是个人慈善行为的原动力。人的情感中天然存在的怜悯、同情、仁爱等是引导人去恶从善的自然美德，它们是个人慈善行为的源泉。情感经由联想的方式可以使慈善行为的主客体产生共鸣，使主体对客体的不幸感同身受，并在此基础上形成慈善意愿。乐他人之所乐，哀他人之所哀。情感所固有的爱憎好恶的体验可以强化或贬抑人的慈善意愿，从而激发或阻碍个人慈善行为的发生。在慈善实践中，正是由于人们在帮助别人的过程中收获了满足与快乐，形成了正面的情感体验，所以才能投身慈善事业并乐在其中。但是，情感因素会受到每个人不同的人生体验和想象力的影响。

理性是个人慈善行为的助动力。情感对个人慈善行为作用的随意性和偶然性要靠理性去克服，因为人类理性的认识功能和意志功能可以对情感起到统摄和引导作用。理性的认识功能可以帮助慈善主体构建正确的慈善伦理知识体系，为慈善行为的发生创造基本条件。在行为发生前慈善主体必须明确认识到行为在道德上的正当性。理性的能动作用可以推动慈善主体产生向善的追求，形成慈善意愿。理性的分析和判断功能可以使慈善主体在客观要求和主观愿望之间进行比较、分析和判断，从而选择二者相一致的慈善行为。

责任所包含的道德强制性可以帮助慈善主体把情感所引发的慈善冲动转变为实际的慈善行为。这种责任是人的"自我立法"，它所具有的内在约束性和外在强制性是包括慈善行为在内的一切道德行为的真正源泉。责任

[①] 参见武晓峰：《情感、理性、责任：个人慈善行为的伦理动因》，载《道德与文明》2011 年第 2 期，第 106—111 页。

产生和存在的依据决定了个人慈善行为的可普及性。在现代社会中,慈善责任是公众公共责任的重要组成部分。责任范畴的明确界定可以消除个人慈善实践中的观念性障碍,促进个人慈善行为的发生。个人慈善属于对他人的不完全的积极伦理责任,即道德责任。明确慈善不分大小,捐助财物的多少并不是衡量一个人是否有爱心的标准,这才有利于普通人慈善行为的产生。影响我国个人慈善行为发生的一个重要因素就是中国传统的等级差序格局形成的与西方不同的慈善观念。缘于此,中国人的慈善责任往往是由近及远,由亲及疏,较少对陌生人实施慈善行为,而现代慈善理念恰恰是强调对陌生人的捐助。

(二)经济学视角对个人慈善动机的解释

经济学视角对慈善发生的解释主张慈善并不是"无偿"付出,捐赠者会从慈善行为中获得效用。经济学视角认为,慈善行为的产生主要基于以下两种动机:

一是纯利他动机。这种观点认为,人们进行慈善捐赠是出于一种改善其他居民福祉的美好愿望,慈善行为可以改善公共物品供给,其他人福祉的增加可以间接增进捐赠者的个人效用。持这种观点的学者将捐赠者和受捐者视为"家人","家庭"中所有成员力图追求的是整个家庭的收入或消费最大化,而不仅仅是其个人的收入或消费最大化。[1] 按照纯粹利他模型的假设,个人效用与私人消费及社会福祉相关。那么,除少部分对公共品供给有着极大偏好的人以外,大部分人都可能选择"搭便车"而作出不捐赠决策。然而,事实上在美国等国家人们广泛热衷于参与慈善捐赠活动,甚至在那些低收入人群中,参与慈善捐赠活动的现象也很普遍。因此,虽然我们不能完全否定纯粹利他动机的存在,但可能还需要引入其他动机才能更好地解释人们的慈善捐赠行为。

二是非纯利他动机。这种解释是说个人并不关心捐赠行为带来公共物品总体数量的变化,而在乎的是个人捐赠行为本身。慈善行为本身会对捐赠者带来好处,人们能从他们自己提供的捐赠行为中得到满足,即产生所谓

---

[1] See Gary S. Becker, A Theory of Social Interactions, *Journal of Political Economy*, Vol. 82, No. 6, 1974, pp. 1063-1093.

的"光热效应"。"光热效应"动机者考虑的是个人捐赠是否能获得私人物品的属性,捐赠可以为个人带来福利,如荣誉奖励、广告效应、税收减免等。

(三)心理学视角对个人慈善动机的解释

心理学视角认为,慈善行为的产生主要有以下几方面动机:

一是获得声誉的慈善动机。人们有为了避免他人的鄙视或为了得到他人的赞誉而进行慈善捐赠的动机。具体来说,声誉动机又称"印象动机"或"信号动机"。捐赠者会在意他人对自己捐赠行为的感受和看法,希望自己的捐赠可以得到他人的尊重和肯定。[1] 出于获得声誉或防止声誉受损的考虑,捐款数额和身份信息的公开会提高人们参与捐赠的比例和数额。实验研究证实了社会声誉动机对捐赠的促进作用:公布个人身份及对应捐款数额的实验组中,被试者的平均捐款数额会显著高于只公布捐款数额或只公布被试者身份的实验组中被试者的平均捐款数额。[2] 教堂捐赠实验发现了捐赠信息的公开对个人捐赠行为的影响,从而证实了捐赠行为的声誉动机。研究者设计了两种不同的收集捐款的容器,实验的控制组用了一个密封的小包募捐,处理组则是一个开放的篮子。区别在于篮子作为捐款容器时,周围的捐赠者均能观察到自己的捐款数量,而且每位捐赠者在捐款时也能看到篮子里之前捐赠者已经捐出的数量。通过对实验数据的分析发现,用篮子作为容器组的平均捐赠额,比用小包作为容器的实验组显著更多。在实验中当被试者能观察到其他人的捐款信息时,就会显著提高自己的捐款数额。[3] 还有学者研究了被试者分别在他人观察下和没有他人观察下,自愿决定是否捐款时的神经关联。在决定是否捐赠前,大脑腹侧纹状体的活动会由于行为要受他人的观察而有显著的调整。这表明在他人观察下的捐赠行为会使人们获得效用上的增加,即证实了声誉动机对捐赠行为的重要

---

[1] See G. K. A. Konrad, A Signaling Explanation for Charity, *American Economic Review*, Vol. 86, No. 4, 1996, pp. 1019-1028.

[2] See J. Andreoni & R. Petrie, Public Goods Experiments Without Confidentiality: A Glimpse into Fund-raising, *Journal of Public Economics*, Vol. 88, No. 7-8, pp. 1605-1623.

[3] See A. Soetevent, Anonymity in Aiving in a Natural Context: A Field Experiment in Thirty Churches, *Framed Field Experiments*, Vol. 89, No. 11, 2005, pp. 2301-2323.

作用。①

二是社会压力带来的慈善动机。这是指如果人们知道了其他人相对更高的捐款比例信息,捐款的可能性会有所增加。实验研究证明,个人的捐赠会受社交圈中其他人的影响(通过相似的年纪、教育背景、居住地来限定社交圈)。正式或非正式领袖的捐赠行为也会对其他人的捐赠行为产生影响。一方面,在观察到群体中的正式或非正式领袖的捐赠行为后,捐赠者会显著提高自己参与捐赠的比例和数额;另一方面,领袖们的捐赠行为则不太会受到其他捐赠者决策的影响。

三是利他主义动机。人们捐款除了受到外在因素影响和获得自我满足之外,还由于天生就对他人不幸的遭遇具有同情共感之心,即存在着利他主义动机。利用功能磁共振成像技术可以探寻人类捐赠行为的神经基础。研究者发现,当人们匿名捐赠时,中脑的腹侧被盖区、背纹体和腹侧纹体都会被激活,而这些区域正是人们在获得金钱奖赏时被激活的脑区,即所谓的中脑边缘奖赏系统,这说明对于人类而言,匿名捐赠是一种内心的奖赏、满足和喜悦,证实了利他主义动机的存在。②

(四)综合视角:利己与利他

综合来看,我们认为,个体会出于两种心理动机来进行慈善捐赠:一种是出于利己的动机;另一种是出于利他的动机。

利己动机包括三个方面:一是获得礼物、中奖、工作学习机会、良好人际关系、结交朋友、慈善投资、税收减免、未来的优惠等有形收益。二是避免内心的痛苦与压力,如不从事捐赠而产生的负疚感、他人眼光或者完不成摊派的捐赠任务会面临可能或潜在的惩罚、对自己不利的影响和言论等。三是获得建立良好的自我形象、获得他人尊重、展示经济实力、获得政治身份与影响力、获得社会声誉、增加个人吸引力等无形收益。

利他动机包括四个方面:一是责任、理想等个人价值观影响下的慈善动

---

① See K. Izuma, D. N. Saito & N. Sadato, Processing of the Incentive for Social Approval in the Ventral Striatum During Charitable Donation, *Journal of Cognitive Neuroence*, Vol. 22, No. 4, 2010, pp. 621-631.

② See W. T. Harbaugh, U. Mayr & D. R. Burghart, Neural Responses to Taxation and Voluntary Giving Reveal Motives for Charitable Donations, *Science*, Vol. 316, No. 5831, 2007, pp. 1622-1625.

机。个体感觉到对减少受助者痛苦是有责任的,因此个体会采取慈善行动去帮助他人。富人在商业领域取得成功之后,需要在更广阔的范围内发挥影响力以实现自我价值,而普通人则基于血缘、亲缘、地缘、乡缘更多对熟人承担责任。二是同情心。利他动机也源于对受害者的同情。同情—利他假设提出了同情心诱发的个体慈善捐赠,同情心促使捐赠者想象受害者身体或心理需要时所呈现的情绪反应,最终目的是增加慈善捐赠意愿。三是宗教因素。宗教乃"慈善之母","什一捐"规定,基督徒应该从个人年收入中拿出 1/10 来进行慈善捐助。宗教利他的理念与罪富文化,如博爱、原罪、救赎等基督教理念在慈善动机中占据重要地位。有学者认为,美国人比欧洲人更慷慨捐赠是因为美国人比大洋彼岸的先辈们更笃信宗教。四是感恩,对以往受助的回报,也称"回报性利他主义"。对英国百万富翁所作的研究表明,犹太人的慷慨或许是被感恩心所驱使,犹太捐赠者明确提到曾经很多人给犹太人提供避难所,他们希望能回报社会。[①]

案例 7-1　"摊派捐款"有悖慈善伦理

2016 年,江苏省扬州市江都区郭村镇有企业曝出镇政府通知捐款的"红头文件"。在这份强调以指令性捐款为主的文件中,列出了以镇领导为负责人的捐款计划表,其中涉及政府机关、派出所、村委会、镇企业在内的 50 余家单位,捐款金额范围在 1000—20000 元,总额 27.8 万元。位于该镇的企业称:自身生存艰难,不愿捐款但又不敢不捐,处于两难窘境。

众所周知,慈善是一个正常理性社会中的当然行为,作为不可或缺的社会力量,它与政府等公共权力携手扶贫济困、救灾救难,共同促进公共事业的发展,最终保障人权与实现人的自由发展。当捐款由自愿变成强制,且纳入政府的行政行为,任由"被慈善""被捐款"的现象继续泛滥,慈善事业就会失去社会对其的信任,失去大众对其的垂注,无法走得更远、更稳、更健康。2016 年"两会"期间,全国人大常委会委员、中国人民大学教授郑功成在就《慈善法》话题接受记者采访时明确指出:"慈善业必须注意捐赠人的意愿,

---

[①] 参见杨义凤:《富人慈善动机研究的现状与发展趋势》,载《学习与实践》2012 年第 12 期,第 84—90 页。

少一些政府的干预。"

资料来源:《"摊派捐款"有悖慈善伦理》,http://views.ce.cn/view/ent/201605/04/t20160504_11203476.shtml,2020年8月30日访问。

二、个人慈善动机的认知原则

慈善动机的客观存在和人们对慈善动机的不同看法,使我们面临如何正确评价慈善动机的问题。从马克思主义的基本观点来看,坚持动机和效果的统一是我们追寻的理想状态。在这一基本原则的指导下,要对一个人的慈善动机进行判断,至少应该注意四个方面的问题:

第一,要注重因果关系,防止动机评判的简单推论。不能因为慈善产生了好的效果而推定慈善有好的动机,同样也不能因为没有产生好的慈善效果就简单推断慈善动机不良,现实生活中由于各种因素导致好心办坏事的情况时有发生。因此,不能因为动机和效果的不一致就主观判断动机有问题,拒绝对动机评判的一票否决制。

第二,要听其言观其行,防止主观片面地下结论。从慈善动机到慈善效果关键就在慈善行为,如果仅有好的动机,只是停留在口若悬河地表示自己的动机有多么端正、多么高尚,而没有付诸任何的慈善行动,那么这种慈善动机也是值得怀疑的。对一个人的慈善动机的评判不是基于他一次慈善行为,而是基于对他长期的慈善表现的考察,甚至是对他一生的慈善动机和慈善行为的考察。

第三,要坚持就事论事,防止动机评判的扩大化。不能因为一个人某次的慈善捐赠动机是外在诱发的,就主观断定他的所有慈善行为都是外在动机导致的。只有坚持就事论事、具体问题具体分析,才能全面了解人们的慈善捐赠动机。将一个人一次捐赠行为的动机扩展为其一贯的慈善捐赠动机会损害个人捐赠的积极性,不利于个人持续性慈善捐赠行为的产生。

第四,注重包容宽容,防止动机评判的一票否决。本着以善促善的理念,在对慈善动机进行评价时,要有足够的包容心和宽容心,通过对他人行为和动机的包容促进更好的慈善行为的产生。尽管慈善动机和慈善效果一致是最好的情形,但是要允许慈善动机和慈善效果不一致现象的存在。同时,人无完人,当评价一个人的慈善动机时,我们要看到他的慈善动机的主流,而不要苛求每一次慈善动机都必须是绝对端正的、纯粹利他的。

第二节 企业和企业家慈善动机

企业慈善是企业和企业家超越短期的利润最大化目标,自愿地将金钱、财产或服务用于直接或间接利益相关者,以增加社会福利的行为。近年来,企业慈善作为企业履行社会责任的一个重要方面逐渐成为社会关注的热点。2008年汶川地震之后,中国掀起了慈善热潮,企业参与公益慈善的热情渐长。有人认为汶川地震至少将中国慈善事业进程推进了十年,然而灾难仅仅为企业行善提供了一个契机。究竟是什么因素驱动了企业和企业家践行慈善责任,成为学术界探讨企业慈善的热点议题。

一、企业慈善动机的两种视角

(一)战略视角慈善观

战略视角慈善观认为,企业是利益驱动的,企业从事慈善是从理性出发,作出的对企业有利的战略决策。沿袭战略视角的学者们认为企业应当(事实上也是)通过履行社会责任以达到战略目标。企业从事慈善捐助活动是企业战略活动之一。通过慈善捐赠,企业可以实现竞争力提升。具体体现在以下几个方面:一是慈善能提高经济收益。研究证明慈善与企业利润正相关,但存在时滞效应,企业慈善行为有利于提升股价,使企业更容易获得融资。二是慈善可以改变生产要素(如提高教育、健康水平)加速市场成熟,实现社会效益,有利于企业的市场环境。三是慈善行为可以实施公益营销。通过积极参与公益慈善活动,能够树立企业品牌,提升企业无形资产。研究发现慈善与广告存在替代效应。四是可以合法避税。五是政治因素影响的慈善动机。企业通过慈善可以获得一定的政治影响力,改善与政府的关系。如企业通过慈善捐赠获得政府补贴、实现政治参与、建立和强化政治关联等。六是提高企业声誉。企业通过慈善活动可以在社会上树立正面的形象。七是将慈善作为企业核心竞争力,形成与同类企业相区别的竞争优势。八是将慈善作为掩盖企业违规行为、修复负面形象、转移公众视线、渡过危机的自我救赎策略。

(二) 制度视角慈善观

制度因素对企业的慈善行动也会产生不容忽视的影响。如果说"竞争"的目的是与战略视角相一致的话,那么把企业社会责任看作"承诺"或者"服从"的结果则是采取了制度视角。制度环境能够改变企业从事某一行为的收益和损失,从而影响企业的动机和决策偏好。一是企业从事慈善捐助是为了履行社会责任。企业作为一个社会主体,一成立便应自然而然地承担起对利益相关者的责任和承诺。企业慈善被看作平衡股东与其他利益相关者的一种内在要求,也是企业履行社会责任的内在要求。二是慈善捐赠受到企业自身慈善传统或惯例的影响。有较悠久慈善捐赠传统的企业,即使发生了企业高管的更迭也可能继续从事慈善活动。三是受到一国和一个地区政治法律制度因素的影响。企业可能通过慈善捐赠来获取政府的好感和信任,建立或维持政治关系,或者企业从事慈善捐助是为了完成政府摊派的任务和满足政策法律对企业的规制。四是组织变革影响。例如,被大企业收购按照收购企业的要求从事慈善捐助行为。

二、我国企业的慈善动机

(一) 工具性慈善动机

工具性慈善动机指的是企业通过履行社会责任,可以将公众的注意力从负面事件中转移到其社会责任的表现上来,从而在危急时刻抵御负面信息对其信誉的损害。慈善捐赠是企业社会责任中最具代表性的一个方面,能够比其他维度的社会责任更能发挥"工具性效用"。[1] 不少针对我国企业慈善捐赠动机的研究证实了工具性动机确实存在。

随着我国民营经济的发展,民营企业不仅已经成为我国市场经济中的生力军,而且已经成为推动我国慈善事业发展的重要力量。那么,一个值得研究的问题是慈善捐赠是民营企业一贯的社会责任表现,还是用来为自身其他不当行为遮丑或者用来分散和转移公众视线的工具?高勇强等学者基

---

[1] See M. E. Porter & M. R. Kramer, The Competitive Advantage of Corporate Philanthropy, *Harvard Business Review*, Vol. 80, No. 12, 2002, pp. 56-69.

于 2008 年全国民营企业调查数据,分析了我国民营企业慈善捐赠的动机。研究结论表明,那些在产品责任方面(研发投入)表现更好的企业、有工会组织的企业、环保投入越多的企业,以及员工薪酬福利水平越低的企业慈善捐赠越多。研究结果暗示我国民营企业一方面利用慈善捐赠来实施产品差异化战略,另一方面利用慈善捐赠来掩盖或转移外界对员工薪酬福利水平低、企业环境影响大等问题的关注,以及应对企业工会组织的可能压力。因此,民营企业的慈善捐赠更多的是"工具性"的。①

在某些特定情况下,企业可能会借助慈善捐赠转移外界对其不良行为的关注,或用以掩盖其违规行为。从这个角度来讲,慈善捐赠反而可能演绎成为一种伪善行为。有研究利用 2003—2015 年我国沪深两市 A 股上市公司的经验数据,研究企业违规对慈善捐赠行为的影响(同年度),研究结果表明:(1) 企业违规行为发生后,慈善捐赠水平显著增加;(2) 在制度环境较好的地区,企业违规对慈善捐赠的正向影响程度更大;(3) 相对于国有企业,非国有企业违规对慈善捐赠的正向影响程度更大。以上研究结果在某种程度上说明,上市公司慈善捐赠具有掩盖企业违规行为、转移公众注意力的"伪善"一面,企业在违规行为发生至被查处期间内增加慈善捐赠可能是出于掩盖违规行为、逃避违规处罚的工具性动机,并且这一现象在制度环境较好的地区以及在非国有上市公司中更为严重。因此,政府对于非国有企业慈善捐赠更应该加强规范和引导,严格规范非国有企业慈善捐赠的信息披露制度,进而有效约束非国有企业慈善捐赠更可能存在的工具性动机。②

(二) 战略性慈善动机

战略性慈善动机认为企业的慈善行为和绩效是相容的,企业的捐赠行为对企业的利益相关者如客户、社区、员工等是有吸引力的,进而可巩固企业的资源基础以增强企业的竞争力。持战略性企业慈善观的人士认为,企业的慈善捐赠长期来看可以间接地增加企业绩效。那么,企业的捐赠行为是否会"穷则独善其身,达则兼济天下"?即当企业的经营绩效好的时候,可

---

① 参见高勇强、陈亚静、张云均:《"红领巾"还是"绿领巾":民营企业慈善捐赠动机研究》,载《管理世界》2012 年第 8 期,第 106—114、146 页。
② 参见李晓玲、侯啸天、葛长付:《慈善捐赠是真善还是伪善:基于企业违规的视角》,载《上海财经大学学报》2017 年第 4 期,第 66—78 页。

支配收入越来越多,有能力进行更多的公益性捐赠,但当业绩下滑甚至亏损时,企业会减少捐赠,抑或即使业绩下滑甚至亏损时依旧慷慨捐赠?

李四海等学者基于2004—2011年的数据,对我国上市民营企业的研究表明,盈利能力下降的企业并没有因为业绩下滑而在捐赠方面有所逊色,相反,企业业绩下滑幅度越大的企业捐赠水平越高。这种战略性慈善行为抑制了业绩下滑企业信用资源流失的风险,向外界市场传递了企业良好的内部信息,促进利益相关者对企业发展的信心与资源支持,存在一定的增值效应。[1]

如果说业绩下滑企业进行慈善捐赠是想借此实现自我救赎,那么已经亏损的企业仍然热衷于慈善捐赠则更多是为了获得政府的特殊照顾与帮助。杜勇、陈建英以2009—2012年我国亏损上市公司作为研究样本,检验了亏损企业通过慈善捐赠行为获得政府补助的影响。研究结果表明,有政治关联的亏损企业比无政治关联的亏损企业更容易出于获取政府支持而进行慈善捐赠,有政治关联的亏损企业的慈善捐赠能够帮助其获得更多的政府补助,相对于中央政治关联,地方政治关联对亏损企业通过慈善捐赠获得政府补助的"支持效应"更加明显。这个研究说明亏损企业进行慈善捐赠的动机更多的是寻求政府补助进而实现扭亏为盈。[2]

（三）政治性慈善动机

企业从事慈善活动的政治性动机一般是指企业为了获得政治方面的利益,如获得政府的支持和保护从而从事公益慈善活动。企业的慈善捐赠有助于强化企业与政府之间的关系,并通过这种关系获得政府的支持。张敏等学者利用我国上市公司数据,发现企业的慈善捐赠越多,它们从政府获得的补贴收入越多;相对于非国有企业来说,国有企业的慈善捐赠与获得的补贴收入之间的正相关关系更明显;企业所在省份的市场化程度越低,这种正相关关系也越明显。研究结果表明,在我国这样的新兴市场中,企业的慈善捐赠具有明显的政企纽带效应,是强化企业和政府之间关系的重要途径,支

---

[1] 参见李四海、陈旋、宋献中:《穷人的慷慨:一个战略性动机的研究》,载《管理世界》2016年第5期,第116—127、140页。

[2] 参见杜勇、陈建英:《政治关联、慈善捐赠与政府补助——来自中国亏损上市公司的经验证据》,载《财经研究》2016年第5期,第4—14页。

持了企业慈善行为的政治动机理论。①

在企业与政府的互动中,企业与政府主要官员建立一定的联系对于企业构建有利于其长远发展的政治关系尤为关键,这对于企业的生存和发展有着特殊的意义。有研究选取 2006—2011 年我国上市公司作为研究样本,研究结果表明,非国有产权性质、外地调任市委书记和地区具有较高的市场化程度三大因素,都会显著增强地方政府换届对企业捐赠规模和倾向的正向效应。进一步考察还发现,政府换届之后的慈善捐赠确实能为民营企业带来融资便利、政府补助、投资机会等多方面的经济实惠。这说明以慈善捐赠建立政治关系来争取经济利益的方式在我国一定范围内确实存在。因此,应按照党中央要求切实构建"亲"与"清"的新型政商关系,加强对地方民营企业慈善捐赠行为的监督力度,堵住民营企业向新到任政府官员输送政治利益并随后"寻租"的隐蔽通道,还企业捐赠的纯净本质。②

(四)我国企业慈善动机的综合分析

全面把握我国企业慈善动机可以从"竞争—承诺—服从"三个维度建构我国企业慈善动机框架。

第一,捐款作为竞争与营销的工具。慈善捐款有利于产品广告宣传和促销,给消费者留下正面印象,抵制负面名声,进而提高绩效。重视营销的企业意味着企业致力于通过品牌建设和消费者认可来提高竞争优势。企业捐款为企业在重要市场提供了更广泛的媒体曝光和定位,其效果甚至优于传统的广告。

第二,捐款作为承诺。企业慈善捐款也可能是企业自身认识到其对改进社会福利的责任,从而积极作出承诺的结果。国有企业是由政府创立和控制的,承担社会责任是它们与生俱来的分内职责。

第三,捐款作为服从。作为新型经济组织,民营企业容易受到外部各种力量索取和要求的影响(如摊派),不过曾经在政府工作过的民营企业家具备适当的技巧避开政府摊派,可能运用其与政府的联系去缓冲外部压力,抵制或者减少外部索取。

---

① 参见张敏、马黎珺、张雯:《企业慈善捐赠的政企纽带效应——基于我国上市公司的经验证据》,载《管理世界》2013 年第 7 期,第 163—171 页。

② 参见戴亦一、潘越、冯舒:《中国企业的慈善捐赠是一种"政治献金"吗?——来自市委书记更替的证据》,载《经济研究》2014 年第 2 期,第 74—86 页。

学者张建君的研究结果表明,营销费用占销售额比重越高的企业,捐款的可能性也越高,也捐得更多;董事长有营销背景的企业更有可能捐款,也捐得更多。这些发现说明,随着市场经济的发展和竞争的加剧,捐款在一定程度上发挥了为企业营销的竞争性战略作用。另外,董事长为人大代表或者政协委员的民营企业更有可能捐款。董事长曾经的政府工作经历对两种不同的企业会产生不同的效果:董事长曾担任过政府官员的民营企业捐款的可能性更小,捐款额也更小;董事长曾经的政府工作经历对国有企业捐款的可能性有正向影响,但国有企业比民营企业更有可能捐款未得到数据支持。这说明,我国企业的战略目标和外在的制度条件都会推动企业的慈善行为。同时,制度的影响也有充分的证据:企业捐款行为受我国总体的制度环境所影响,企业家的政治联系(当前政治身份与从政经历)捐款,对不同所有制企业的影响机制不同。因此,当前我国企业捐款既是获得(潜在)客户和一般公众好感、提升企业社会形象、增强竞争优势的营销战略,又是获得政府认可或者满足政府期待,用来建立、维护和巩固政治关联,从而进一步获得政府支持的一种手段。[①]

三、我国企业家的慈善动机

(一)民营企业家的慈善动机

改革开放以来,我国民营企业在企业家的带领下为社会提供了优质的产品和服务,提高了民众的生活品质,同时许多民营企业还拿出相当规模的资源进行慈善捐赠,为全面建成小康社会作出自己的努力。民营企业家的慈善捐赠活动,一方面为社会上的弱势群体提供了实际帮助,另一方面也为这些民营企业和企业家积累了社会声誉,从而为企业未来的发展奠定了良好的基础。学者靳小翠以我国沪市A股非金融类民营上市公司为样本,选取样本公司2015—2017年的数据研究民营企业董事长的慈善捐赠动机和行为。研究发现,董事长是企业创始人,或者董事长在企业中任职时间越长,他们的非功利性慈善捐赠动机就越有可能通过企业文化影响到企业慈善捐赠行为。企业文化在董事长与企业慈善捐赠行为之间发挥了部分中介

---

① 参见张建君:《竞争—承诺—服从:中国企业慈善捐款的动机》,载《管理世界》2013年第9期,第118—129、143页。

作用,即董事长是企业的创始人或者任职时间越长,他们会更有可能创立并贯彻企业慈善文化,并通过企业文化来指导企业的慈善捐赠活动。①

(二) 学者型企业家的慈善动机

学术经历有助于塑造 CEO 的社会责任感,使其表现出更多利他倾向的慈善捐赠行为。原因在于,社会公众对学者道德角色的期待、学术职业工作内容与环境的特殊性以及长期的师德传承塑造了学者高尚的道德观念和更强的社会责任感,因此学者型 CEO 会推动企业实施更多利他倾向的慈善捐赠行为。姜付秀等以 2004—2016 年沪深股市 A 股上市公司为研究对象,证实了当 CEO 拥有学术经历时,其所在企业的慈善捐赠水平更高,进一步地,较之于无学术经历 CEO 所在企业,学者型 CEO 所在企业的慈善捐赠水平在汶川地震之后有更大幅度的提高,说明汶川地震对学者型 CEO 带来巨大触动,增加了其慈善行为。②

(三) 具有特殊经历的企业家的慈善动机

作为一种企业行为,慈善捐赠必定在一定的理念指导下完成,这些理念最终源于企业家的个人意志。因此,对企业家个人意志的理解和分析是揭开企业捐赠决策机制的关键。企业家个人意志的形成与其生活环境、工作环境以及制度环境等密切相关,要了解企业捐赠决策机制需从企业家的生活经历、工作经历以及社会制度环境等因素入手。王营、曹廷求的研究发现,CEO 在幼儿期、童年期以及青少年期曾经经历饥荒会使其所在企业的慈善捐赠表现更加积极,并且这种促进作用更可能发生于国有企业,进一步研究发现,国有企业中有饥荒经历的 CEO 对慈善捐赠的动机一般源于个人因素而非组织因素。③

(四) "富二代"企业家的慈善动机

我国家族企业在经历"创业潮"后,家族二代成员持股或参与管理的现

---

① 参见靳小翠:《民营企业董事长特征、企业文化与企业慈善捐赠研究》,载《科学决策》2019 年第 8 期,第 81—94 页。
② 参见姜付秀、张晓亮、郑晓佳:《学者型 CEO 更富有社会责任感吗——基于企业慈善捐赠的研究》,载《经济理论与经济管理》2019 年第 4 期,第 35—51 页。
③ 参见王营、曹廷求:《CEO 早年大饥荒经历影响企业慈善捐赠吗?》,载《世界经济文汇》2017 年第 6 期,第 16—38 页。

象不断涌现,家族企业正面临史无前例的大规模"继任潮"。家族企业慈善捐赠动因的特殊性在于其对社会情感财富的追求,如慈善捐赠能够建立良好家族形象、提高家族声誉、维持良好的社会关系来增加家族社会资本。邹立凯等通过对我国 A 股 2004—2017 年 620 家上市家族企业的数据进行实证分析,在控制其他变量基础上,发现有二代进入的家族企业比无二代进入的家族企业更愿意进行慈善捐赠,并且二代进入后家族企业慈善捐赠水平更高。进一步研究表明,在家族所有权控制越高的家族企业中,二代涉入与慈善捐赠关系越强。最后还发现,在一代二代共治期、二代涉入数量较多时,家族更有动机通过慈善捐赠来获得和维持家族和谐、认同等社会情感财富。①

案例 7-2　第十七届(2020)中国慈善榜发布

　　中国慈善榜由公益时报社自 2004 年开始每年编制发布。榜单以寻找榜样的力量、弘扬现代公益精神为宗旨,以年度实际捐赠 100 万元以上的企业或个人为数据采集样本,被誉为中国财富人士的爱心清单。过去的十六年中,《公益时报》秉承"旗帜鲜明地扬善"这一初心,以编制中国慈善榜的形式,完整记录下了十六年来我国大额捐赠的详尽数据和发展趋势,2845 位慈善家和 7223 家慈善企业都曾榜上有名,收录大额捐赠总金额超过 2000 亿元。第十七届(2020)中国慈善榜榜单显示,上榜慈善企业共 605 家,合计捐赠 124.0590 亿元。其中投入教育领域的捐赠达到 51.4419 亿元,投入扶贫领域的捐赠则达到 47.9936 亿元。上榜企业主要来自房地产、医药、金融、能源等领域,大额捐赠的主力仍是民营企业。365 家内地民营企业共捐赠 96.3312 亿元,占捐赠总额的 77.65%,平均每家企业捐赠 2639 万元。上榜慈善家共 118 位(对),合计捐赠 54.5036 亿元。平均捐赠额为 4619 万元,与前一年度相比,上涨近 1200 万元。捐赠在 1000 万元以上的慈善家共 63 位(对),捐赠总额达到 53.0270 亿元,占到了总捐赠的 97.29%。分析慈善家的资金来源可以看到,房地产行业依然是出产慈善家最多的领域。除了对

---

① 参见邹立凯、宋丽红、梁强:《"后天的慈善家"——传承背景下家族企业慈善捐赠研究》,载《外国经济与管理》2020 年第 3 期,第 118—135 页。

2019年的大额捐赠进行回顾,为了记录2020年中国人民同舟共济、守望相助、同心战疫的历程,还发布了抗击新冠肺炎疫情捐赠榜单。2903家企业、机构与个人上榜,捐赠总额达到384.77亿元。其中捐赠额在1000万元以上的捐赠者共409个,捐赠总额达到155.17亿元。

资料来源:《第十七届(2020)中国慈善榜发布》,http://www.zggyw.org/dianxing/pingxuan/content-55-28153-1.html,2020年8月30日访问。

第八章 互联网慈善伦理

随着互联网、大数据、社交媒体等新一代信息通信技术的发展,互联网慈善迅速崛起,成为我国公众热衷的慈善行为方式。2018年民政部依法指定的20家互联网公开募捐信息平台,为全国1400余家慈善组织发布募捐信息2.1万条,网民点击、关注和参与互联网公益慈善超过84.6亿人次,募集善款总额超过31.7亿元。慈善组织通过腾讯公益募款17.25亿元、蚂蚁金服募款6.7亿元、阿里巴巴公益募款4.4亿元。① 仅2019年上半年,就有52.6亿人次点击、关注和参与互联网慈善,募集善款超过18亿元。行走捐、阅读捐、积分捐、消费捐、企业配捐、虚拟游戏捐等五花八门的互联网慈善形式,让人眼花缭乱。与此同时,互联网慈善却乱象丛生,引发争议不断。罗尔事件,人人优益、善心汇等网络传销案,小凤雅事件,助学达人王杰性侵案,水滴筹扫楼事件,以及吴花燕事件等互联网慈善道德失范事件引发舆论风暴,让人大跌眼镜。当前,互联网慈善带来了诸多伦理道德层面的争议和困惑:个人能否发起互联网救助筹款?如何监管互联网募捐信息平台?互联网筹款是公益还是商业?如何确保互联网慈善公开透明?

第一节 互联网慈善概述

一、我国互联网慈善兴起的背景与动因

第一,21世纪以来互联网企业异军突起,成为公益事业的重要力量。

---

① 参见《互联网慈善的"中国样本"正在形成》,https://www.sohu.com/a/308719461_100181832,2020年8月30日访问。

2007年6月成立的腾讯公益慈善基金会是中国第一家由互联网企业发起成立的公益基金会。2010年,阿里巴巴集团公开承诺,将拿出每年营收总额的3‰,投入阿里巴巴公益基金。到2020年,阿里的公益事业已经通过多个平台融入商业模式之中,"全民公益"模式由此诞生。

第二,公众慈善意识增强、参与热情高涨。当前,我国转型期社会问题凸显,特别是分配制度存在诸多不足,全社会对公益慈善需求增加。借助方便快捷的互联网慈善平台,社会公众参与慈善事业的热情空前高涨。自2015年开始,腾讯发起"99公益日"活动。2019年"99公益日",腾讯公益慈善基金会拿出3.9999亿元配捐,提出了"一块做好事"的朴实口号,通过公益和科技、文化、社交等丰富元素的创新结合,为线上线下的数亿网友提供了多元化的公益参与场景。2015—2019年,"99公益日"捐款人次从最初的205万元增长到2800万元,并在2019年实现了参与活动的慈善组织数和企业数双双过万的成绩。

第三,政府对互联网慈善事业的支持和规范。2014年,国务院印发《关于促进慈善事业健康发展的指导意见》。这是自中华人民共和国成立以来,第一个以中央政府名义出台的指导、规范和促进慈善事业发展的文件。该意见提出要发挥网络捐赠技术优势,方便群众就近就便开展捐赠。2016年我国正式颁布施行了《慈善法》,其中对慈善募捐主体、资格、平台、程序等重要问题作出了规定。特别是《慈善法》第23条明确规定:"慈善组织通过互联网开展公开募捐的,应当在国务院民政部门统一或者指定的慈善信息平台发布募捐信息,并可以同时在其网站发布募捐信息。"2016年以来,民政部先后遴选指定两批慈善组织互联网公开募捐信息平台。2017年7月,民政部公布《慈善组织互联网公开募捐信息平台基本技术规范》《慈善组织互联网公开募捐信息平台基本管理规范》等两项推荐性行业标准,初步形成了互联网慈善法律规范体系。

第四,大数据、移动互联、云计算、区块链、社交媒体、移动支付、在线直播等新一代信息通信技术的开发和应用,为互联网慈善发展提供了平台和技术支撑。从2007年开始,支付宝、财付通等第三方网络支付平台,已经开始进入公益慈善领域,改变了慈善机构只能依赖银行汇款和募捐的传统模式,降低了筹款门槛,便利了民众捐赠。2013年开始,凭借微信、微博等网络社交平台,公益慈善传播的速度得到极大提高,传播成本极大降低,互联网和信息技术在善款支付、慈善理念传播这两方面助力,快速推动了我国互联网慈善事业的发展。

二、互联网慈善的内涵与特点

互联网慈善可以从狭义与广义两个维度进行理解。狭义的互联网慈善等同于网络募捐。网络募捐是指通过网络这一媒介,在一定范围内形成辐射力和影响力,整合网络资源,发动网民力量,为在网络上进行求助的群体提供无偿的经济募捐的一种非营利行为。广义的互联网慈善包括通过网络媒介或者平台向公众宣传公益活动,或者公众自发通过网络平台参与,并最终在现实中取得成效的救助行为。综合看来,互联网慈善是指个人、团体或组织基于慈善救助的目的,以广大网民为对象,借助互联网平台开展的非营利性志愿服务、善款筹集以及慈善宣传等活动。[1]

相比于传统的慈善形式,互联网慈善具有自身的优势和特点:

第一,便捷灵活。互联网慈善作为随手公益、指尖公益,只要有善心和意愿,在任何地方、任何时间都可以在网络上进行慈善捐助,小到一二元,大到数万、几十万元。一方面,互联网慈善使公众参与度大大提高,只要有手机和电脑,就可以操作与使用,移动端随时可及、方便灵活;另一方面,互联网慈善打破了时间和空间对慈善活动的限制,不需要在特定的场地展开慈善活动,也不需要太多的工作人员,节约了场地费用和人工成本。

第二,全民参与。传统慈善大多是事业有成的中老年人把钱捐出来体现爱心,但互联网慈善打破了这个传统形式。当前较为流行的体验式网络慈善项目、运动式慈善项目以互动的方式让更多的人参与到网络慈善中,满足现代年轻人的需求,覆盖面广,利于营造慈善文化。

第三,智能精准。互联网慈善的智能化主要体现在募捐技术的智能化、产品和项目设计的智能化、募捐捐赠志愿参与人员的智能化和数据分析的智能化。此外,借助智能化技术和数据分析能够精准识别帮扶对象,实现慈善募捐流程与管理的精细化。

---

[1] 参见冯春、黄静文:《网络慈善失范现象及其治理》,载《贵州财经大学学报》2019年第5期,第102—110页。

第四,高效透明。传统慈善模式需要消耗大量的人力物力财力,且常常因为运作的不透明而饱受诟病。互联网慈善能够通过科技手段配置资源,基于移动终端把募捐和志愿服务的有关信息输入其中,在线上高效地完成慈善捐助活动。与此同时,互联网平台可以方便地将募捐者、捐赠者、受益人、志愿者、善款去向等相关信息完整展示,实现慈善过程的公开透明。

第五,开放虚拟。网络慈善信息公开透明的同时也具有真伪难以辨别的弊端。开放虚拟的互联网属性会让不法分子有机可乘。因此,克服网络慈善虚拟性带来的弊端是推进网络慈善健康发展需要解决的问题,也是需要多方参与主体共同努力的着力点。

三、互联网慈善募捐平台

根据民政部发布的《慈善组织互联网公开募捐信息平台基本管理规范》,公开募捐信息平台是指通过互联网为具有公开募捐资格的慈善组织发布公开募捐信息的网络服务提供者。由此概念可以得知,官方界定的公开募捐信息平台的服务对象是具有公开募捐信息资格的慈善组织,而非不具备公募资格的慈善机构。公开募捐信息平台发布的信息应是公开募捐信息,而非个人求助等非公开募捐信息。公开募捐信息平台是以互联网为媒介,具有公募资格的慈善组织通过指定的互联网平台发布公募信息的载体。

目前,我国互联网慈善募捐平台主要包括以下几种类型:第一类是具有公开募捐资格的组织自设平台,主要是慈善组织开通的募捐网站,是传统募捐结合互联网技术的产物。目前有不少慈善组织,如中国扶贫基金会、中国红十字基金会等都将网络募捐作为重大发展战略。第二类是互联网企业搭建的慈善募捐平台,如蚂蚁金服公益、新浪公益、百度公益等。第三类是网络众筹平台,如轻松筹等。在这种平台上进行公益众筹的大多为无公募资格的组织或者个人。第四类为企业搭建的基于社交媒体的慈善募捐平台,如腾讯公益的"一起捐"、新浪微公益等,其中大量的是个人求助信息。

2016年以来,民政部先后遴选指定了20家慈善组织互联网公开募捐信息平台,具体包括:腾讯公益、淘宝公益、蚂蚁金服公益、新浪微公益、京东公益、百度公益、公益宝、新华公益、轻松公益、联劝网、广益联募、美团公益、滴滴公益、善源公益、融e购公益、水滴公益、苏宁公益、帮帮公益、易宝公益、中国社会扶贫网。

第二节　互联网慈善的价值与伦理失范

一、互联网慈善的积极价值

（一）科技配置资源，互联网慈善有利于提高慈善捐助效率与效能

社会上总有一些因贫困、疾病、年老体弱、身体残障等原因导致的困难群体，社会要对这些群体提供相应的帮助、救助和关心。这就需要一定的资金和人员进行帮扶。互联网慈善捐助筹款形式灵活，能够大幅度提升筹款能力，有足够的资金和反应效率为困难群体提供更好的条件，这为公益慈善事业奠定了牢固的大众基础。

首先，在互联网时代，移动支付技术为网络募捐提供了便捷平台，极大地提高了全社会特别是普通公众慈善捐助的能力和数额。

其次，传统面对面募捐和捐赠受时间与地点的限制，而互联网慈善可以随时随地进行捐赠，可以方便地在线招募志愿者，捐赠人和志愿者还可以实时进行互动和反馈。

最后，互联网慈善借助大数据技术可以对慈善捐助数据进行比对和分析，能够直观地了解慈善参与人的特征与行为方式、影响募捐与捐赠的因素、志愿服务情况，经过数据挖掘、加工和整理，还可以呈现公益慈善的内在逻辑与规律。

（二）科技连接信任，互联网慈善有利于传播慈善理念和慈善文化

与传统慈善文化传播方式相比，互联网慈善可以借助社交媒体等信息通信技术将慈善理念、慈善文化进行更为广泛和持续的传播与推广，吸引和带动更多的民众关注、支持和参与慈善捐助活动。与此同时，互联网慈善通过科技连接广泛存在的社会信任，有助于在较短的时间内塑造独具特色的慈善公益项目和品牌。通过多地、多主体、多点、多面、多平台、多形式的传播方式，使优质的慈善项目和品牌影响力呈几何级数放大，有助于在全社会营造全民参与的公益慈善氛围。

（三）科技助力产业，互联网慈善有利于促进公益慈善事业可持续发展

互联网慈善能够在较短时间内得到迅速发展，其背后的原因在于知名

互联网企业对于慈善事业的大力支持。国务院公布的 20 家慈善组织互联网公开募捐信息平台中绝大多数都依托于实力雄厚的互联网企业。借助互联网企业成熟的平台、超大的用户流量和完善的运营模式,我国互联网慈善迅速走上了产业化发展之路。当前,互联网慈善已经基本形成了一条完整的生态链与产业链,互联网企业凭借强大的资源调动、项目运作和商业推广能力迅速实现了互联网慈善跨越式发展和中国式的全民慈善。虽然以网络众筹为代表的互联网慈善依旧面临模糊公益与商业边界、募捐程序规范化不足、受助者诚信缺失等困境与问题,但是随着法律法规、社会监督、行业自律等治理机制的逐步健全,互联网慈善对于我国公益慈善事业可持续发展将会起到更为重要的带动作用。①

二、当前我国互联网慈善伦理失范的表现

(一) 互联网慈善骗捐事件频发

网络慈善骗捐可以分为两种类型:

一类是求助者故意捏造事实,编纂故事骗取捐款。这属于求助者利用网络的虚拟性、匿名性和信息难以核实的缺陷进行的骗捐。例如,知乎女神"童瑶"骗捐事件。2015 年,苏州一工厂做操作工的男子童某借用美女头像,在知乎网上将自己打造为知乎女神"童瑶",再注册小号扮演患病女大学生"ck 小小",然后上演起"双簧"苦情戏,成功骗到 24 万余元爱心款。2015 年 6 月,"ck 小小"在知乎网上发表了一篇长文。文中写道,自己系一名患有先天性心脏病的女大学生,家境平平,父母为其凑足手术费用并进行了手术,此后遭遇手术失败,生无可恋,不愿继续靠药物维持生命。此后,"ck 小小"在该帖中公布了自己的支付宝账号以接受爱心网友的捐赠。此后,"童瑶"推荐该文,并称自己亲自去看望了"ck 小小",希望大家为其捐款。由于"童瑶"在网上拥有 5 万多粉丝,在"童瑶"的号召下,不少网友纷纷慷慨解囊,希望用一己之力帮助"ck 小小"渡过难关,让她重拾对生活的希望。

另一类是求助者有意或无意隐瞒自身真实经济状况进行的求助。这一

---

① 参见徐家良:《互联网公益:一个值得大力发展的新平台》,载《理论探索》2018 年第 2 期,第 18—23、38 页。

类不属于严格意义上的骗捐事件,但涉及对真实情况的隐瞒,有选择性地发布信息。

案例 8-1　　全国首例"网络众筹骗捐案"

2018年4月15日20时许,莫先生在"水滴筹"平台发起个人大病筹款项目,为其子治疗疾病筹集医疗费用,设定的筹款目标为40万元整。截至2018年4月16日21时55分筹款结束时,该项目共筹得款项153136元整。筹款结束后,莫先生申请提现,平台审核相关材料后,于2018年4月18日16时许向莫先生的银行账户支付153136元整。2018年7月23日,莫先生之子因病去世。同时,"水滴筹"平台收到举报信息,得知莫先生并未将其所筹款项全部用于患者治疗,也未积极寻求治疗,导致患者健康状况逐渐恶化,直至去世。法院经审理查明,除在"水滴筹"筹得的款项外,莫先生还通过其他社会救助渠道,获得救助款58849.71元,且这些均发生在通过"水滴筹"筹款前,但莫先生在"水滴筹"筹款时并未披露相关情况。同时,莫先生在通过网络申请救助时隐瞒了其名下车辆等财产信息,也没有提供其妻子许女士名下的财产信息。此外,莫先生通过"水滴筹"发布的家庭财产情况与其申请其他社会救助时自行申报填写的内容、妻子许女士的证言等也存在多处矛盾。2019年11月6日,北京市朝阳区法院对"水滴筹"向莫先生追讨善款一案进行宣判。法院认定筹款发起人莫先生隐瞒名下财产和其他社会救助,违反约定用途将其所筹集的款项挪作他用,构成违约,一审判令莫先生全额返还筹款15万余元并支付相应利息。同时,法院要求"水滴筹"平台后期应准确将善款返还赠与人。

资料来源:《15万筹款未用于治疗,"水滴筹"起诉发起人返还获支持》,https://www.sohu.com/a/351929129_123753,2020年8月30日访问。

(二)网络募捐平台存在谋利倾向

一些网络募捐平台借募捐之机收取高额的所谓管理费、税款、置顶费,搞竞价排名,名为助人实为敛财,违背慈善活动非营利性伦理准则。所谓"置顶费",就是受助申请人向网站缴纳一定的费用,以便申请者的求助信息能够在该慈善网站的突出位置显示,进而获得更多的捐赠款项。

案例 8-2　施乐会收取高额网站置顶费遭曝光

　　自称为"中国首家全透明网络慈善平台"的施乐会被指通过第三方网站,长期、多次向申请受助者收取高额网页置顶费,以便申请者的求助信息能够在该慈善网站的突出位置显示,获得更多的捐赠款项。2014 年 11 月,因女儿生病陷入困境的杨先生向媒体表示,近一年来,他在向施乐会网站求助的过程中被该网站工作人员告知,每月缴纳一定的费用,就可以将其求助信息放在网页显眼处。一年多来,他得到 12 万元捐款,却先后缴纳了 10 万多元"置顶费"。事实上,在进行慈善活动过程中进行收费,从而引发公众质疑的事件,在施乐会已经不是第一次了。2012 年,施乐会因承诺"每个社工可以从每笔捐款中最高提成 15% 作为报酬",被网友指责为"骗捐"。虽然此后该网站一直宣称募捐透明公开,但通过第三方机构向受助人进行收费的事实又一次让这个慈善机构的商业化运作陷入了舆论的漩涡中。施乐会的举措使整个慈善活动更像一次商业交易:在这个平台上,求助人"出售"困难,捐助人"购买"行善,而一些"提成""收费"等商业化意味极强的"创新举措",往往容易让公众对其是否从中获利心存疑虑。对此有专家表示,公益组织不应该用社会捐款承担运作成本,但是可以专门向企业、社会筹款,"所有账目都需要公开,资金的来龙去脉都向社会告知"。

　　资料来源:《施乐会收取高额网站置顶费遭曝光》,http://gongyi.sina.com.cn/gyzx/2014-11-10/102850673.html,2020 年 8 月 30 日访问。

(三) 互联网慈善沦为非法活动的工具

　　实践中,有组织或网站打着慈善的名义从事非法集资等犯罪活动。主要表现为三种形式:一是以慈善名义包装传销活动,非法集资;二是成立慈善组织、设立慈善网站吸引捐赠人捐助直接敛财;三是凭借网络慈善所获善款侵害受助人。例如,某传销团伙打着"人人公益,爱心慈善"的幌子,诱骗注册会员献"爱心"进行投资,并承诺 500 天可收回 5 倍投资,并鼓励会员在线下"拉人头",实施传销。该平台在既不理财也没有实体商品交易的情况下,上线仅一个月,就吸收资金超 10 亿元,涉及全国约 20 万人。

案例 8-3　网络主播"伪慈善"获刑

2016年,一段视频在网上流传,视频中,两名男子在快手直播平台上直播做慈善,安排凉山州某村村民站成两排,随后直播给村民发钱,而在直播结束后,这些人又从村民手中把钱拿回来。事后,发钱男子承认,先发钱拍视频,拍完后再收回来,确实是自己所为,目的是为了增加粉丝数和观看量,让"粉丝多刷礼物"。更讽刺的是,其中一名男子其实是第一个在快手直播揭秘"伪慈善"的"快手杰哥",不过,被他的揭秘对象在"反扑"时使出"撒手锏",放出了这段偷偷录下的视频。事实上,先发钱再收回去的"伪慈善"并非这一起。在网络直播兴起之后,多名打着慈善名义前往凉山州的"志愿者",实际上却从事着借慈善敛财的勾当。"这是'快手慈善圈'的通用法则,直播慈善能上热搜榜,粉丝涨得快,有了粉丝,就有了一切。""快手杰哥"说。这些依靠"慈善"作为直播节目的主播,在直播平台上掘得了第一桶金。长期在快手直播看视频的赵先生对这些"慈善"主播涨粉的迅速深有体会。"刚开始关注他们时才800多粉丝,短短两个月,已经63万了。"泰和泰律师事务所律师认为,这些主播做"伪慈善"的行为属于用虚构事实骗取大家在金钱上进行支出,他们以非法占有为目的取得了别人的钱财,情节严重,属于一种诈骗。2017年9月,凉山州布拖县人民法院对上述2016年凉山州"伪慈善"网络诈骗案件进行了宣判,因犯网络诈骗罪,"快手杰哥"获刑三年八个月。

资料来源:《网络主播被曝直播伪慈善:钱给出去拍完再收回》,https://www.sohu.com/a/118295676_502218,2020年8月30日访问。

第三节　互联网慈善伦理失范的原因与治理

一、互联网慈善伦理失范的原因

第一,网络慈善平台信息甄别存在难度。网络慈善的虚拟性加大了信息审核的难度,而网络慈善平台短时间、高效率的操作也意味着第三方慈善平台难以对求助信息进行细致的甄别。网络慈善平台一味追求用户数量的增加，也会忽视对于求助信息的审查，容易被有意骗取善款的人钻空子。同时，由于网络慈善平台上项目众多，但平台专职工作人员有限，对于个案的核查和筹款使用情况的追踪能力不够，加之涉及求助者隐私，在求助者不合作的情况下，网络慈善平台对于项目真实性的验证难度较大，对于经具有公募资格的慈善组织认证了的项目就会直接接受。此外，由于网络慈善平台与慈善组织联系不足，双方没有实现信息互通，因此，网络慈善平台欠缺审核慈善组织信息的权限与能力。

第二，互联网慈善公开透明机制不足。当前，大部分指定的网络慈善平台都会对慈善项目进行追踪，如腾讯乐捐在项目结束后会发布结项报告，蚂蚁金服公益会公布善款的去向，但还是有一些慈善平台或组织没有及时公布慈善项目的完成情况，在其官网上无法查询救助项目信息，对捐赠者进行项目实施情况反馈的主动性不足，网络慈善项目捐赠者的监督角色因此被忽视。与此同时，虽然轻松筹网络慈善平台、蚂蚁金服公益平台等多个网络慈善平台会实时更新网友的捐赠情况，但这种流水式匿名式的捐赠情况公布，只能看到网友频繁奉献爱心的情况，无法看到捐赠者的信息，也没有专门针对捐赠者进行项目反馈的有效方式。

第三，相关的法律规范尚处于空白。一方面，《慈善法》第35条规定，"捐赠人可以通过慈善组织捐赠，也可以直接向受益人捐赠"。另一方面，《慈善法》第26条规定，"不具有公开募捐资格的组织或者个人基于慈善目的，可以与具有公开募捐资格的慈善组织合作"。也就是说，《慈善法》禁止个人进行网络公开募捐，但对于个人求助行为没有明确禁止。这一规定产生的法律灰色地带，容易被有意发布个人虚假救助信息进行募捐敛财的人钻空子。现有的配套规章制度多是从互联网募捐平台入手，强化了公开募捐平台的责任，但是没有涉及其他主体责任的规定。例如，发起人、筹款人、捐赠人的权利义务、责任承担均无明确规定，求助人信息披露范围不清、标准不明、责任不实，筹集款项的流向和使用不公开、不透明、不规范。

第四，对于互联网慈善平台政府监管不到位。民政部于2016年和2018年公布了两批慈善组织互联网募捐信息平台，但现实中还有许多未获得官方认证的第三方网络慈善平台，这些慈善平台发布的大多是个人求助项目。

民政部公布的《公开募捐平台服务管理办法》以及《慈善组织互联网公开募捐信息平台基本技术规范》和《慈善组织互联网公开募捐信息平台基本管理规范》两项推荐性行业标准,强化了对网络慈善平台的管理,但该两项行业标准更多的是对指定的两批网络慈善平台的管理规范,将个人求助和网络互助排除在外,没有对其他类型的网络慈善平台进行规定,留下了真空地带。我国慈善组织的成立需经过登记注册,能够在政府的有效监管内,而网络慈善平台可以不依托于慈善组织,仅仅是一个发布信息的中介平台,其中不乏以组织或个人的名义创建的慈善网站。各类慈善平台良莠不齐,其中充斥着数量庞大的信息,政府监管难度大。

第五,对于互联网慈善平台社会监管不够。一是捐赠人欠缺监督的意识和能力。通过网络慈善平台发布的项目所求助的是千千万万的普通网友,没有特定的对象,而普通捐赠者捐赠的金额数量较少,加上主动监督的成本较高,普通网友无心进行监督。在网络慈善透明度不足和欠缺政府权威机构支持的情况下,普通捐赠者难以考证平台是否全数将善款使用到位。二是缺乏行业监督。我国网络慈善行业内部缺乏自律理念和自律机制,目前尚未形成统一的网络慈善组织及网络慈善行为规范和职业准则,导致网络慈善平台的不正规操作难以及时发现和进行有效惩罚。

二、互联网慈善伦理失范的治理对策

第一,强化网络慈善信息审核。网络慈善平台需完善募捐程序、严格制度设置,对求助信息进行严格审核。一方面,可建立一个第三方求助信息审核平台,运用大数据技术,融合网络慈善平台、公益组织、医院、医疗报销机构等相关信息,实现信息互通。另一方面,可以设置专门的举报平台,畅通举报渠道,并确保对于举报群众的信息保护。

第二,加强信息公开透明。慈善组织需要公布其组织基本情况,包括资质认定、组织架构、人员组成等,以及主要的网络慈善项目、项目开展情况、善款募集和使用情况等,特别是组织的财务状况需要定期向社会公布。网络慈善平台应该及时发布项目发起者和求助人的基本信息,各个项目募捐金额、时限、进度等信息,最终募集情况和分配情况等。捐赠人可以在特定的网站公开自己的捐赠情况。鼓励第三方评估机构,不定期对网络慈善组织、网络慈善平台进行财务、人力、慈善项目等重要信息的调研、审计,形成专业报告并及时向社会公布。受赠人应该主动公布自己的身份、求助缘由、获得的善款总额、善款使用情况和余款流向等信息,并提供相关的凭证。

第三,加强政府监管。一是设置资质认定标准,严格按照标准实施网络慈善平台资质审核工作,完善平台登记注册制度,提高准入门槛,实施平台分类监管。二是建立网络慈善平台随机抽检、评估制度。建立定期考核制度,定期对网络慈善平台进行审查,建立诚信档案、黑名单制度,对不合格的平台及时进行责令整改。三是畅通平台进出机制。通过建立灵活的进入退出机制,对于发展良好的平台按照标准纳入"白名单",而对于运行漏洞明显的平台,在无法及时进行整改的情况下,应将其淘汰。四是完善平台责任追究机制。借助独立审计机构、第三方评估机构、社会公众及媒体的监督作用,接受社会举报,对被举报平台进行审查,对于违法平台要进行责任追究和严格惩戒。

第四,加强平台内部治理。一是平台要进一步完善自身的功能构建,完善咨询检索、在线捐赠、项目管理、捐赠查询等基本功能设置,强化网站安全设置,保证资金安全和求助信息安全。二是网络慈善平台要承担起信息审核责任,加强对发布慈善项目的慈善组织的资质审核,以及求助人个人信息的核实。三是建立信息披露制度,对慈善项目实施情况、捐赠状况、募捐数额、善款使用等信息进行分类管理,定期披露,并接受和回应网友的质疑和询问。网络慈善平台可以依靠自身的技术优势,参照网络购物中物流信息发布的模式,实施善款使用情况全程式披露,确保善款善物能够按照捐赠人的意愿实现"专款专用"。

第五,探索法制化治理途径。一是提升网络慈善法治化意识。政府要遵循依法监管的原则。监管行为和程序应遵循相应的法律法规,同时将监管责任落实到监管主体上。另外,加强公民的诚信教育和普法宣传,引导广大网民在对网络慈善活动进行质疑时正确、理性发言,在自行查证网络慈善活动、求助信息真假时避免侵犯求助者个人隐私权。二是完善《慈善法》及其配套制度。一方面,对现有《慈善法》中涉及网络慈善的条款进行细化和制定司法解释;另一方面,针对我国现有网络慈善多样化发展现状,出台专门的网络慈善条例,规定发起网络慈善项目的主体资格、相关主体的责任和义务、具体程序等,并将《慈善法》未涉及的个人求助纳入规制范围。三是健全网络诈骗犯罪方面的法律法规。对于发布虚假信息骗捐、诈捐的行为要纳入《刑法》处罚范畴,专门规定其构成要件、涉案金额等,对涉嫌通过网络慈善从事违法活动的坚决追究法律责任。①

案例 8-4　罗尔事件

个人借助互联网平台向社会各界求助是网络慈善的一种重要类型,这种求助方式快捷高效,在短期内可以解决求助者的燃眉之急,但随之带来的诸多问题却引发大量争议。罗尔事件就是近年来最为典型的引发社会争议的网络公益众筹事件。2016 年 9 月 8 日,罗尔 5 岁的女儿罗一笑被检查出患有白血病,于是罗尔开始在微信公众号上记录一家人与白血病"战斗"的历程,接受读者的"打赏"。从 9 月 10 日起至 11 月 22 日,罗尔在自己的公众号上共写作 22 篇文章,打赏约为 390 人次。11 月 21 日,罗一笑病危住进重症监护室。11 月 25 日,罗尔发布《罗一笑,你给我站住》一文,该文连续两天打赏满 5 万元。11 月 27 日,微信公众号"P2P 观察"发布罗尔的《耶稣,别让我做你的敌人》一文,文章最后鼓励用户转发:"大家每转发一次,小铜人公司就向罗尔定向捐赠 1 元(上限五十万元)"。于是网友们纷纷转发和扩散,并在罗尔和小铜人公司公众号进行捐款和打赏。最终《罗一笑,你给我站住》一文分享转发达 54 万次,赞赏金总额达 260 余万元。12 月 1 日,罗尔被曝光坐拥三套房、两台车、一家广告公司。深圳市卫计委公布了罗一笑治疗情况及治疗费用合计为 20.04 万元,其中医保支付后自付 3.6 万元,并非罗尔所说的大半不能报销。随后,罗尔承认自己有三套房子,但表示分别要留给儿子和现任妻子以及用作自己的养老。剧情的反转使得网友们纷纷认为深度参与此事件的某家 P2P 公司是"带血营销"。最终,在舆论的压力下,罗尔将募捐得款 260 余万元通过微信原路退回至网友。

资料来源:《罗一笑罗尔事件始末内幕　小铜人资料背景简介》,http://www.mnw.cn/news/shehui/1480206.html,2020 年 8 月 30 日访问。

---

① 参见冯春、黄静文:《网络慈善失范现象及其治理》,载《贵州财经大学学报》2019 年第 5 期,第 102—110 页。

第九章 西方国家慈善伦理

慈善伦理是慈善活动中调节慈善行为主体与客体各方面关系的道德原则和规范的总和,是慈善活动中各种道德意识、道德行为、道德心理的体现,是依据一定的社会伦理道德基本价值观念对慈善活动的客观要求进行的理性认识和价值升华。西方国家慈善伦理是由宗教信仰引发的,以同情心为情感基础的,从功利论、义务论、美德论等理论源泉出发形成的价值观念、行为准则、美德评判标准,并以西方国家民众自发组织慈善活动,自主管理慈善组织为主要慈善行为方式的慈善伦理。

第一节 西方国家慈善伦理的发展演变

一、基于宗教的慈善伦理

西方国家私人慈善活动古已有之,就其出现的思想根源来看,宗教起了决定性的作用。对西方国家慈善思想起源影响最大的宗教当属基督教。《圣经》中蕴含着丰富的公益慈善思想,直接成为西方近现代慈善伦理的重要源泉。

西方早期慈善伦理思想主要源自以《圣经》为主体的宗教典籍。这一时期的慈善观念还主要依赖宗教意识,体现为一种救助个人的慈善,往往是一种单方向的"赐予"。

首先,慈善是爱的体现。在《圣经》中,慈善是以人与人之间要互相尊重、互相敬爱、公平、公正为出发点,强调善待他人和帮助他人。耶稣说:"我赐给你们一条新命令,乃是叫你们彼此相爱;我怎样爱你们,你们也要怎样相爱。"(《约翰福音》第13章第34—35节)具体而言,这种慈善之爱包括爱上帝和爱人,这是律法和一切道理的总纲。

其次,慈善是爱的行动。《圣经》教导基督徒以仆人身份去服务社会。《圣经》中明确提出了"什一捐"的规定,即从个人年收入中拿出 1/10 来献祭于上帝或救助穷人。在《圣经》慈善即爱的思想感召下,基督徒们形成了参与慈善公益事业的传统,慈善服务的对象包括各种弱势群体、教会组织所在地区及社区居民、迫切需要帮助或因天灾人祸而急需人道主义援助的特殊群体,服务对象也打破了部门、行业、地域、民族、信仰、性别等的限制。

二、基于责任的慈善伦理

16 世纪末 17 世纪初,欧洲各国逐步经历了宗教和政治的变迁。随着宗教改革和政教分离,与教廷决裂的政府也需要重振原来由教堂经营和管辖的慈善事业,从而进一步巩固政权、维持统治。一些国家逐步将赈灾济贫视为政府所应提供的公共服务,开始将以教区为单位的社会救助纳入政府资助项目之中,并颁布相应的法律予以规范。富裕的新兴商人阶层在早期宗教慈善思想的影响下,逐步形成了健康的财富观念和社会道德责任意识,开始成为慈善事业的主力军。这一时期,王室和贵族开展的慈善活动主要局限于农村贫困人口救助,而新兴商人阶层则在城镇中从事捐建救济院、医院、管教所、贫民习艺所、初级学校、大学以及市政改善等方面的慈善活动。西方慈善文化主要起源于宗教,然而慈善事业的蓬勃发展却在很大程度上得益于政府的重视和新兴商人阶层的推动。在传统宗教慈善思想、近现代商品经济理念与现实的碰撞及相互影响过程中,宗教慈善思想逐步内化成为人们内心之中的道德及责任观念,作为救助个人的慈善开始向作为道德和社会责任的慈善转化,慈善事业逐步走向了世俗化。

三、现代慈善伦理的形成

19 世纪末 20 世纪初,随着社会经济的飞速发展和慈善事业的普及,西方慈善伦理也发生了较大的变化。如果说此前西方慈善事业的主导理念是强调"授人以鱼"的赈灾济贫的话,那么这一时期的慈善理念则是强调"授人以渔"的助人自立,主张要建立科学的公益事业。20 世纪以来,政府的介入可以说是影响西方慈善事业发展的最显著因素,政府为慈善活动提供了更为稳定的资金支持,推动慈善事业成为西方国家福利制度的重要组成部分。与此同时,为避免政府的过度干预和志愿精神的衰亡,西方各国又积极探索出了一条政府与志愿组织进行合作的新路,既保证了国家福利制度的实施,又使慈善事业的独立精神得以延续。无论在欧洲还是美国,在慈善事业的蓬勃发展过程中,逐渐形成了现代慈善伦理,其核心思想包括以下四个方面:

一是公益慈善。现代慈善捐助不再以个人恩赐的方式直接救助他人,而是通过一定的社会公益机制(各种慈善组织)间接地到达受助人手上。这种以公益组织为中介的现代慈善文化,使捐赠者与受赠者分离,免除了感恩与求回报的心理,超越了施舍与恩赐的狭隘思想,更加凸显了以人为本和人文关怀。

二是公民慈善。现代慈善伦理主张从事和参与慈善活动不仅是公民的一项权利,更是每个公民都应履行的一种义务。这种慈善义务远远跨越了熟人社会的边界,遵循普遍、普世、平等的原则,在更为开放的陌生人社会中进行,让公民更好地融入社会、回报社会。

三是公开慈善。西方社会的民众愿意捐赠,很大程度上是因为他们相信接受捐赠的慈善机构会把自己所捐献的钱物用于他们所关注的事业上,捐赠者能够通过便利的渠道了解到自己所捐款项的使用情况。这与慈善机构公开透明的运作机制以及政府的严格监管政策有密切的关系。

四是专业慈善。无论是慈善组织的运作,还是慈善活动的开展,慈善事业都不是公民单纯的奉献爱心和个体行为,而需要专业的组织通过专业的方式来运营,以保持慈善活动的经常性、持续性、规范性和相对稳定性。公民的志愿活动,往往需要通过慈善组织的精心策划、培训和安排,才能给受助者提供规范优质的服务。[①]

第二节 西方国家慈善伦理实践特征

慈善伦理实践特征主要表现为参与各种慈善活动以及与慈善相关的文

---

① 参见耿云:《西方国家慈善理念的嬗变》,载《中国宗教》2011年第12期,第52—54页。

化建设、心理调整和社会体制的建立,包括人们主动担当志愿者、参加慈善捐助活动、建立慈善公益基金会、组建公益市场,政府制定与慈善相关的法律条文和政策规范等。总的来看,可以从个人、慈善机构、政府三方面把握西方国家慈善伦理实践特征。

一、西方国家个人慈善伦理实践特征

当代西方的慈善伦理提倡的是平民慈善和大众慈善。慈善由心而发,并不在乎钱的多少。慈善的理念不仅包括捐助财物,还包括其他相关的志愿服务,如社区义工等。在西方人的观念中,捐献出自己的时间,捐献出自己的技能,与捐献财物一样,同样是进行慈善。慈善不仅仅是指富人帮助穷人,平民慈善,甚至是穷人之间的互助是更值得称道的,且更能体现一个人的道德修养。大众化的慈善意识是西方国家个人慈善伦理实践的最重要特征。

例如,美国慈善事业发展至如此成熟的地步和庞大的规模,不仅仅是依靠富豪慈善来完成的,更大程度上是由平民慈善堆砌而成。普通民众甚至是生活并不富裕的家庭也都积极参与到慈善事业中。在美国,个人捐赠额占到慈善捐助的绝大多数,远超过其他方式的总和。无论是腰缠万贯的大富豪如巴菲特、比尔·盖茨等,或是中产工薪阶层人群如律师、医生、教师等,还是收入水平较低的普通民众,都积极投入慈善事业,或者捐钱,或者献力,尽自己的一份财力和心力。2007 年,由联合国前秘书长安南与美国众富商和社会名流举办的一场"为非洲贫困儿童筹款"的慈善晚宴,就是以一个没有请柬,仅捐了 30 美元 25 美分,但却是她全部储蓄的小姑娘——露西为主角的慈善晚宴。巴菲特之所以会亲自带露西走进慈善晚宴,仅仅是因为她去捐助时说了这样一句话:"慈善捐的不是钱,而是心"。

二、西方国家慈善机构伦理实践特征

西方国家慈善机构伦理实践特征体现在高自治性、高竞争性与同业自律等方面。

一是高自治性。西方国家慈善机构遵循着一种自我约束、自我建构的路径。政府部门对慈善组织的监管主要通过司法、税收和外部监督进行,很

少直接干预慈善组织的运营,目的是鼓励慈善组织的自治性和民间性,让其进行独立的管理和经营,发挥其灵活性。在美国,慈善组织可选择登记注册或不登记注册,只要其行为不触犯相关法律,政府对慈善组织的决策与活动无权干涉。

二是高竞争性。尽管慈善组织的行动领域为社会公益性服务市场,但这并非免于竞争机制,西方国家慈善组织为获取政府有限的财源支持或社会捐赠,须主动披露与公开自身信息并展开激烈的相互竞争,以证明其具有较强的能力和公信度。事实上,这种强大的竞争机制,已成为鞭策西方国家慈善组织不断提升组织声誉的重要基石。募款竞争是西方慈善领域竞争的核心。开放性、非排他性的募款竞争是西方国家慈善组织须面对且要通过声誉建设来获取的竞争优势,这是因为在这些国家,募款权能是基于社会认证的而非具有垄断性,慈善组织需公平竞争,向外部呈现其具有值得信任的获捐资质。

三是同业自律。慈善领域具有典型的"溢出效应",即某个慈善组织的失信将会带来相近或相关慈善组织公信力的折损。因此,为更好地提升慈善部门整体声誉,国外慈善组织通常会自发、自愿成立各类同业自律联盟来对本领域的慈善组织进行约束和监管,特别是对慈善组织如何使用所募集资金进行监管,如美国慈善协会(American Institute of Philanthropy)与加拿大基督教慈善委员会(Canadian Council of Christian Charities)。同业自律性的慈善监管机构往往通过对监管客体和监管内容的信息公开来实现对被监管组织行为的约束,促进其组织声誉的提升。同业组织对于违纪会员单位将开除其会员身份并在相关网站或刊物上曝光,从而给会员单位造成较大心理和社会舆论压力。①

三、西方国家政府慈善伦理实践特征

当代西方国家慈善伦理中对于政府与慈善事业关系的主张是政府不要过多干涉个人和慈善机构的工作,但是政府在推动慈善事业方面依然有着十分重要的作用,主要通过立法、制定税收政策与推进信息公开等措施

---

① 参见张冉:《国外慈善组织声誉建设成功实践探析:基于政府实施的视角》,载《兰州学刊》2014年第12期,第145—152页。

体现。

1597年,世界上第一部慈善法《慈善用途法》明确了慈善的定义、慈善组织的基本规范和制度框架,并首次确立了政府对慈善基金会的管辖权。1853年,英国制定了《慈善信托法》,并根据该法成立了慈善委员会,这是一个具有准司法权力的慈善组织,负责对全英慈善组织进行登记和监督。2006年11月8日,英国颁布了新的《慈善法》,也是英国现行的慈善法。该法对英国慈善委员会、慈善法庭、慈善组织注册、慈善募捐、捐赠财产使用、慈善组织监督等内容均作了详细规定,建立了一系列慈善法律制度。在美国,政府部门从联邦到州一级都设有专门监管慈善组织的机构。美国《联邦税法典》规定,获得免税资格的组织不得从事商业性活动及与营利企业进行不公平竞争。基于该法,2011年6月8日美国国内税务局取消了约27.5万个非营利组织的免税资格。在澳大利亚,政府于2012年设立了独立于其他部门的专业性联邦慈善监管机构即澳大利亚慈善机构与非营利组织委员会。

西方国家负责日常性慈善组织管理的政府机构的主要职责不仅仅在于监管,更重要的是面向公众提供有关慈善组织的各类信息,让民众了解监管机构运作和慈善组织的详细情况,其中最主要的两种方式是信息公开和信息应对。例如,英国慈善委员会设立了官方网站,任何人都可通过这个信息平台及时了解慈善委员会各方面的工作情况、查询注册慈善组织的详细资料或与慈善委员会进行邮件联系。英国慈善委员会还建立了24小时的全国性公益举报和受理机制。在美国,政府对慈善事业的有效监管方式主要是向公众提供有关慈善组织和慈善募款的信息,通过公众监督来达到间接监管的效果。

第三节　西方国家慈善伦理的影响因素

西方国家慈善事业的发展与现代慈善伦理的形成得益于其完整的社会链条,西方国家慈善伦理是各种社会条件综合作用的结果。制度、经济、宗教、教育、舆论等因素对西方国家慈善伦理的形成发挥了重要作用。①

一、制度因素：完善的慈善捐助政策法律

(一) 简单规范的慈善募捐制度规定

在西方国家，非营利组织的活动大多属于公民活动的"私域"，不在立法和司法活动干预之列，因此政府对其慈善募捐活动也持比较宽松的态度。一方面，慈善募捐的准入门槛较低。譬如在法国，非营利组织经过批准后均可向社会发起慈善募捐活动；在德国，非营利组织只需经德国内政部或者警察部门的批准便可从事公益募捐活动；日本的公益募捐准入也未采用严格的许可制度，凡是法定的公益性社会组织都有从事公益募捐的资格。另一方面，慈善募捐的准入条件明晰、翔实。在日本，"指定捐款"资格获得前要向大藏大臣说明资金筹集的目的、数量、渠道、期限等以供审查；在英国，向慈善委员会申报公益募捐申请时，需要填写募捐者的基本信息、募款的使用以及其他申报要求等较为详细的表格，条件不符则拒发募捐证书。简单规范的非营利组织慈善募捐制度既增加了非营利组织募捐的自由度和慈善募捐的积极性，也提升了募捐活动的透明度和组织本身的公信力，从而驱动了公民的捐赠热情。

(二) 激励慈善捐赠的税收优惠制度

税收优惠是指国家利用税收负担上的差别待遇，给予特定纳税人税收特权，以期利用纳税人趋利避害的心理，直接或间接地影响纳税人在经济、社会领域的行动计划。非营利组织是西方国家组织和民众慈善行动的主要载体，由于西方法律明确规定个人对非营利组织的捐赠可以减免税金，这样，在既可以资助慈善公益事业发展又可以合法减免税赋的情况下，相当一部分企业和个人乐意向非营利组织提供捐助。为了合法避税和在生前坐拥慈善美名，美国富人更热衷于将大量收入捐献给慈善事业。美国成为慈善大国也正是得益于这种税收优惠制度的刺激。美国联邦法规定，纳税人只有向符合《国内税收法典》规定取得免税资格的非营利组织捐赠，才能享有

---

① 参见王昌沛：《西方国家公民慈善意识形成的环境因素分析》，载《郑州大学学报(哲学社会科学版)》2015年第1期，第176—180页。

税收优惠待遇。在英国,政府一方面通过征收遗产税、累进税鼓励个人向慈善组织捐款,另一方面也通过对公益性非营利组织进行税收减免以促进慈善事业的发展。在日本,《团体税法实施条例》对公益性团体指定了33类具体的活动,对这些活动设定比营利性活动低约10%的税率。在法国,从事公益事业的社团和基金会只要向公益性的非政府机构捐赠就能享受不同程度的税收优惠。

(三)公开透明的慈善组织监管制度

公开透明是慈善组织铁的原则。捐赠者将自己的财富转交给慈善组织是基于对慈善组织道德水准与专业能力的信任。慈善组织不仅是独立社团法人,而且是社会文明与公共道德的载体,公开公正的监管制度是慈善组织与慈善事业赢得信任的关键。英国慈善委员会建立了全国性的公益举报和受理机制,通过24小时举报监控,全英任何一个地方的任何一个公民都可以在任何时候直接举报慈善组织的失范行为。英国慈善委员会每个月接受举报2000多次,并根据举报对慈善组织进行监控。在美国,慈善监管可以归纳为"DADS机制"。第一个"D"是"Disclosure",即信息披露,指公益慈善机构向税务等管理部门披露年度财务、项目、资金等方面的信息;"A"是"Analysis",即信息分析,指由民间评级机构对公益慈善组织披露的信息进行分析和评价,并以更通俗的语言公开分析和评价报告;第二个"D"是"Dissemination",即信息发布,由管理部门向公众发布公益慈善组织年报信息、提供公开查询服务,公益慈善组织接受质询;"S"是"Sanction",即惩罚,指公益慈善组织不履行任何一个阶段的法定义务都将受到处罚。在法国,无论哪种慈善组织,其经济行为都必须在审计法院、慈善研究中心以及慈善行业标准委员会三个专门机构的监管下进行。加拿大法律规定,每一个注册的慈善组织必须在其财政年度后的6个月中完成"公众信息反馈表",公开其来自捐赠、酬金、经营等项目的收支情况,接受公众的监督。正是由于西方国家慈善公益组织公开透明的监督制度,降低了贪腐行为发生的概率,铸就了西方国家慈善组织较高的社会公信力,激发了民众的慈善捐赠热情和行为。

二、经济因素：发达的市场经济和庞大的中产阶层支撑

慈善需要经济和道德两种资源，而捐赠者较高的道德水平是建立在相应的物质财富基础上的。慈善捐赠数额的多寡与人均 GDP、个人存款和个人可支配收入等经济指标呈正相关。当国家经济蒸蒸日上、人民生活安定富足时，民众的慈善意识就会增强，他们就会将富余资金投入慈善事业，慈善收入亦会得到相应增加，可以说西方国家具备了慈善意识和行为普遍化的经济基础。相关研究显示，在排除其他因素的情况下，当 GDP 每增加 10 亿美元，慈善事业收入将增加 0.53 亿美元；个人存款每增加 10 亿美元，慈善事业收入将增加 0.266 亿美元。① 由于西方国家工业化起步早，充足的资本积累和发达的资本市场使其市场经济相对成熟，经济发展水平较高，从而为慈善捐助提供了充足的资金支持。

20 世纪 70 年代，西方发达国家先后进入"中产阶级"或"中间阶层"在社会阶层结构中占据主导位置的"橄榄型"社会阶段。由于宗教思想和人道主义的影响，对于社会与国家的责任与义务，已成为西方国家成熟中产阶级值得炫耀的道德资本，他们把对于社会与国家的担当看作维护个人自由的一种责任。因此，慈善捐助、维护社会公德和环保成为中产阶级普遍的公共意识，在推动主流社会价值观及社会规范的形成方面发挥了巨大作用。

三、宗教因素：悠久的宗教慈善传统

美国宗教史学家安德鲁斯曾经说过："宗教是慈善之母。"西方国家公民中基督徒众多，基督教文化中蕴含着丰富的慈善传统。基督教的救世情怀、博爱思想与利他主义是西方国家公民捐赠行为的精神动力之一。基督教的公益慈善精神主要有博爱精神、济贫济世精神、救赎精神等。作为上帝子民的基督徒都把慈善捐赠看作对基督教道德原则的践行，从事慈善是热爱上帝的表现。基督教的施予神学提出了"分享的原则"，号召人们效法基督，倡导简朴生活，主张将富余的财物与人分享。有统计表明，基督徒比非基督徒更热衷于慈善事业，教徒中有 80% 的人积极向慈善事业捐赠，而非教徒中仅

---

① 参见徐麟主编：《中国慈善事业发展研究》，中国社会出版社 2005 年版，第 158 页。

有 50%。

具体来说,基督教文化中对慈善伦理的影响集中体现在博爱思想、救赎精神和罪富文化。博爱思想树立民众尊重、宽恕与平等的慈善意识。基督教教义中"爱上帝""爱人如己"等观念培养人的爱心和同情心,提升民众的慈善意识水平。博爱倡导的勤勉守信、严于律己、宽以待人等精神,成为提升民众慈善意识水平的强大持久的内在推动力和精神源泉,进而指导和约束着人们的外在行为。基督教教义认为人具有原罪,人无法解脱罪恶,人因善行而获得善功,从而可以得到上帝的恩典而获得救赎与永生。《圣经·新约》中指出,济贫是信徒,尤其是富人应尽的义务。富人想进天堂获得救赎的唯一办法就是将财富施舍给穷人,并潜心追随上帝。罪富文化是指基督教主张世间的财富来源于上帝的恩赐,只有依靠劳动才能获得,有产者只是上帝财富的保管者。如果他在拥有财富后,沾沾自喜、肆意享乐,那么他就是有罪的。《圣经·新约》说:富人进天堂比骆驼进针眼还难。

四、教育因素:全面完善的慈善教育体系

西方国家普遍在家庭与学校教育中融入了合理的财富观、社会责任感等慈善教育理念。在西方国家,慈善教育属于公民教育的范畴。他们在学校教育特别是基础教育阶段普遍注入慈善教育的内容。在美国,参与社区活动是培养合格公民的重要方式,帮助老人、支持慈善事业等是重要的社区活动内容。1993年,时任美国总统克林顿签署的《国家与社区服务法案》规定,凡做满1400小时义工的青少年,政府每年奖励其4725美元的奖学金,许多学校也把是否做过志愿者作为对学生考核的一项标准。2009年,英国工党在竞选宣言中提出强制年轻人参加社区服务的计划,要求每一个19岁以下的年轻人都必须要做50小时的志愿者工作。[①]

(一)家庭慈善教育

家庭教育对青少年慈善意识的形成起到启蒙作用,家庭慈善教育对民众慈善意识的养成具有权威性和持久性影响。在西方国家家庭生活中,父

---

① 参见吕思培:《英国:工党计划强制青少年参加社区服务》,载《比较教育研究》2009年第6期,第93页。

母普遍积极带领或引导孩子们参与各类公益慈善活动。小到简单的慈善捐助,如将家中的旧衣物、用品等整理出来并送到社区服务站,或直接向公益慈善团体捐款;大到参加一些慈善团体组织的以少年儿童为主体的公益活动,如将社区内小朋友画的画、做的衣服或手工艺品作为拍卖品,向社区大众筹款,并将款项用于公益慈善事业。父母还鼓励孩子开展一些服务社区的志愿活动,如帮助老年人修剪草坪、打扫卫生,帮助残疾人等。少年儿童多是在父母的带领下参与公益慈善活动的,在共同参与的过程中,父母会积极地向孩子们灌输乐于助人的价值观念,引导他们形成自己的慈善意识和慈善观念。父母的行为对于孩子起到了榜样和表率作用,从而对他们产生潜移默化的影响,使公益慈善意识深入他们的心灵。

(二)学校慈善教育

西方国家的德育课堂教学中,老师多采用正面灌输或隐性引导的方式,系统地向学生传授慈善价值观,包括尊重、责任、勇敢、诚实、关怀、自律、信任。西方国家不少中小学和大学是由教会建立或资助的,所以大多数学校都开设了宗教课程。宗教课程直接倡导学生应积德行善,多为社会和他人做贡献。西方国家大学则更多地通过慈善实践活动来培养大学生的慈善意识。大学多放手让学生自己来组织开展这些活动,大学生也乐于自主开创或加入有关慈善服务的社团和组织。西方国家学校的慈善教育不仅呈现多元性和渗透性特点,如开设选修课,举办公益慈善晚会、交流会,而且非常具有层次性,即根据学生各个年龄段的心理特点和接受能力采用不同的方法和内容。同时,在慈善教育中注重理论与实践的紧密结合,宗教慈善教育在慈善教育中占有重要地位。

案例 9-1 美国北肯塔基大学的慈善教育实践

北肯塔基大学于 2000 年秋季学期开始实施"学生慈善学"项目,是美国第一所设立该项目的高校。经过发展,北肯塔基大学已开设 100 多门"学生慈善学"课程,超过 3000 名学生参与其中,课程资助了肯塔基州 331 个慈善组织,涉及领域包括儿童教育、残疾人服务、癌症预防、艺术教育等,资助金额超过 150 万美元。课程之初,授课老师和学生们需要确定想解决的社会问题。之后,班级寻找正在从事该领域工作的慈善组织。当初步的备选慈善组织确定后,授课老师将以邮件或书信的形式向这些组织介绍该资助项目。学生们确定最终的备选慈善组织,并向这些组织发送建议申请文件。学生们将通过分组实地考察、邀请备选慈善组织的代表到课堂进行演讲等方式,进一步了解这些组织的实际情况,进而商议受赠慈善组织。学生们确定最终获得捐赠的慈善组织后将申请表上交斯克利普斯·霍华德公民参与中心,该中心会将信息反馈给学校会计部门,由其开具捐赠支票。所有开设"学生慈善学"课程的班级都要举行正式的颁奖典礼,由学生将捐赠支票交给获得捐赠的慈善组织。"学生慈善学"项目的突出特点是真实的资金资助使得学生们对待捐赠决策更加认真谨慎,在作出决策的任何一个环节都不敢掉以轻心,也更接近于他们日后真实的捐赠行为。

资料来源:陈斌:《让学生成为捐赠者的美国慈善教育:北肯塔基大学的实践》,载《中国社会组织》2017年第9期,第56—57页。

(三) 社会慈善教育

社会慈善教育是指在除学校或家庭以外的场所展开的一切具有慈善教育意义的活动或事业。西方国家社会慈善教育包括以慈善组织为依托开展慈善活动、志愿服务活动、大众传媒和公众人物的公益宣传、教会的慈善活动、企业的慈善活动等不同形式。社会慈善教育通过慈善活动传递慈善理念,其中私人慈善组织发挥了主导作用。社会慈善教育凭借其多样化的教育内容和教育形式在社会上形成了热爱慈善、参与慈善的良好氛围,为民众慈善意识提供了适宜的成长环境。当一个人离开学校步入社会时,社会慈善教育就成为影响其慈善意识的最主要因素,对民众的慈善意识有着重要的深化作用。

五、舆论因素:媒体的引导与名人慈善的传播

在西方发达国家,大众传媒可以自主对各类慈善救助活动与事件进行宣传报道,而善款的募集、运作及其成效是慈善报道的核心组成部分。这种多渠道、多方式、带有传扬和监管性质的慈善报道对民众慈善价值观的形成起到了很大的促进作用。例如,埃默里兄弟在《美国新闻史》一书中指出:

"纵观美国新闻史,美国媒体的慈善报道在推动慈善事业发展,塑造美国式的和谐社会的进程中也起到无可替代的作用。"①

此外,在西方国家,名人慈善的效应和优势不言而喻。名人慈善与大众传媒相结合成为一股不可忽视的社会潮流,对西方国家民众慈善理念与慈善行为产生深刻的影响。见诸各种媒体的名人慈善报道可以扩大慈善影响面,使更多人认识到慈善的意义,从而提升民众慈善意识、迅速推动慈善事业的发展。名人的公信力可以传递对爱心的弘扬之声,西方商界和娱乐界的名流在慈善事业中充当"第一行动集团",发挥了积极的示范效应。美国钢铁巨头、公认的私人慈善事业奠基者之一的卡耐基(又译为"卡内基")更是被公认为现代慈善事业的开创者,他的名言"如果富人死的时候仍然富有,那他死得很可耻"为世代慈善家所传诵。② 有美国媒体称,巴菲特的慈善捐助决定为慈善事业树立了榜样,越来越多的商学院的毕业生把技能用于非营利事业,而公司则更多地投入社会公益事业。2006年11月,盖茨在伦敦庆祝自己50岁生日的时候,向媒体公开表示其名下的巨额财富对他而言不仅是巨大的权利,也是巨大的义务,他准备把这些财富全部捐献给社会,而不会作为遗产留给自己的儿女。《时代》周刊曾发表文章称:"在每一个比尔·盖茨的身旁,都站着数以百万计的普通百姓。"可见,西方国家名人的慈善言行借助媒体的传播深刻地影响和塑造着公众的慈善观念和慈善行为。

案例 9-2　美国的慈善捐赠

2020年6月,美国施惠基金会(Giving USA Foundation)发布了《2020美国慈善捐赠报告》,这个报告由印第安纳大学礼来家族慈善学院研究和撰写,是美国同类报告中持续时间最长、最全面的报告。根据这个报告,2019年,美国慈善捐赠总额约4496.4亿美元,约合人民币31513.5亿元,是有史以来慈善捐赠最多的年份。2019年美国整体经济相对强劲,美国商务部统计的经济增速为2.3%,虽然低于美国政府此前设定的3%的增长目标,但也是自金融危机以来增长较快的年份。按照美国经济分析局发布的信息,

---

① 〔美〕迈克尔·埃默里等:《美国新闻史:大众传播媒介解释史》,展江等译,新华出版社2001年版,第256页。
② 〔美〕安德鲁·卡内基:《财富的福音》,杨会军译,京华出版社2006年版,第76页。

2019年美国的GDP约为21.22万亿美元,慈善捐赠占比GDP总值约为2.1%,人均捐赠金额为1370.85美元。相对而言,当前中国的慈善捐赠额与美国仍存在较大差距。初步估算,美国慈善捐赠总额约为中国的30倍,在GDP中的占比约为中国的18倍,人均捐赠额约为中国的118倍。报告同时显示,2019年美国十大捐款领域分别为:宗教1281.7亿美元,占比29%;教育641.1亿美元,占比14%;社会服务559.9亿美元,占比12%;基金会535.1亿美元,占比12%;医疗414.6亿美元,占比9%;公共福利371.6亿美元,占比8%;国际事务288.9亿美元,占比6%;文化艺术216.4亿美元,占比5%;环境和动物保护141.6亿美元,占比3%;个人101.1亿美元,占比2%。从历年捐赠的情况看,不论经济发展好坏,宗教捐赠始终占到30%左右。可见,基督教信仰在美国的影响非常大,大多数信仰者会遵守《圣经》的教训:"施比受更为有福。"另外,美国人也都认同卡耐基的名言:在巨富中死去,是一种耻辱。他们把回馈社会、帮助穷人作为自己的一项义务和道德要求。这都让美国人形成了"我只是财富的保管者,而非拥有者"的金钱观。

资料来源:《美国社会慈善捐赠是中国的30倍,中美善款流向迥异》,https://baijiahao.baidu.com/s?id=1671896635185379174&wfr=spider&for=pc,2020年8月30日访问。

第十章　当代中国慈善伦理规范体系的建构

改革开放以来,我国公益慈善组织迅速发展壮大,慈善在扶贫济困、救急助难、社会保障等方面发挥越来越重要的作用。特别是党的十八大以来,以习近平同志为核心的党中央始终秉持以人民为中心、人民至上的执政理念,高度重视和发展慈善事业。党的十九大报告将完善慈善事业制度列入社会保障体系建设之中,彰显了慈善事业在国家治理体系中的重要作用,为我国慈善事业发展指明了新目标,绘制了新蓝图。党的十九届四中全会提出,要重视发挥第三次分配作用,发展慈善等社会公益事业。党的十九届五中全会再次提出,要发挥第三次分配作用,发展慈善事业,改善收入和财富分配格局。

2016年3月16日,《慈善法》在第十二届全国人民代表大会第四次会议上正式通过,并于当年9月1日起施行。《慈善法》系统确立了中国慈善事业发展所需要的法律规范,该法的出台是中国慈善事业发展的里程碑事件。当代中国发展慈善事业不仅需要建构中国特色的慈善法律规范体系,而且需要建构中国特色慈善伦理规范体系。慈善伦理规范体系是人们在慈善活动中应当普遍遵循的道德价值观念和行为准则,它与其他社会规范体系有许多共同之处,但也有明显的不同。慈善的本质是伦理的,这是慈善活动的本质特征。伦理道德作为行为规范,通过人的内心信念、传统习惯和社会舆论调节人们的观念和行为,发挥其社会功能,在慈善活动中有着特殊的意义。当代中国慈善伦理规范体系包含丰富的内容,它是在传统慈善伦理基础上形成和发展起来的,同时又吸收了世界文明的优秀成果。当代中国慈善伦理规范体系可以分为慈善伦理基本原则和慈善伦理规范内容,前者是慈善伦理规范体系的基础,贯穿于各项慈善伦理规范之中,而后者则对我国慈善事业发展方向和慈善活动提出具体要求和指导,是慈善伦理原则的具体化。

第一节 当代中国慈善伦理基本原则

一、自愿原则

亚里士多德说:"善是愿望的对象","德性总是自愿的","德性由于我们自己,出于我们的自愿"。[①] 违背当事者的自愿,慈善活动就偏离了伦理的方向、道德的精神。自愿作为慈善伦理的基本准则,得到了法律强有力的支持。《慈善法》将"自愿原则"写入了第一章第4条,并在第三章第32条中进一步作出规定:"开展募捐活动,不得摊派或者变相摊派"。要使更多的人自愿投入慈善捐助中来,必须提高公民的慈善意识。而提高公民的慈善意识,重要的是提高建立在理性基础上的自觉意识。人们常把自觉和自愿联系起来,个体在认识到慈善是公民应尽的社会义务和责任后,就会更好地激发慈善愿望,以慈善捐赠为荣。同时,个体的慈善愿望也会受到社会道德风尚的影响。因此,建设乐善好施的社会慈善文化,能使更多的社会成员自愿加入慈善活动的队伍。

二、诚信原则

诚信是现代社会生活的基本道德规范。在慈善活动中,这一道德规范有着特殊的意义。

中国社会正从"熟人社会"走向"陌生人社会",施助者和受助者往往不是"点对点"的联系,而是通过慈善组织发生慈善伦理关系。慈善组织的公信力成为慈善事业发展的关键点。

个人作为慈善施助者或受助者也要讲诚信。施助者通过广播、电视、报刊、互联网等媒体公开承诺捐赠或者在其他慈善活动中签订书面捐赠协议的,要履行承诺或协议。如有特殊情况不能履约,应该公开向社会说明情

---

① 周辅成编:《西方伦理学名著选辑(上卷)》,商务印书馆1964年版,第305、309、310页。

况,以求得到公众的谅解。受助者的诚信也很重要,他们必须全面、客观地提供相关信息。通过虚构事实等方式欺骗、诱导募捐对象实施捐赠,不仅违背道德规范,而且可能涉嫌违法。在获得善款后,受助者应该根据相关协议进行使用,违背施助者意愿和善款使用要求的行为是不诚信的体现。

三、平等原则

慈善是人与人在人格平等基础上的伦理行为。在现实生活中,尽管人们的经济地位不同,所处的社会地位不同,但人们在人格上是平等的。慈善事业是实现公平正义的事业,它认定每一个社会成员都有应该受到保护的平等权利。社会上一些弱势群体仅靠自身能力难以达到社会认可的基本生活标准,因此需要慈善救助。扶贫济困历来是慈善的首要任务,其立足点是社会成员享受平等的基本权益。中国传统文化中有"施恩不图报"的道德境界,但更为普通民众所认可的是"滴水之恩,涌泉相报"的感恩情怀。施助者与受助者的感情是双向流动的,帮助了别人,同时希望得到回报,这是人之常情。但施助者过多地要求受助者感恩,不利于双方的平等,也不符合现代慈善伦理精神。因此,现代慈善伦理在对待施助者与受助者的伦理关系时,主张感恩要把握"度",受助者应该感恩,更要讲求施助者与受助者的平等。

四、尊重原则

在慈善伦理关系中人与人之间是平等的,那么在平等基础上必然要建立相互尊重的人格关系。受助者或因受灾、疾病等原因处于困境之中,但他们也有自尊心,希望在保持人格尊严的同时被人同情,而有损人格尊严的施舍是让人难以接受的。从现代政治伦理的视域来说,人格尊严是人权的基本内容之一。尊严是生命权和自由权的合理延伸,保护人格尊严权要求人们在社会交往中要互敬互爱,文明礼貌,特别是在处理与弱势群体关系的慈善活动时,更应该强调这一点。尊重包含的内容是多方面的,其中重要一点在于在慈善活动中要尊重受助者的隐私权。慈善募捐中常常需要公示受助者的信息,这必然涉及披露受助者的个人隐私。这种公示的程度和范围必须考虑受助者的愿望,尊重受助者的意见。慈善捐助的"透明"要充分顾及捐助对象的心理感受,才能把好事做好。只有将物质上的支持和精神上的尊重结合起来,使受助者感到实实在在的温暖,才能成为"没有遗憾的慈善"①。

案例 10-1　慈善捐助要尊重受助者的隐私和感受

　　14岁的四川女孩玲玲(化名),最近正因为"被资助"而备受关注。因为她在第一次见到资助了自己四年的好心人冯师傅时态度"冷漠",冯师傅表示,将拒绝继续资助她。媒体继续调查发现,玲玲所谓的"冷漠",是因为自己纠结的自卑感和自尊心,不知道如何面对资助者。"究竟是玲玲不懂事,还是老冯太虚荣?"此事引发上万网民激辩。一时间,资助者和受助者的关系、二者应有的心态、个人慈善的困局等问题,竞相进入公众视野。

　　"在小孩子的成长中,谁天天见得到她,爱护她,她就跟谁亲。对一个长期没有见面的人,孩子是不会有太多感情的。更何况,即使某个人对孩子有支持和帮助,每个孩子表达感激的方式,也不尽相同。"在中国青年政治学院少年儿童研究所所长童小军看来,玲玲的反应不宜被过度指责。"事实上,任何小孩面对陌生人都会有压力,不会第一次见面就很热情。"这位长期关注儿童福利的社会工作专家向记者感叹。"现在我们最需要的,是建立起健康的慈善文化。"某师范大学学生李娟对此深有同感。来自国家级贫困县的她,一路拿着助学贷款、励志奖学金、助学金读到大三。李娟告诉笔者,她最大的希望是可以快点毕业,找到一份自食其力的工作,等到自己有能力了,去帮助和她一样的"苦孩子"。"但是,我会悄悄地,不会让他(她)知道我是谁,更不会让周围的人知道'他(她)在被资助'。"

　　资料来源:《慈善捐助如何尊重受助者的隐私和感受》,载《中国青年报》2014年10月22日第3版。

第二节　当代中国慈善伦理规范内容

一、树立以公共责任为核心的现代慈善理念

　　一直以来道德被视为理解公益慈善行为的核心要素。慈善是人们用来

---

① 周中之:《当代中国慈善伦理规范体系建构研究》,载《中州学刊》2017年第9期,第95—100页。

实现道德愿景,塑造和提升社会道德水准的首要手段。慈善是为提升他人生活的志愿介入,旨在服务他人、促进公益,慈善的这一性质决定了其固有的道德性。慈善作为纯粹的道德行为赖以存在的基础是传统社会结构。传统社会生产力水平低下,公共服务匮乏,个人与个人、个人与国家、个人与社会之间的关系相对简单。一元化社会管理体制下公众议程无法进入政策议程,所以公益慈善就成了贫穷苦难的劳动人民之间相互同情和救助的重要方式,而这种无私和怜悯之情正是最朴素的传统道德。

慈善根植于道德,却不仅仅囿于道德范畴。要摒弃将参与公益慈善活动完全道德化的固有思维。现代公益慈善虽然具有某些道德色彩,但很大程度上已经不属于道德的范畴。所以,要避免对慈善活动和慈善行为贴上道德标签和进行道德绑架。人们参与公益慈善活动无论是出于无私的利他目的或者出于某些功利性的考虑,无论在捐助内容、形式、数量上有何差异,非要在道德上对其作出高下评判是没有意义的。一方面,慈善的社会性使它超越了狭隘的道德阈限,打上了强烈的公共烙印;另一方面,慈善的制度化运作使它表现出极强的稳定性和持续性,超出了单纯道德行为的随意性和暂时性。作为一项社会事业的慈善早已超出了"恻隐之心"的道德范畴,不仅仅是个体扶危济困的道德行为,更是关乎社稷民生的社会政策。拨开道德的面纱,从理性的目光打量慈善,我们必须意识到,慈善活动的开展和慈善组织的内部管理决不能仅仅依赖人们内心的自觉和道德的自律。慈善事业要长期发展,慈善活动要持续推进,必须依靠完善的内部规章制度,以及法律制度、财务审计、社会舆论等外部因素的保障,以制度力量防止有人借慈善之名行不义之事。

作为公共责任和公益文明的慈善事业,是人类社会文明进化的必然结果。全球化浪潮超越时空隔离,将不同地域、民族、国家的人们紧密联结在一起。置身于此情此景之中的个体,其社会共同体意识油然而生,参与公益事务、承担公共责任,成为社会大众的共识。正是在这个意义上,人们的爱心和互助不再局限于家庭、宗族、邻里的小圈子,而是拓展到陌生的公共空间。现代慈善事业在以下几个方面展现出强烈的"公共性"特征:

第一,慈善性质的公益化。现代慈善是一种公益行为,超越了传统"邻里互助"的关系边界,体现出更为普遍适用的公共责任。现代慈善致力于促进社会总体性发展、缓解社会结构性冲突,不再是简单地为弱者捐款捐物。它以改善整体的社会关系与制度结构为己任,让所有人公平受益,不再局限于受助者的个人利益,旨在创造更公正的环境和更平等的机会,增强弱者充分参与社会竞争的权能,不再是一种关注受助人群"一时之需"的道德恩赐。

第二,慈善主体的大众化。现代慈善并非富人的专利,而是每个公民的责任,是一项人人可以参与、应该参与、能够参与的公益事业。现代慈善形式上也并非捐款捐物的单调样式,而是"有钱的出钱,有力的出力",义工、义演、义卖、义拍让慈善形式多姿多彩。甚至可以说,每个人都是慈善的宣传者、行动者、监督者,都能成为"公益使者"。每个公民不仅有机会参与慈善活动,成为慈善活动的参与主体,而且可以自由选择参与慈善活动的方式。

第三,慈善活动运作的制度化。现代慈善活动是由慈善机构实施、以慈善组织为中介、按规章制度运作的专门活动。慈善活动的制度化运作使慈善成为一种经常性的活动。它严格遵循制度和程序,依托专业人员和机构,持续接受社会各界的捐赠,对项目规定的弱者实施捐助。慈善活动的机构化运作使慈善成为一种中介性的活动。它以慈善组织为载体,隔离了捐赠人与受益人的直接施予关系,同时也使捐赠过程与受助过程相分离。慈善活动的制度化运作使慈善成为一种规范性的活动。尽管慈善行为是一种自觉自愿的私人行为,慈善机构是一种独立自主的民间组织,但在慈善运作过程中,包括机构、个人在内的所有参与者都受到有关法律的约束。[1]

二、着力重塑我国慈善组织的公信力

中国特色社会主义进入新时代,社会主要矛盾已转化为人民日益增长的美好生活需要同不平衡不充分的发展间的矛盾。广大人民群众对精神生活的追求在不断提升,人民要求平等公正的伦理诉求逐步凸显。基于慈善仁爱的道德传统,人们更加关注社会慈善事业,也对慈善组织的管理运营提出了更高的要求。但令人遗憾的是,当前作为公益慈善组织内核的公信力却呈现缺失状态,慈善组织透明度低和信息公开不足的问题饱受诟病,人们对慈善组织的信任度和满意度不断下滑,公益慈善事业发展面临着极大挑

---

[1] 参见刘威:《解开中国慈善的道德枷锁——从"恻隐之心"到"公共责任"的价值跃迁》,载《中州学刊》2013年第10期,第66—71页。

战。要重塑我国慈善组织的公信力,一方面要完善慈善组织的内部治理体系,另一方面要建立健全慈善组织的外部监督与评估机制。

第一,加强慈善组织的内部治理。慈善组织应该调整自身内部治理结构,健全完善组织活动的各种制度安排。一是要建立健全信息披露机制。慈善组织要将机构的基本信息、财务信息、项目信息和捐赠信息全面详细地向社会公开,以详细资料来告知公众本组织是如何开展其职责范围内的工作的。要将互联网作为慈善组织信息公开的主要途径,引导和要求慈善组织主动"网上晒账单"。二是健全会计监督制度。慈善组织要定期进行全面的会计核算,主动向该组织登记的民政部门报送财务会计报告,接受财务审计和其他相关事项的监督管理,上报内容包括开展募捐和接受捐赠情况、慈善财产的管理使用情况、慈善项目实施情况以及慈善组织工作人员的工资福利情况等。慈善组织要树立财务风险意识,建立财务风险应急处理机制,提高自身财务风险防控能力。三是完善风险防控机制。慈善组织应当对各种外部风险时刻保持警惕,建立并完善风险防控制度。要树立财务风险意识,建立财务风险应急处理机制。为进行必要的财务风险防控,慈善组织可尝试建立财务风险专项基金。慈善组织应设立危机事件处理机构,组建危机公关团队,制订危机事件处理计划和应急预案,经常性地排查制度漏洞,增强应对能力。同时,要重视建设开放、双向和畅通的对外沟通渠道,树立良好形象,以利于风险防控和及时有效化解危机。

第二,构建立体多元的慈善组织监督体系。一是政府要履行对慈善组织的监管职能。政府相关部门应建立完善的慈善组织报告审查和财产审计制度,成立专门、独立的审查审计小组,定期对慈善组织上报的工作报告进行科学审查、对慈善组织的财务会计报告进行严格的审计,及时公布审查审计结果,并根据审查审计结果采取相应措施,严格履行监管职能。要加大执法力度和惩罚力度,对慈善活动中谋取私利、贪污等违法犯罪行为进行严厉制裁,净化慈善事业和慈善组织发展的外部环境。二是要重视大众传媒的监督功能。主流媒体应主动了解慈善组织,配合慈善组织开展工作,及时报道相关信息。一方面,媒体要客观全面地报道慈善活动,努力维护慈善组织的正面形象,引导社会舆论传递正能量,促进我国慈善事业的健康发展;另一方面,对于危害慈善组织公信力的案件要敢于公开,这样才可以起到应有的警示和教育作用,令其他慈善组织自觉维护慈善事业和慈善组织的公信力。主流媒体要重视运用互联网等新媒体对慈善组织和慈善行为进行监督,合理运用多种科技手段让公众及时掌握捐赠信息,并积极引导自媒体与公众共同发挥联动监督作用。三是要采取有效方式推进公众监督。重塑我国慈善组织的公信力,必须赋予公众对慈善组织进行直接监督的权利,让公众树立主动了解善款用途及使用情况的知情权意识。慈善组织有义务定期对自身发展情况进行披露,自觉接受社会公众监督。慈善组织账目必须向社会公众公开,公众有权获得慈善组织的年度账目和财务报告,了解慈善组织会计账目中符合捐赠人、会员等资金提供者意志的活动运营状况。

第三,建立第三方独立评价机制。由于受市场管理、企业决策及行业竞争等因素的影响,慈善组织在进行会计信息披露时主要立足于自身监管,这种信息公开模式明显不合理,独立专业的第三方评估机构非常有必要参与慈善组织运营管理评价活动。健全第三方独立评价机制,重视发挥独立专业评估机构的作用,是完善慈善组织监管的重要途径。独立评估机构权威、客观,能够排除干扰,保证工作的独立性,提出的意见建议专业中肯,披露的信息可信度高,容易被社会及舆论所接纳。独立的第三方评估机构与社会公众、大众传媒共同组成外部监督机制,可以弥补政府监督的不足,有利于慈善组织的健康发展。独立专业的评估机构不仅可以对慈善组织进行多角度综合评估,比如规模、捐款额、工作人员薪酬等,并公布排行榜,同时还可以对慈善组织的一些负面信息进行发布。独立专业的评估机构的设立,不仅有利于在公众需求基础上确立统一、具有广泛认可的评估标准,保证慈善组织会计信息的公正性和客观性,而且这类评估机构的存在本身就是对慈善组织合理运行的一种监督,有利于促进慈善组织提升自身管理水平,进一步推动公益慈善事业有机协调发展。[①]

三、正确认识与对待多元慈善伦理动机

在社会主义市场经济中,所有制多样化,分配方式多样化,就业形式多

---

① 参见徐宁:《慈善组织公信力缺失与重塑方案》,载《沈阳农业大学学报(社会科学版)》2017年第2期,第156—160页。

样化,人们在不同的经济地位中生活,深刻地影响着人们的慈善伦理动机。由于社会经历不同、道德境界不同、心理特点不同,慈善伦理的动机也不尽相同。如季羡林先生所言,慈善动机"可以是很高的层次,无私奉献,也可以有利己的目的,比如图个好名声,或者避税,或者领导号召不得不响应"①。有些人的慈善动机是高尚的,是自觉、自愿、无私奉献的,而且非常低调,甚至连自己的名字都不愿见诸媒体。也有些人确实捐出了真金白银,但却高调做慈善,或许还有程度不同的对于自身利益的考量。这些反映出不同层次的慈善伦理动机。正确认识与对待慈善伦理动机的原则是要尊重差异、包容多样,这样才能扩大慈善队伍,推进慈善事业发展。

纯粹利他的慈善是最为高尚的慈善动机。但需要承认的是,当前我国具有纯粹利他、无私奉献慈善动机的捐助主体还不太多,他们的精神是慈善伦理的旗帜,他们的道德人格是慈善事业的骄傲。我们认为,基于我国经济社会发展现状,比较务实的态度和做法是大力倡导利他与利己相统一的慈善动机,而不是单纯提倡纯粹利他的慈善动机。一方面,纯粹利他的慈善不利于作为参与主体的捐赠者。捐赠者与受赠者是处于同一时空之中的,纯粹利他的慈善,其受利主体只有受赠者,而利他与利己相统一的慈善,却使捐赠者与受赠者都成为受利主体。另一方面,纯粹利他的慈善并没有使全社会和每个人的利益最大化。因为纯粹利他的慈善往往不计自身利益的得与失,而不计自身利益的得失不仅可能会减少社会总利益,还可能会因为自身利益的减少而影响这种纯粹利他慈善行为的可持续性。作为利他与利己相统一的慈善,不仅能增进他人的利益,还能增进自己的利益。因此,我们在弘扬利他慈善动机的同时,要宽容那些具有利己成分的功利性慈善动机,力争在慈善活动中实现利己与利他的统一。这里的底线是"义利兼顾",个人功利的考量不能损害社会和他人的利益,同时鼓励慈善捐助主体在慈善伦理的动机上攀登道德的阶梯,追求高层次的慈善伦理。但是,对于慈善活动中违背伦理要求的"伪慈善"和"假慈善",必须给予坚决的批判和抵制,要让崇德向善的正能量成为慈善事业的主旋律。对于极个别触犯法律的"伪慈善"者,不仅要基于道德规范对其行为进行谴责,更要诉诸法律让其承担

---

① 季羡林:《季羡林谈人生》,当代中国出版社 2006 年版,第 125 页。

应有的法律责任。①

四、加强青少年慈善伦理教育

慈善伦理教育是教育主体为达到一定的预期目标,运用一定的方法和手段,对受教育者进行慈善伦理观念、意识和规范等方面的培养或影响的社会实践活动。慈善伦理教育的内容主要包括慈善伦理观念与慈善伦理意识的培养,如正确金钱观、财富观的树立,感恩意识、同情心、爱心及社会责任感的培养等。教育的目的在于能够使受教育者具有慈善伦理的价值追求,提升受教育者的道德追求境界,使任何个体都有成为"道德的人"的可能。②《慈善法》第88条规定:"国家采取措施弘扬慈善文化,培育公民慈善意识。学校等教育机构应当将慈善文化纳入教育教学内容。"在目前学校的教育教学内容中,有一些与慈善意识教育相关的内容,但未形成体系,未上升到将慈善作为公民必须具备的责任和义务的层次,与《慈善法》的要求还有距离。当前要从家庭教育、学校教育和社会教育三个维度全方位推进我国慈善伦理教育。

第一,坚持慈善伦理教育家庭化。家庭教育是慈善伦理教育的第一步,对个人成长起着至关重要的作用。青少年慈善伦理教育首先应从家庭的日常生活开始,倡导慈善伦理教育生活化,将在生活中培养孩子的爱心作为起点。首先,要培养孩子正确的慈善观念,要倡导他们爱他人、爱社会,培养他们的慈善之心。要让青少年了解慈善的概念很广泛,不仅仅局限于物质捐助,捐钱、捐物、捐时间等都是慈善行为。其次,家长要发挥榜样示范作用。家长要自觉参与慈善实践,创设家庭慈善环境。家长的严于律己、以身作则和率先垂范能给青少年树立良好的慈善榜样,这种潜移默化的示范效应会影响青少年正确价值观和慈善理念的养成。

第二,坚持慈善伦理教育学校化。学校是进行慈善伦理教育的主阵地,学校的慈善伦理教育可以让青少年获得系统的慈善知识,接受慈善理念教

---

① 参见周中之:《当代中国慈善伦理规范体系建构研究》,载《中州学刊》2017年第9期,第95—100页。
② 参见刘於清:《论中小学慈善伦理教育及其路径选择》,载《教育与管理》2016年第3期,第69—72页。

育,养成慈善品德。首先,应当发挥中小学德育课主阵地的作用,把慈善伦理教育作为德育创新的重要内容,提高目前学校德育教育的实效性。对于高等院校,要将慈善伦理教育融入思想政治课程,引导大学生树立正确的金钱观和财富观。其次,慈善教育重在参与,要坚持理论与实践相结合,让学生在学校慈善实践活动中受到感染和熏陶。慈善伦理实践可以从身边的小事做起,积小善而成大爱,将慈善伦理付诸行动。学校慈善教育要采取多种形式,包括主题班会、慈善讲座、励志演讲以及慈善课程开发等。通过大力开展慈善文化进校园活动,在活动中强化慈善情感教育,让学生从各种活动中获得慈善体验,把慈善体验内化为自觉的道德意识,并以此为指导,外化为积极主动、自觉自愿地参与各类慈善活动。

第三,坚持慈善伦理教育社会化。当前我国个人慈善捐助相对发展迟缓的根本原因在于慈善文化发展滞后,社会教育是进行全民慈善伦理教育的重要途径。首先,要营造全民慈善的良好社会慈善文化氛围。一方面,要进一步挖掘我国优秀的传统慈善文化,积极借鉴国外慈善经验和慈善文化,为我国慈善文化发展提供坚实的理论基础;另一方面,政府须完善法律政策和体制机制,建立必要的慈善道德激励机制,大力挖掘和宣传普通民众中的慈善榜样,弘扬人人参与慈善的社会正能量。其次,要发挥多元主体在社会慈善教育中的积极作用。要支持和促进各类慈善组织特别是草根慈善组织的发展,鼓励其规范有效地参与到慈善事业中来,带动更多的民众参与慈善活动。基层自治组织和志愿组织要在社区中广泛宣传慈善理念,引导社区居民塑造正确的慈善观,营造守望相助的社区慈善氛围。同时发挥新闻媒体的引导和监督作用,一方面,通过对慈善行为各个环节的媒体监督,使慈善组织的运行更加透明;另一方面,利用新媒体传播速度快、辐射面广、渗透性强的优势,充分调动民众的慈善热情,起到润物细无声的效果,实现慈善伦理教育的常态化、大众化。

案例 10-2　"福爸"带娃做公益

2019 年 12 月 27 日,岁末寒冬,一场特别的围炉活动在福州市仓山区培智学校操场火热举办。福州市家庭教育研究会组织来自福州市直机关幼儿园、福州市沃德公益服务中心、福建农业职业技术学院、福建环保志愿者协会等十个不同行业、不同领域的20多位爱心爸爸们组成"福爸志愿团"。爸爸们带着自己的孩子、礼物、节目以及用心准备的点心、饭菜,与培智学校的特殊儿童及其家长、老师们一起,以中国传统围炉的方式迎接2020新年的来临。培智学校是仓山区唯一一所承担本区智力障碍、自闭症等特殊儿童教育训练的公办九年制义务教育学校,这所学校的孩子们多由母亲或祖辈带着进行康复训练,常年缺少父爱的关怀。此次福州市家庭教育研究会组织"福爸志愿团"走进特殊儿童群体,不仅让他们感受到社会关爱,更有助于让他们感受到父爱的温度。

"福爸志愿团"是在福州市妇联指导下、由福州市家庭教育研究会发起的"福爸——爸爸亲子陪伴"项目内容之一。据项目负责人吴昊老师介绍,"福爸"项目是福建省内首个聚焦"爸爸亲子陪伴"的公益项目,该项目围绕个体家庭、社区、幼儿园、社会关爱四个维度,通过推广亲子互动游戏、组建社区志愿队、在幼儿园中导入父性文化、组建"福爸志愿团"等方式,推动爸爸们更多时间、更高品质地陪伴孩子。2019年12月,"福爸"项目获得福州市委文明办"志愿福州,众志成城"主题的志愿服务创新大赛立项扶持。

"爸爸"两个字,代表着力量、勇气与超越,"爸爸陪伴"有助于培养孩子的自信心、意志与责任感,是孩子成长过程中的一份坚实力量。"福爸志愿团"带着自己的孩子做公益,也是福州市家庭教育研究会倡导的爸爸亲子陪伴方式之一,既能开阔孩子们的视野,提升孩子们的社会认知,又可以温暖他人、提升自己,把爱传出去,带着爱回家!

资料来源:《"福爸"带娃做公益——把爱传出去,带着爱回家》,https://www.meipian.cn/2kanxfxf,2020年9月2日访问。

五、借助"微公益"营造大众慈善社会风尚

躬行践履慈善伦理规范的落细、落小、落实,关键要从身边的小事做起。不能认为公益慈善仅仅是那些有经济实力的"成功人士"的事情,现代慈善是每个公民应尽的责任和义务。诚然,社会需要更多热衷慈善的企业家慷慨解囊,为社会公益慈善事业做出贡献,但大多数人的经济实力是有限的,做符合自身经济状况的善事也是值得称道的。行小善能积大德,要用辩证

的观点来认识"小"与"大"。个人行小善,数年乃至数十年坚持不懈,那他的道德境界就不一般了。行小善在当代慈善实践中就是"微公益"。

"微公益"是指个体网民、慈善组织、网络平台(公司)等社会力量,为满足小众化的社会公益需求,基于 Web 2.0 信息技术为支撑的社交媒体、慈善募捐平台、网络论坛、购物网站、娱乐视频网站等网络媒介以及在线、移动支付手段的支持,自主发起的网络求助、网络互助、公益众筹、互联网公开募捐、平台募捐等网络公益慈善活动。① "微公益"具有主体广泛、形式多样、参与便捷的特点,成功开启了一个"全民公益"的时代。"微公益"与传统线下公益慈善的本质区别,就在于其借助以现代互联网信息技术为依托的社会媒介传播平台和在线、移动支付手段的支持,将社会中小至个体点滴捐赠、大至社会精英和企业捐赠的志愿力量汇聚成全社会共同参与的公益行动。它不再将公益慈善看作社会富有阶层的"特权",而是将之视为每一个现代公民的基本素养和每一家企业应该履行的社会责任。

必须承认的是,作为新生事物的"微公益"在不断发展成熟的过程中还存在诸多缺陷,为了更好地促进"微公益"的发展,借助"微公益"在全社会营造大众慈善风尚,要不断优化和完善"微公益"的专业化和制度化。为了提高"微公益"的效率,发挥其更大的效能,"微公益"要做的不仅仅是一味迎合热点问题和焦点事件,而是需要逐步构建专业化的团队,形成完整的战略规划和专业领域。因此,苦练内功,优化内部治理结构,造就一支富有爱心、业务精湛的专业人才队伍就成为"微公益"可持续发展的应有之义。② 此外,要健全"微公益"制度基础和监督机制。加强"微制度"建设,实行严格的实名注册登记制度、上网备案制度、信息审查制度,从源头上制止和杜绝不良"微公益"传播。要通过一定的方式和手段,引导网民自觉遵守网络道德规范,营造健康向上的"微环境"。与此同时,要加强政府、行业、媒体以及公众对"微公益"项目和从业人员的外部监督,促进其规范健康发展。

"道自微而生,德自微而立。""微公益"的最大特点在于"微",强调个体

---

① 参见杨逢银、张钊、杨颜澧:《"微公益"失范的发生机理与跨界规制》,载《中国行政管理》2020年第2期,第60—66页。
② 参见刘丹:《微公益视阈中的社会主义核心价值观及其实践进路》,载《道德与文明》2019年第2期,第134—138页。

的主动参与,这是"微公益"得以开展的基础。作为一个低门槛、透明化、方便快捷且高效的网络互动平台,"微公益"快速集聚了民众的慈善捐赠和志愿服务,同时让慈善理念得到了迄今为止最为广泛的自动传播。随着"微公益"时代的来临,全民参与慈善的氛围日渐浓厚,我国慈善捐赠正以网络化、趣味化、年轻化、小额化的方式进入普通民众的生活,并成为他们的一种生活方式。中国慈善联合会2019年9月发布的《2018年度中国慈善捐助报告》显示,2018年我国个人捐赠共360.47亿元,同比增长3.24%,个人捐赠处于近年最高水平。以个人捐赠为主的网络募捐总量继续提高,民政部指定的20家互联网募捐信息平台2018年共募款31.7亿元,较2017年增长26.8%。[1]

　　慈善是道德的积累。"微公益"以"行小善"的方式升华了个体的道德境界,在全社会树立了"勿以善小而不为"和大众慈善的社会风尚。改革开放40多年来,中国经济实现了跨越式发展,创造了举世瞩目的经济奇迹,但同时也出现了人情淡薄、拜金主义等社会伦理问题。"微公益"具有较强的可操作性和广泛的群众基础,良好社会风气的树立,往往不是少数人做了很多,而是每个人做了一点点。当大众慈善理念深入人心,越来越多的普通民众身体力行,积极投身到"微公益"中去,必然会对社会风气产生广泛而又深刻的影响。我们有理由相信,随着我国慈善事业的不断发展和慈善捐助的大众化,我国的社会风尚和民众的道德水准一定会展现出一派可喜的新气象。

---

[1] 资料来源:http://www.charityalliance.org.cn/u/cms/www/201909/23083734i5wb.pdf,2021年3月10日访问。

参 考 文 献

一、中文期刊

1. 陈继红、辛晓红：《从"亲亲"之爱到路人之爱——儒家"亲亲"思想与现代慈善伦理通约的可能性进路》，载《江海学刊》2013年第3期，第208—213、239页。
2. 陈梦苗：《"公益"与"慈善"辨析：一个文献评述》，载《中国非营利评论》2020年第1期，第315—330页。
3. 陈艳玲：《略论无遮大会的传入及其变化——以萧梁、李唐为中心》，载《历史教学问题》2014年第5期，第81—86页。
4. 戴亦一、潘越、冯舒：《中国企业的慈善捐赠是一种"政治献金"吗？——来自市委书记更替的证据》，载《经济研究》2014年第2期，第74—86页。
5. 邓国胜、辛华：《美国志愿服务的制度设计及启示》，载《社会科学辑刊》2017年第1期，第79—85页。
6. 杜勇、陈建英：《政治关联、慈善捐赠与政府补助——来自中国亏损上市公司的经验证据》，载《财经研究》2016年第5期，第4—14页。
7. 冯春、黄静文：《网络慈善失范现象及其治理》，载《贵州财经大学学报》2019年第5期，第102—110页。
8. 高勇强、陈亚静、张云均：《"红领巾"还是"绿领巾"：民营企业慈善捐赠动机研究》，载《管理世界》2012年第8期，第106—114、146页。
9. 耿云：《西方国家慈善理念的嬗变》，载《中国宗教》2011年第12期，第52—54页。
10. 何建华：《罗尔斯分配正义思想探析》，载《中共浙江省委党校学报》2005年第5期，第31—36页。
11. 何兆泉、宏传：《佛教介入公益活动的思想渊源》，载《经济与社会发展》2009年第1期，第18—20页。
12. 贺更粹：《论儒式乡绅在传统慈善中的地位及功能》，载《西北师大学报（社会科学版）》2019年第6期，第99—105页。
13. 侯利文：《被困的慈善：慈善组织公信力缺失及其重建》，载《天府新论》2015年第1

期,第 99—105 页。

14. 胡帆、胡晓梅:《论马克思恩格斯慈善观形成的历史逻辑》,载《洛阳理工学院学报(社会科学版)》2018 年第 1 期,第 65—69 页。

15. 纪秋发:《美国人参与志愿服务现状及启示》,载《北京青年研究》2016 年第 4 期,第 56—64 页。

16. 姜付秀、张晓亮、郑晓佳:《学者型 CEO 更富有社会责任感吗——基于企业慈善捐赠的研究》,载《经济理论与经济管理》2019 年第 4 期,第 35—51 页。

17. 靳小翠:《民营企业董事长特征、企业文化与企业慈善捐赠研究》,载《科学决策》2019 年第 8 期,第 81—94 页。

18. 景军、高良敏:《寺院养老:人间佛教从慈善走向公益之路》,载《思想战线》2018 年第 3 期,第 37—47 页。

19. 康凤云、张溁麟:《论雷锋精神与社会主义核心价值体系建设》,载《社会主义研究》2012 年第 4 期,第 31—35 页。

20. 康晓光:《古典儒家慈善文化体系概说》,载《社会保障评论》2018 年第 4 期,第 99—110 页。

21. 亢丽芳:《都铎王朝时期英国济贫法的历史考察》,载《内蒙古教育》2019 年第 17 期,第 12—13 页。

22. 李德成:《藏传佛教与中华文化的关系》,载《中国藏学》2020 年第 2 期,第 5—16 页。

23. 李观锐、贺国庆:《17 世纪前基督教与高等教育关系的历史演变》,载《宁波大学学报(教育科学版)》2019 年第 3 期,第 68—75 页。

24. 李林:《中国佛教史上的福田事》,载《法音》2005 年第 12 期,第 28—34 页。

25. 李四海、陈旋、宋献中:《穷人的慷慨:一个战略性动机的研究》,载《管理世界》2016 年第 5 期,第 116—127、140 页。

26. 李万军:《西方人本主义思潮的生成及其流变》,载《华中科技大学学报(社会科学版)》2014 年第 6 期,第 40—43、55 页。

27. 李晓玲、侯啸天、葛长付:《慈善捐赠是真善还是伪善:基于企业违规的视角》,载《上海财经大学学报》2017 年第 4 期,第 66—78 页。

28. 李玉用:《论道教参与公益慈善事业的历史传统与现代实践——以江苏茅山道院参与公益慈善事业为中心》,载《中国道教》2012 年第 5 期,第 37—40 页。

29. 梁霞:《论唐宋佛教慈善医疗救助机构的发展及其特征》,载《青海民族大学学报(社会科学版)》2020 年第 1 期,第 116—121 页。

30. 林季杉:《论基督教"原罪"说的圣经起源与现代意义》,载《武汉大学学报(人文科学版)》2015 年第 3 期,第 38—43 页。

31. 刘丹:《微公益视阈中的社会主义核心价值观及其实践进路》,载《道德与文明》2019

年第 2 期,第 134—138 页。

32. 刘鹤玲:《利他主义新理念与和谐社会的构建》,载《伦理学研究》2010 年第 6 期,第 20—22 页。

33. 刘坤:《英国慈善法律制度对我国慈善立法的启示》,载《社团管理研究》2011 年第 2 期,第 56—59 页。

34. 刘威:《解开中国慈善的道德枷锁——从"恻隐之心"到"公共责任"的价值跃迁》,载《中州学刊》2013 年第 10 期,第 66—71 页。

35. 刘於清:《论中小学慈善伦理教育及其路径选择》,载《教育与管理》2016 年第 3 期,第 69—72 页。

36. 刘仲宇:《道教慈善事业的义理基础》,载《中国宗教》2016 年第 5 期,第 38—41 页

37. 马海成、马菊香:《伊斯兰慈善观探析》,载《民族艺林》2015 年第 4 期,第 41—45 页。

38. 潘洪林:《西方人本主义的沉浮》,载《云南社会科学》2000 年第 1 期,第 25—29 页。

39. 庞永红:《从慈善到正义——西方分配正义中的弱势群体观探究》,载《贵州社会科学》2012 年第 10 期,第 19—23 页。

40. 彭茹静:《利他主义行为的理论发展研究》,载《江西社会科学》2003 年第 7 期,第 221—223 页。

41. 任超:《从传统向现代的转型——民国北京佛教界慈善教育初探》,载《史志学刊》2017 年第 2 期,第 32—40 页。

42. 尚德:《试论慈善事业的现代化特征及发展路径》,载《山西高等学校社会科学学报》2019 年第 5 期,第 30—35 页。

43. 石国亮:《慈善组织公信力重塑过程中第三方评估机制研究》,载《中国行政管理》2012 年第 9 期,第 64—70 页。

44. 孙昌增:《雷锋精神:新时代中国特色志愿精神的价值核心》,载《青少年学刊》2018 年第 5 期,第 57—59 页。

45. 孙发锋:《我国慈善组织公信力的缺失与重塑》,载《郑州大学学报(哲学社会科学版)》2015 年第 6 期,第 30—33 页。

46. 王昌沛:《西方国家公民慈善意识形成的环境因素分析》,载《郑州大学学报(哲学社会科学版)》2015 年第 1 期,第 176—180 页。

47. 王佳:《中国佛教慈善组织的发展现状》,载《黑龙江民族丛刊》2010 年第 5 期,第 173—179 页。

48. 王林:《论中国近代慈善组织的征信方式及其演变》,载《山东师范大学学报(人文社会科学版)》2018 年第 4 期,第 84—93 页。

49. 王世强:《英国慈善组织的法律形式及登记管理》,载《社团管理研究》2012 年第 8 期,第 49—52 页。

50. 王文涛:《"慈善"语源考》,载《中国人民大学学报》2014年第1期,第28—33页。

51. 王营、曹廷求:《CEO早年大饥荒经历影响企业慈善捐赠吗?》,载《世界经济文汇》2017年第6期,第16—38页。

52. 吴成、郭剑鸣:《慈善组织监管与慈善组织公信力重塑路径研究综述》,载《财经论丛》2014年第11期,第88—96页。

53. 吴来安:《"公益"源起考》,载《文艺研究》2018年第10期,第58—64页。

54. 武洹宇:《中国近代"公益"的观念生成:概念谱系与结构过程》,载《社会》2018年第6期,第180—215页。

55. 武晓峰:《情感、理性、责任:个人慈善行为的伦理动因》,载《道德与文明》2011年第2期,第106—111页。

56. 向紫容:《追求透明、法治的美国慈善》,载《检察风云》2013年第14期,第13—14页。

57. 谢琼:《国外慈善立法的规律、特点及启示》,载《教学与研究》2014年第12期,第23—31页。

58. 徐国利:《中国古代儒商发展历程和传统儒商文化新探》,载《齐鲁学刊》2020年第2期,第5—13页。

59. 徐家良:《互联网公益:一个值得大力发展的新平台》,载《理论探索》2018年第2期,第18—23、38页。

60. 徐宁:《慈善组织公信力缺失与重塑方案》,载《沈阳农业大学学报(社会科学版)》2017年第2期,第156—160页。

61. 许秀文、高雅楠:《儒家思想影响下的宗族慈善及现代思考》,载《石家庄学院学报》2018年第2期,第16—20页。

62. 杨逢银、张钊、杨颜漕:《"微公益"失范的发生机理与跨界规制》,载《中国行政管理》2020年第2期,第60—66页。

63. 杨慧、张莉:《伊斯兰教慈善思想与社会工作价值观》,载《中国穆斯林》2014年第6期,第20—22页。

64. 杨俊英:《沂蒙精神的历史文化渊源》,载《山东省社会主义学院学报》2020年第1期,第73—79页。

65. 杨璐:《论慈善文化与社会主义核心价值观的联系》,载《法制与社会》2017年第7期,第15—16页。

66. 杨胜良:《试论儒家慈善伦理的现代转化》,载《道德与文明》2010年第1期,第69—71页。

67. 杨思斌、吴春晖:《慈善公信力:内涵、功能及重构》,载《理论月刊》2012年第12期,第158—162页。

68. 杨义凤:《富人慈善动机研究的现状与发展趋势》,载《学习与实践》2012年第12期,第84—90页。

69. 姚卫群:《早期佛教理论体系的构建和特色》,载《杭州师范大学学报(社会科学版)》2019年第1期,第60—61、136页。

70. 余威、翁若宇、陈秋平:《民营企业慈善行为中的红色文化因素研究》,载《南方经济》2020年第4期,第100—114页。

71. 曾桂林:《从"慈善"到"公益":近代中国公益观念的变迁》,载《文化纵横》2018年第1期,第44—49页。

72. 张建君:《竞争—承诺—服从:中国企业慈善捐款的动机》,载《管理世界》2013年第9期,第118—129、143页。

73. 张礼恒:《民国时期上海的慈善团体统计(1930年前后)》,载《民国档案》1996年第3期,第65—71页。

74. 张丽君:《软实力视野下英国慈善组织的外交功能》,载《国际论坛》2016年第5期,第72—78页。

75. 张敏、马黎珺、张雯:《企业慈善捐赠的政企纽带效应——基于我国上市公司的经验证据》,载《管理世界》2013年第7期,第163—171页。

76. 张冉:《国外慈善组织声誉建设成功实践探析:基于政府实施的视角》,载《兰州学刊》2014年第12期,第145—152页。

77. 张时骏:《西方慈善文化的主要渊源》,载《赤峰学院学报(汉文哲学社会科学版)》2016年第3期,第168—171页。

78. 张文利:《孔孟与宋代理学家人格理想之比较》,载《文史哲》2003年第2期,第38—41页。

79. 张晓平、张云秀:《神本、物本、人本——从"以人为本"的历史演变论其含义》,载《重庆交通学院学报(社会科学版)》2005年第2期,第1—4页。

80. 张祖平:《慈善组织公信力的生成、受损和重建机制研究》,载《上海财经大学学报》2015年第4期,第21—29页。

81. 赵博阳:《中世纪晚期英格兰济贫法中的教会法元素研究》,载《中南大学学报(社会科学版)》2006年第6期,第63—69页。

82. 赵春雷:《论慈善组织信息公开的公信力塑造功能——基于近年中国慈善组织公信力嬗变视角的分析》,载《南京师大学报(社会科学版)》2015年第6期,第73—81页。

83. 郑卫荣:《近代南浔绅商的伦理精神及其时代价值》,载《宁波大学学报(人文科学版)》2020年第2期,第108—116页。

84. 郑远长:《汶川地震社会捐赠工作对发展我国现代慈善事业的启示》,载《中国非营利评论》2008年第2期,第131—142页。

85. 周宝红:《熊希龄与北京香山慈幼院》,载《陕西教育(高教)》2009年第11期,第19页。

86. 周俊:《美国慈善业的历史演进与经验借鉴——评〈美国慈善史〉》,载《中国第三部门研究》2019年第2期,第121—135页。

87. 周秋光、林延光:《传承与再造:中国慈善发展转型的历史与现实》,载《齐鲁学刊》2014年第2期,第82—87页。

88. 周秋光、曾桂林:《儒家文化中的慈善思想》,载《道德与文明》2005年第1期,第31—34页。

89. 周秋光、徐美辉:《道家、佛家文化中的慈善思想》,载《道德与文明》2006年第2期,第4—8页。

90. 周秋光:《近代慈善教育家熊希龄与北京香山慈幼院》,载《博爱》1997年第4期,第44—45页。

91. 周中之:《慈善伦理的文化血脉及其变革》,载《东南大学学报(哲学社会科学版)》2015年第6期,第19—28、146页。

92. 周中之:《当代中国慈善伦理规范体系建构研究》,载《中州学刊》2017年第9期,第95—100页。

93. 朱浒:《地方系谱向国家场域的蔓延:1900—1901年的陕西旱灾与义赈》,载《清史研究》2006年第2期,第27—38页。

94. 邹立凯、宋丽红、梁强:《"后天的慈善家"——传承背景下家族企业慈善捐赠研究》,载《外国经济与管理》2020年第3期,第118—135页。

二、中文著作

1. 〔美〕W. 安德鲁·霍菲克:《世界观的革命》,余亮译,中国社会科学出版社2010年版。
2. 〔法〕爱弥尔·涂尔干:《宗教生活的基本形式》,渠东、汲喆译,上海人民出版社1999年版。
3. 〔美〕安德鲁·卡内基:《财富的福音》,杨会军译,京华出版社2006年版。
4. 成中英:《文化·伦理与管理》,东方出版社2011年版。
5. 费孝通:《乡土中国》,上海人民出版社2007年版。
6. 冯尔康等:《中国宗族史》,上海人民出版社2009年版。
7. 〔美〕汉娜·阿伦特:《黑暗时代的人们》,王凌云译,江苏教育出版社2006年版。
8. 季羡林:《季羡林谈人生》,当代中国出版社2006年版。
9. 解锟:《英国慈善信托制度研究》,法律出版社2011年版。
10. 梁漱溟:《中国文化之要义》,上海人民出版社2018年版。

11. 吕洪业：《中国古代慈善简史》，中国社会出版社 2014 年版。

12. 〔美〕罗伯特·L. 佩顿、迈克尔·P. 穆迪：《慈善的意义与使命》，郭烁译，中国劳动社会保障出版社 2013 年版。

13. 《马克思恩格斯选集》第 1 卷，人民出版社 1995 年版。

14. 〔美〕迈克尔·埃默里等：《美国新闻史：大众传播媒介解释史》，展江等译，新华出版社 2001 年版。

15. 《毛泽东文集》第 3 卷，人民出版社 1996 年版。

16. 明成满：《民国时期佛教慈善公益研究》，安徽大学出版社 2019 年版。

17. 〔美〕塞缪尔·弗莱施哈克尔：《分配正义简史》，吴万伟译，译林出版社 2010 年版。

18. 《十九大以来重要文献选编（上）》，中央文献出版社 2019 年版。

19. 王名、李勇、黄浩明：《英国非营利组织》，社会科学文献出版社 2009 年版。

20. 王卫平、黄鸿山、曾桂林：《中国慈善史纲》，中国劳动社会保障出版社 2011 年版。

21. 王银春：《慈善伦理引论》，上海交通大学出版社 2015 年版。

22. 习近平：《决胜全面建成小康社会夺取新时代中国特色社会主义伟大胜利——在中国共产党第十九次全国代表大会上的报告》，人民出版社 2017 年版。

23. 徐友春等编：《国民政府公报（第 4 册）》，河海大学出版社 1989 年版。

24. 〔古希腊〕亚里士多德：《尼各马可伦理学》，廖申白译，商务印书馆 2003 年版。

25. 〔古希腊〕亚里士多德：《政治学》，吴寿彭译，商务印书馆 1981 年版。

26. 杨团、葛道顺主编：《中国慈善发展报告（2009）》，社会科学文献出版社 2009 年版。

27. 杨团主编：《中国慈善发展报告（2019）》，社会科学文献出版社 2019 年版。

28. 〔德〕伊曼努尔·康德：《道德形而上学原理》，苗力田译，上海人民出版社 2005 年版。

29. 曾桂林：《民国时期慈善法制研究》，人民出版社 2013 年版。

30. 张海鹏、王廷元主编：《明清徽商资料选编》，黄山书社 1985 年版。

31. 赵敦华：《基督教哲学 1500 年》，人民出版社 1994 年版。

32. 周俊、张冉、宋锦洲：《社会组织与慈善组织管理》，北京大学出版社 2017 年版。

33. 周秋光、曾桂林等：《中国慈善简史》，人民出版社 2006 年版。

34. 朱健刚、武洹宇：《华人慈善：历史与文化》，中国社会科学出版社 2020 年版。

35. 资中筠：《财富的归宿：美国现代公益基金会评述》，上海人民出版社 2006 年版。

三、外文期刊

1. Adrian Sargeant & Stephen Lee, Improving Public Trust in the Voluntary Sector: An Empirical Analysis, *International Journal of Nonprofit and Voluntary Sector Marketing*, Vol. 7, No. 1, 2002, pp. 68-83.

2. A. Soetevent, Anonymity in Giving in a Natural Context-a Field Experiment in Thirty Churches, *Framed Field Experiments*, Vol. 89, No. 11, 2005, pp. 2301-2323.

3. Gary S. Becker, A Theory of Social Interactions, *Journal of Political Economy*, Vol. 82, No. 6, 1974, pp. 1063-1093.

4. G. K. A. Konrad, A Signaling Explanation for Charity, *American Economic Review*, Vol. 86, No. 4, 1996, pp. 1019-1028.

5. J. Andreoni & R. Petrie, Public Goods Experiments Without Confidentiality: A Glimpse into Fund-raising, *Journal of Public Economics*, Vol. 88, No. 7-8, pp. 1605-1623.

6. K. Izuma, D. N. Saito & N. Sadato, Processing of the Incentive for Social Approval in the Ventral Striatum During Charitable Donation, *Journal of Cognitive Neuroence*, Vol. 22, No. 4, 2010, pp. 621-631.

7. L. G. Zucker, Production of Trust: Institutional Sources of Economic Structure, *Research in Organizational Behavior*, Vol. 8, No. 2, 1986, pp. 53-111.

8. M. E. Porter & M. R. Kramer, The Competitive Advantage of Corporate Philanthropy, *Harvard Business Review*, Vol. 80, No. 12, 2002, pp. 56-69.

9. S. R. Gelman & M. Gibelman, Very Public Scandals: Nongovernmental Organizations in Trouble, *Voluntas: International Journal of Voluntary & Nonprofit Organizations*, Vol. 12, No. 1, 2001, pp. 49-66.

10. W. T. Harbaugh, U. Mayr & D. R. Burghart, Neural Responses to Taxation and Voluntary Giving Reveal Motives for Charitable Donations, *Science*, Vol. 316, No. 5831, 2007, pp. 1622-1625.